SARA ZINN

DEUTSCHLAND SCHLAFFT AB

SARA ZINN

DEUTSCHLAND SCHLAFFT AB

Die besten Vorurteile und jede Menge unnützes Halbwissen – so gewinnen Sie jede Stammtisch-Debatte

riva

Bibliografische Information der Deutschen Nationalbibliothek:
Die Deutsche Nationalbibliothek verzeichnet diese Publikation in der Deutschen Nationalbibliografie; detaillierte bibliografische Daten sind im Internet über http://d-nb.de abrufbar.

Für Fragen und Anregungen:
sarazinn@rivaverlag.de

1. Auflage 2011

Nymphenburger Straße 86
D-80636 München
Tel.: 089 651285-0
Fax: 089 652096

Umschlaggestaltung: Pamela Günther, München
Satz: satz & repro Grieb, München
Druck: CPI – Ebner & Spiegel, Ulm
Printed in Germany

ISBN 978-3-86883-128-3

Inhalt

Die Schuldigen aus der Arbeitswelt 88

Die Schuldigen von nebenan 152

Deutschland schlafft ab

Früher, da hatte in unserem Land alles seine Ordnung. Helmut Kohl war Kanzler. Die Rente war sicher. Im Garten werkelten die Gartenzwerge fröhlich vor sich hin. An Silvester gab's Fondue und immer sonntags drei Minuten Sex für Vati mit der Mutti. Es gab keine Vegetarier, die Bahn war pünktlich und Post und Telefon waren eins. Die Menschen achteten einander und jeder lebte glücklich und zufrieden, bis dass der Tod … Ja, Scheidungen gab's damals auch noch nicht. Und heute? Heute ist das Leben in Deutschland eine einzige Zumutung. Die Inflation steigt. Der Euro wackelt. Die Staatsschulden drücken. Das Gesundheitssystem kackt ab. Die Bundeswehr kriegt nichts gebacken. Was ist bloß aus dem Land der Dichter und Denker geworden? Am Wetter kann es nicht liegen. Das war schon immer mies.

Analysiert man die gegenwärtige politische und gesellschaftliche Lage in Deutschland ganz ohne Vorurteile, zeigt sich das Bild eines abgeschlafften Landes. Eines Landes, in dem das Burn-out-Syndrom mit Faulheit verwechselt wird. Eines Landes, das bei Fußballweltmeisterschaften zweite und dritte Plätze belegt und sich darüber freuen kann. Eines Landes, in dem der Parteivorsitzende der SPD dicker ist als der von der CDU. Eines Landes, das nicht einmal den EU-Beitritt der Polen verhindern konnte. Eines Landes, in dem so getan wird, als könnte man Franzosen leiden. Eines Landes, in dem Steuerhinterziehung zum Volkssport geworden ist. Längst ist der Gelsenkirchener Barock der schwedischen Pressspanplatte zum Opfer gefallen. Das deutsche Nationalgericht heißt »Pizza«.

Doch wer ist schuld am deutschen Dilemma?

Die Ausländer sowieso. Aber auch inkompetente Politiker. Gierige Manager. Speziell Ackermann. Natürlich die Medien. Die kriegswütigen Amerikaner. Wahrscheinlich auch die schwulen Pfarrer. Aber auf jeden Fall Mario Gomez.

Die lauten Nachbarn sind schuld. Das faule Studentenpack. Singles, die keine Kinder kriegen. Zahnärzte. Die Arbeitslosen. Wir alle sind schuld. Nie hatte das kollektive Versagen in Deutschland größere Ausmaße als jetzt. Würde man alle Bewohner dieses Landes in einen Sack stecken und mit einem Prügel durchwalken, es würde immer den Richtigen treffen. Das wird man ja wohl noch sagen dürfen.

Die Schuldigen aus aller Welt

Die Deutschen und die Ausländer – eine Beziehung, in der es öfter mal knistert. Doch wie hieß es so schön bei Ludwig Feuerbach, dessen Werke ich als Kind, im Ohrensessel versunken, studierte? »Die Liebe ist die Quelle aller Freuden, aber auch aller Schmerzen.« In den letzten Jahren hat der Schmerz leider überhandgenommen. Der Chinese zum Beispiel. Er liebt deutsche Autos. Er liebt sie so sehr, dass er sie gleich in riesigen Fabriken nachbaut. Haarklein, jedes Bauteil. Wirtschaftsexperten nennen diese Form des Diebstahls Globalisierung. Oder der Schweizer! Hortet das Geld Millionen deutscher Steuerflüchtlinge. Und als ob das noch nicht schon gemein genug wäre, produziert er auch massig Schokolade, die unsere Kinder fett und träge macht. Und der Ami? Der ist wirklich das Allerletzte. Er holt unsere tapferen Bundeswehrsoldaten nach Afghanistan. Und dann macht er sich lustig über sie, weil sie nicht kämpfen können. Die Lage in Deutschland ist so schlecht, dass viele Deutsche nur noch den Ausweg sehen auszuwandern. Im Ausland angekommen, muss der Deutsche leider feststellen, dass sich dort noch mehr Ausländer herumtreiben als daheim.

Afrikaner

Afrikaner verfügen über viele Talente, um die wir sie beneiden. Sie haben zum Beispiel den Blues, den Jazz und den Reggae erfunden. Sie singen schön und tanzen von Natur aus gut; viele Schwarzafrikaner tun sich als hervorragende Läufer hervor – schließlich müssen sie schon als Kinder jeden Tag drei Stunden zum gespendeten Brunnen latschen. Nicht wenige von ihnen sind auch als Fußballspieler in Europa herzlich willkommen. Der Rest lebt leider von einer Hand voll Reis am Tag aus unseren Spenden und Hilfsprojekten. Denn mit dem geschenkten Geld können sie leider nicht umgehen, das fließt sofort in die Tasche korrupter Diktatoren.

Die Fakten für den Stammtisch

Afrikaner …
… tragen Bast- oder Bananenröckchen.
… sind durchschnittlich elf Jahre alt. Jede Familie hat mindestens 18 Kinder, die alle in einem Raum schlafen.
… schon als kleine Kinder müssen sie jeden Tag 50 Kilometer zur Schule rennen. Und zurück. Am Nachmittag schickt Mami ihren Nachwuchs noch mit zwei Eimern zum 40 Kilometer entfernten Wasserloch.
… spielen als Kinder mit einer zerbeulten Blechdose Fußball. Sie träumen davon, als Superstar nach Europa zu gehen. Scheitern aber, weil sie zu ballverliebt sind.
… stecken die Entwicklungshilfegelder in den Bau von Panzern.
… stehen bei Wahlen in einer hundert Meter langen Schlange vor dem Wahllokal. Vor dem Lokal steht ein bewaffneter Soldat. Nach der Wahl sagen die UN-Wahlbeobachter, dass es Unregelmäßigkeiten gegeben habe, weshalb der Wahlverlierer die Wahl anfechtet. Das ändert aber alles nichts daran, dass der ungeliebte fette Diktator weiterhin an der Macht bleibt.
… haben entweder gerade eine fürchterliche Dürre oder Überschwemmung.

Afrika – wichtige Orte und Plätze

Afrikanische Länder im Vergleich

	AIDS	Gewaltexzesse	Armut	Korrupte Regierung
Südafrika	✓	✓	✓	✓
Uganda	✓	✓	✓	✓
Sudan	✓	✓	✓	✓
Ruanda	✓	✓	✓	✓
Burundi	✓	✓	✓	✓

... sterben, weil sie von Krokodilen als kleine Mahlzeit zwischendurch gefressen werden. Stoßen zwei Kleinbusse zusammen, kommen 356 Afrikaner ums Leben.

... verwenden keine Kondome, weil es der Papst verboten hat. Und weil sie nicht verstehen, wie diese Plastiktütchen funktionieren sollen. Werden von Hilfsorganisationen Kondome verteilt, basteln sie damit lustige Ketten.

... verdienen ihren Lebensunterhalt, indem sie Nashornpulver und Elfenbein als Aphrodisiakum nach Japan verkaufen. Nebenbei arbeiten sie für Greenpeace als Wächter eines Nationalparks.

... werden, wenn sie süß sind, von Madonna oder Angelina Jolie adoptiert.

... finden selbst in der Wüste noch was zu trinken. Entweder sie quetschen eine Wurzel aus oder sie entdecken eine Cola-Flasche, die aus einem Flugzeug gefallen ist.

... sitzen nicht, sondern hocken.

... schneiden zum Abendessen einen Baum auf. Im Stamm leben kleine, dicke, weiße Maden, die von den Afrikanern mit fröhlicher Miene gegessen werden.

... fangen in jedem Fußballspiel mindestens ein Gegentor, weil der Torwart zu weit vor dem Tor steht oder sich verdribbelt.

... müssen den ganzen Tag Feuerholz sammeln, damit Mami abends Reisbrei kochen kann. Am Abend versammelt sich die Familie vor einem grieselnden Schwarz-Weiß-Fernseher und sieht zu, wie Julia Roberts auf einer titanbeschichteten Cerankochfläche für Richard Gere ein Vier-Gänge-Menü kocht.

... finden Julia Roberts hässlich, weil sie nur auf dicke Frauen stehen. Eine attraktive afrikanische Frau, die sich bückt, ist von hinten nicht von einem Zebra zu unterscheiden.

... haben ihr ganzes Gold gegen billige Glasperlen getauscht.

... fahren Autos, bei deren Anblick sich jeder deutsche TÜV-Kontrolleur erschießen würde.

... haben beim Gottesdienst in der Kirche eine Stimmung wie wir höchstens in der Fankurve auf Schalke.

Die Sätze, die man kennen muss

»Man soll ja nicht mehr ›Schwarze‹ sagen. Das ist politisch inkorrekt. Aber ›Farbige‹ klingt doch bescheuert. Warum dann nicht gleich ›Besser Pigmentierte‹?«
»Die Massai sind die schönsten Afrikaner.«
»Also Leute, die auf die Nigeria-Connection reinfallen, haben es eigentlich verdient.«

Hintergrundwissen

- *Bis in die Mitte der 1950er-Jahre wurde in Südafrika die Vorhaut Jesus Christus' verehrt.*
- *»Metsotso e mashome ameraro ka mora hora ya leshome le motso e mong« heißt in der südafrikanischen Sprache Sesotho: »halb elf«.*
- *In Südafrika werden jährlich 6 Prozent der Goldproduktion gestohlen. Das Diebesgut besitzt einen Wert von circa 360 Millionen Dollar.*
- *Bis zum Jahr 2000 war in einem Museum im nordspanischen Ort Banyoles ein ausgestopfter Afrikaner (»El Negro«) zu bewundern. Als sich ein afrikanischer Arzt für die Rückführung und Bestattung des Toten einsetzte, regte sich heftiger Widerstand in der Bevölkerung.*
- *»El Negro ist unser Eigentum«, erklärte ein Sprecher der Gemeinde. Er ist unsere Angelegenheit, und da hat sich niemand einzumischen.« Je größer der Druck von außen wurde, desto trotziger wurden die Bewohner von Banyoles. Bauarbeiter trugen T-Shirts mit der Aufschrift »Hände weg von El Negro«. El Negro ist inzwischen in Botswana bestattet worden.*
- *Der Sudan erhielt im Jahr 2007 von den USA 283.000 Tonnen Getreide, was exakt der Menge entspricht, die der Sudan im selben Jahr exportierte.*

Amerikaner

»Die Amis.« Da schwingt schon dieses leichte Kopfschütteln mit: über Tante Mary, die regelmäßig an Geburtstagen nachts um vier anruft, weil sie die Zeitverschiebung vergisst. Die in einen 89iger Château Mouton Rothschild Cola mischt, weil er ihr zu sauer schmeckt. »So sind sie halt, die Amis,« denkt man sich und wundert sich nicht mehr, dass sie glauben, Deutschlands *president* hieße Hitler und »Hong Kong« wäre ein Gruselfilm. (Im Gegensatz dazu wissen sie genau, in welcher Folge Homer Simpson in der Lotterie gewann und kennen sämtliche 786 Baseballregeln auswendig.)
Das Einzige, das uns wirklich wundert, ist, warum wir ihnen jeden Scheiß nachmachen – ich sage nur »Halloween«.

Die Fakten für den Stammtisch

Amerikaner...
... werden am Tisch im Restaurant begrüßt: »Hi, ich bin Mary und ich bediene euch heute Abend.« Mary ist eigentlich Schauspielerin. Der mexikanische Auswanderer José, der hinten in der Küche die Teller spült, wird später Millionär.
... haben 300 Fernsehkanäle. Davon sind 100 Shoppingkanäle für kaufsüchtige Hausfrauen, in denen Messersets verkauft werden. Die können angeblich ein Leben lang Eisennägel, Turnschuhe und weiches Brot schneiden, ohne stumpf zu werden. Außerdem gibt es noch sechs Steakmesser gratis, einen praktischen Messerblock und einen flotten Dosenöffner.
... gehen mit ihrem Dackel zur Psychoanalyse, lassen ihn homöopathisch behandeln und im Alter von elf Jahren liften.
... essen zum Frühstück Eier mit Bratkartoffeln und Speck oder Riesentoasts mit einem Zentimeter Erdnussbutter drauf. Machen sich zum Frühstück die Reste des Barbecues vom Vorabend warm.
... können in der Schule mit 16 Jahren ihren Führerschein machen. Ein Jahr später werden sie im Autokino auf dem Rücksitz eines Chevrolets entjungfert.

Was passiert, wenn die Schwulen-Ehe eingeführt wird

(lt. Einschätzung amerikanischer Bürger)

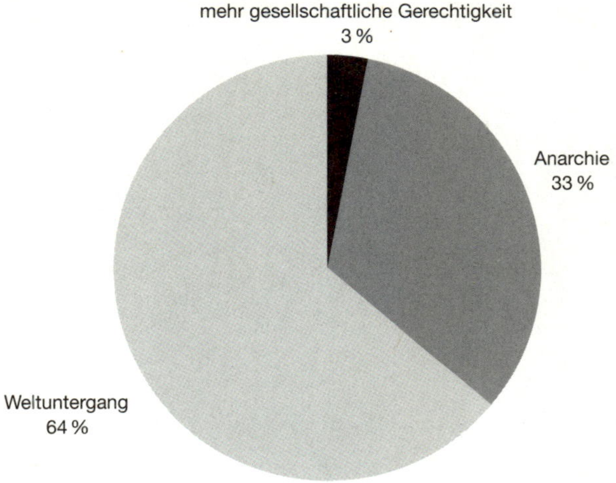

... fälschen das Geburtsdatum im Führerschein, um im Alter von 20 Jahren in einer Oben-ohne-Bar die ersten Brüste ihres Lebens zu sehen.
... nennen sich Finance Control Manager, obwohl sie bei Walmart an der Kasse sitzen.
... kennen 52 unterschiedliche Dressings für Salat. Außerdem bieten die Supermärkte 96 unterschiedliche Vitaminpräparate und 178 verschiedene Cornflakes-Sorten an.
... fahren stunden- und tagelang mit exakt 55 Meilen pro Stunde auf einer zehnspurigen Autobahn ohne Kurven.
... fühlen sich durch die Einladung eines ihrer Arbeitskollegen zum Abendessen sexuell belästigt.
... drehen Sexfilme, in denen die Schauspieler beim Geschlechtsakt die Kleidung anbehalten. In normalen Filmen halten die Schauspielerinnen die Bettdecke fest, damit sie nicht von ihren Brüsten rutscht. Wenn die Schauspielerin aufsteht, nimmt sie die Decke einfach mit.
... sind beziehungsgestörte Singles, wenn sie in der Großstadt leben. Amerikaner aus der Kleinstadt heiraten ihre Highschool-Liebe.

... glauben, dass sich Wrestler beim Wrestling wirklich wehtun.
... führen Kriege, damit das Benzin für ihre Limousinen billig bleibt.
... haben eine unglaublich niedrige Arbeitslosenquote. Verdienen aber nur 36 Cent in der Stunde. Zum Beispiel im Supermarkt, wo sie die Einkäufe der Kunden in braune Papiertüten packen und zum Auto tragen.
... haben eine Hausangestellte, die aus Puerto Rico kommt und kein Wort Englisch spricht und trotzdem immer als Erste ans Telefon geht.
... haben Mickey Mouse und den Silikonbusen erfunden. Und die Demokratie.
... tragen als Teenager so viele Piercings, dass sie zu zittern anfangen, wenn sie unter einer Wechselstromleitung durchgehen.

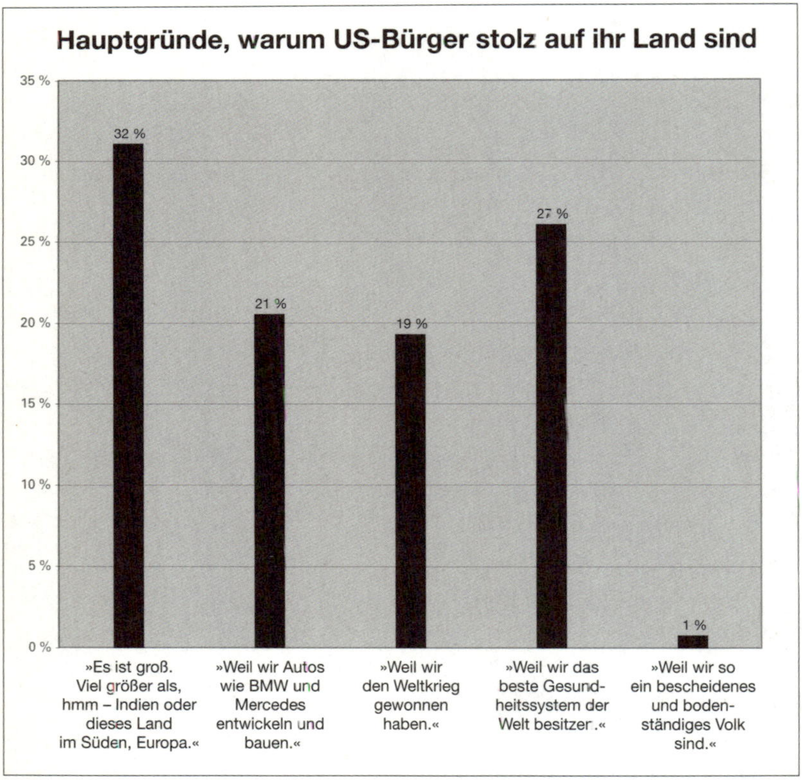

… haben Forscher, die jede Woche in der *BILD*-Zeitung mit sensationellen Ergebnissen aufwarten: Ein amerikanisches Forscherteam der Universität Yale hat herausgefunden: »Gegen Gestank im Haus hilft am besten … lüften.«
… haben Einkaufszentren in der Größe vom Saarland.
… stellen bei jeder Gelegenheit Schilder auf. Etwa: »Keine Krankheiten verbreiten.« – »Beim Benutzen des Schwimmbades können Sie nass werden.« Oder am Außenspiegel jedes Autos: »Die Dinge können näher sein, als sie im Spiegel erscheinen.«
… haben einen Eiche-brutal-Waffenschrank im Wohnzimmer stehen, in dem mehrere großkalibrige Magnums, geladene Maschenpistolen und ein Granatwerfer stehen. Den Schlüssel haben nur der Vater und sein elfjähriger Sohn. Der läuft nach dem Vorbild von *Natural Born Killers* in seiner Schule Amok.
… heiraten in einer Drive-in-Kapelle in Las Vegas. Die anschließende Hochzeitsreise geht an die Niagarafälle.
… werden sozial geächtet, wenn sie rauchen, mehrere Sprachen sprechen oder sich vor dem Vietnamkrieg gedrückt haben.
… leben in Bundesstaaten, in denen Oralsex sogar unter Eheleuten verboten ist.
… werden von Richtern wegen 13-fachen Mordes zu 489 Jahren Haft verurteilt.

Die Sätze, die man kennen muss

»New York hat mit dem Rest von Amerika nichts zu tun.«
»New York macht nur Spaß, wenn man genügend Kohle hat.«
»Die haben noch nicht mal eine eigene Küchenkultur.«
»San Francisco ist aber schon schön.«
»Nirgends gibt es so viel Übergewichtige wie in Amiland.«
»Ich hätte mal Lust, auf dieses ständige »How are you?« dezidiert zu antworten.«
»Ich bin ja kein Anhänger von Verschwörungstheorien. Aber zutrauen würde ich es denen irgendwie schon, dass der CIA hinter dem 11. September steckt. Oder so.«
»Wenn die Bin Laden wirklich wollten, hätten die ihn doch schon längst.«

Hintergrundwissen

- *In Amerika verletzen sich jedes Jahr rund 55.700 Menschen an Schmuck.*
- *10 Prozent des jährlichen Salzabbaus der Welt werden für die Enteisung der Straßen in den USA verwendet.*
- *Die Bevölkerung der USA macht etwa 6 Prozent der Weltbevölkerung aus, verzehrt aber rund 60 Prozent aller Ressourcen.*
- *In den USA gibt es mehr Plastikflamingos als echte.*
- *In Iowa flog 1962 eine Kuh im Sog eines Tornados fast 1 km weit.*
- *In Boston, Massachusetts, ist es nicht gestattet, sich vor einer Kirche zu küssen.*
- *In Clinton County, Ohio, muss jede Person, die sich an ein öffentliches Gebäude lehnt, mit einer Geldstrafe rechnen.*
- *66 Prozent aller Magazine, die entlang US-Highways weggeworfen werden, sind pornografisch.*
- *Jede Frau von Tom Cruise war genau elf Jahre jünger als ihre Vorgängerin!*
- *Das Wort »Manhattan« entstammt einer alten Indianersprache und bedeutet »der Ort, an dem wir betrunken waren«.*
- *Der Senat des Staates North Carolina verabschiedete 2001 ein Gesetz, welches verbietet, in Gegenwart einer Leiche zu fluchen.*
- *In Gary, Indiana, ist es untersagt, innerhalb von vier Stunden nach dem Genuss von Knoblauch ein Kino oder ein Theater zu besuchen oder öffentliche Verkehrsmittel in Anspruch zu nehmen.*
- *Ein 1837 verabschiedetes und erst 1974 aufgehobenes texanisches Gesetz erlaubte es allen Ehemännern, den auf frischer Tat ertappten Liebhaber ihrer Frau folgenlos zu erschießen.*
- *Im US-Bundesstaat Vermont ist es illegal, die Existenz Gottes zu leugnen.*
- *In Cleveland, Ohio, dürfen Frauen keine Lackschuhe tragen, weil Männer darin eventuell die Spiegelung von etwas sehen könnten, was sich unter dem Rock der Dame befindet.*
- *Warnung auf einem amerikanischen Rauchmelder: »Benutzen Sie in Notfällen auf keinen Fall die Lautlos-Funktion!«*

– Warnung auf einer amerikanischen Packung Angelhaken: »Verschlucken gefährdet die Gesundheit!«
– Warnung auf einer amerikanischen Klobürste: »Nicht zur Körperhygiene benutzen!«
– Warnung auf einer amerikanischen Flasche Rohreiniger: »Wenn Sie diese Anweisungen und Warnhinweise nicht lesen können, benutzen Sie dieses Produkt nicht!«
– Warnung auf einem amerikanischen Fieberthermometer: »Wenn dieses Thermometer rektal eingesetzt wird, sollte anschließend keine Messung im Mund vorgenommen werden!«
– Der Begriff »al qaeda« (gelegentlich auch »Al Kaida« geschrieben), mit dem eine fundamentalislamistische Terrorvereinigung bezeichnet wird, ist die Kurzform für »al qaeda malumat« und bedeutet auf Deutsch »Datenbank«. Erfunden wurde dieser Begriff vom amerikanischen CIA. In dieser Datenbank waren die Namen jener Terroristen gespeichert, die in den USA ausgebildet und mit amerikanischen Waffen ausgestattet wurden, um in Afghanistan gegen sowjetische Truppen zu kämpfen.
– Nach dem amerikanischen Journalisten Thomas Lauren Friedman haben noch nie zwei Staaten, in denen die amerikanische Fast-Food-Kette McDonalds-Restaurants betreibt, Krieg gegeneinander geführt.
– Aus Zeit- und Kosten-Spar-Gründen dürfen UPS-Lieferfahrer in Amerika nicht links abbiegen.
– Nordamerikaner öffnen ihren Kühlschrank circa 22 Mal am Tag.
– Die Amerikaner essen pro Tag im Durchschnitt etwa 73.000 Quadratmeter Pizza.
– Nur 55 Prozent der Amerikaner wissen, dass die Sonne ein Stern ist.
– Die Sackhosen (Baggy Pants), die die Coolsten der Coolen heutzutage tragen müssen, um auch wirklich cool zu sein, haben ihren Ursprung in amerikanischen Gefängnissen, wo den Insassen zur Verhinderung von Selbstmordversuchen die Gürtel abgenommen wurden, sodass die Hosen zwangsläufig tief hängen mussten.

Araber

Araber machen uns fertig mit ihrer Gastfreundlichkeit. Da kommen wir uns richtig schäbig vor, bei so viel echter Herzlichkeit. Das ist auch das Erste, was wir allen Lieben erzählen, wenn wir aus dem Urlaub zurück sind. Was wir nicht erzählen, ist, wie uns dieser nette kleine Junge den Basar gezeigt hat und uns direkt in den Gewürzladen von seinem Onkel geschleppt hat. Wo wir wegen der angebotenen Tasse Tee ein Tütchen Pfeffer für 20 Euro gekauft haben.

Die Fakten für den Stammtisch

Araber …

… verlangen für Souvenirs das Tausendfache des tatsächlichen Wertes. Die Touristen fühlen sich unheimlich weltmännisch, wenn sie den Preis auf die Hälfte runterhandeln.

… müssen sich von ihren Frauen nie die lästige Frage anhören: »Schatz, was soll ich heute anziehen?«

… fassen es als Kompliment für den Koch auf, wenn nach dem Essen gerülpst wird.

… tragen auch in der brennend heißen Wüste dicke Klamotten.

… finden in der Wüste jede Oase. Wenn Europäer in der Wüste Oasen entdecken, stellen sich die stets als Fata Morgana heraus.

… lassen die Grabstätten in ihren Pyramiden von europäischen Forschern ausrauben. Die Grabschänder sind daraufhin verflucht und werden von einer untoten Mumie mit tödlichem Durchfall ausgerottet.

… verkaufen ihre Tochter für hundert Kamele und einen Sack Kautabak.

… beenden jeden Satz mit dem Stoßgebet »Inch' Allah«.

… lassen Frauen nicht ins Fußballstadion, weil sie dort Männer mit nackten Beinen sehen können.

… fangen beim Handeln fast zu heulen an: »Ich habe acht Kinder. Meine Frau ist krank. Wenn du nicht 100 Dinar bezahlst, muss meine Familie hungern.«

… bilden ihre besten Leute in geheimen Camps in der Wüste zu Selbstmordkommandos aus.

... entführen Flugzeuge, um ihren Bruder aus dem Gefängnis zu erpressen.
... finden, dass ihre Frau sie betrügt, wenn ein anderer Mann sie anschaut.

Die Sätze, die man kennen muss

»Da herrscht schon eine andere Gastfreundlichkeit als bei uns.«
»Die kennen 3000 verschiedene Sorten Chili.«
»Die würzen ihr Fleisch so stark, um es vor der Verwesung zu schützen.«
»Kein Schweinefleisch zu essen hat seinen Ursprung darin, dass Schwein so leicht verdirbt.«
»Als westliche Frau giltst du sofort als Schlampe.«
»Der Bauchtanz ist eine reine Touri-Attraktion, echten Bauchtanz kann man nicht öffentlich sehen.«

Hintergrundwissen

- *1970 veröffentlichte eine US-Seifenfirma in der saudi-arabischen Presse eine Werbung für ein neues Seifenpulver. Links sah man einen Haufen schmutziger Wäsche, in der Mitte einen Waschbottich mit Seifenschaum und rechts einen Haufen strahlend weißer Wäsche. Da Araber von rechts nach links lesen, hatte die Anzeige keinen Erfolg.*
- *Die Worte »Zucker«, »Spinat«, »Watte«, »Admiral«, »Zwetschge« und »Matratze« kommen aus dem Arabischen.*
- *Ein Liter Trinkwasser kostet in Saudi-Arabien mehr als ein Liter Öl.*
- *Die linke Hand gilt als unrein, was mit der uralten Sitte zusammenhängt, sich den Allerwertesten mit Wasser und der linken Hand zu reinigen.*
- *Die arabischen Ziffern stammen eigentlich aus Indien.*

Bayern

Einige der besten und lustigsten Comedians der Republik stammen aus Bayern. Unglaubliche Talente mit einem natürlichen Gespür für das Komische. Legendäre Witzbolde mit schier unglaublichem rhetorischen Potenzial. Mit derbem Charme, irren Gedankengängen, spontanen Pointen und vor allem großartigen Live-Auftritten. Millionen von Anhängern gucken sich ihre Auftritte auf You Tube an. Selten so gelacht. Einfach saugut. Echt lustig. Und alle, wirklich alle dieser Naturtalente sind Mitglieder der CSU.

Die Fakten für den Stammtisch

Bayern …
… tragen Dirndl und Lederhosen. Die Attraktivität der Mannsbilder bemisst sich an der Dicke ihrer Wadl´n.
… kriegen Kopfschmerzen vom Föhn. Dafür haben sie den blauesten Himmel der Welt.
… wählen CSU.
… trinken Bier nur aus praktischen Ein-Liter-Humpen.
… schimpfen jeden, der nördlich von München lebt, einen »Saupreiß«.
… essen Leberkässemmeln, bei denen der süße Senf aus der Seite herausquillt.

Umrechnungstabelle der bayerischen Schulabschlüsse

nicht qualifizierter Hauptschulabschluss	→	Abitur (Berlin)
bayerischer Realschulabschluss	→	Uni-Magister (Brandenburg)
bayerisches Abitur	→	Habilitation (Vorpommern)

Die Sätze, die man kennen muss

»Im Ausland wird Deutschland immer gleich mit Bayern assoziiert.«
»Host mi?«
»Im Freistaat ticken die Uhren halt anders.«

Hintergrundwissen

- *Bier aus Pilsen war einst trüb, dunkel und von so schlechtem Ruf, dass Hilfe aus Bayern geholt wurde. Im Jahr 1842 kam der Braumeister Josef Groll aus Vilshofen nach Pilsen. Das Bier des Niederbayern wurde am 11. Oktober 1842 erstmals ausgeschenkt und erlangte als Pilsner Weltruhm.*
- *Am Karfreitag, Karsamstag, Volkstrauertag, Totensonntag und Buß- und Bettag ist in bayerischen Discos Tanzverbot. Sie dürfen zwar öffnen, müssen aber angemessene Musik spielen.*
- *1634 war München kurzzeitig unter schwedischer Besatzung.*
- *Überall heißen Gästezimmer »Gästezimmer«. In Bayern heißen sie »Fremdenzimmer«.*

Chinesen

Chinesen konnte man früher in zwei Gruppen aufteilen: Die eine bestand aus den harmlos-ulkigen Chinesen, wie Hop-Sing, dem Koch aus Bonanza, Dr. Fu Man Chu oder Mao Tse Tung. Die anderen konnten Karate. Im Allgemeinen empfand man dieses gigantisch große Volk aus kleinen gelben Leutchen als wenig störend, leicht schrullig und überwiegend harmlos. Ein bisschen Dritte Welt mit guten Aussichten. Heute hat uns China als Exportweltmeister abgehängt. Das schiere chinesische Marktvolumen ist die ärgste Bedrohung, welche die westliche Welt fürchten muss. Chinesen könnten unsere Wirtschaft zerkrümeln wie einen Glückskeks. Wenn deren Plagiathändler auf Technologie-Messen vom Zoll erwischt werden, tun sie so, als wüssten sie von nichts, könnten kein Wort Deutsch, kaum Englisch oder hätten generell keine Ahnung, worum es gerade geht. Dabei blicken sie ganz bescheiden auf ein abgeschlossenes Studium in Germanistik, Anglistik, Wirtschaft, Ingenieurswesen und einen Doktortitel in Internationalem Recht zurück. Oder sie kooperieren unter dem Deckmantel eines Joint Ventures gleich mit deutschen Firmen. Das ist wesentlich einfacher, als allerneueste technische Erfindungen mühsam in Deutschland ausspionieren zu müssen. Warum also nicht direkt die Patente und das komplette Know-how in der VW-Fabrik in Shanghai abgreifen? Die eigentliche Bedrohung ist aber die: Wenn chinesische Investoren heute mit dem Finger schnippen, weil sie vielleicht ein paar neue Städte mit Hochgeschwindigkeitszügen verbinden oder mit führerlosen U-Bahnen ausstatten möchten, springt hier die gesamte Industrie vor Freude in die Luft. Wenn sich diese Giganten dann doch für einen amerikanischen oder französischen Hersteller entscheiden, sacken hier die Aktien der Unternehmen ab wie der Blutzuckerspiegel eines moslemischen Arbeiters im Ramadan – und die Hälfte der Belegschaften verliert ihre Arbeitsplätze. Irgendwann, vielleicht schon in nächster Zukunft, wird die schiere Masse des chinesischen Wirtschaftspotenzials uns einfach überrollen.

Die Fakten für den Stammtisch

Chinesen...
... haben 8 Milliarden Fahrräder. Dabei ist es egal, wenn mal eins umfällt.
... hatten traditionsreiche Dynastien, die Millionen wertvoller Vasen hinterlassen haben.
... haben sehr filigrane Körper. Sie werden beim Staatszirkus so lange gebogen und gedehnt, bis sie in einen Schuhkarton passen.
... haben ein Nationalgericht. Es heißt M12 mit Huhn.
... bringen Kopien von US-amerikanischen Filmen auf Video heraus, noch bevor sie ins Kino kommen.
... haben Städte, von denen noch kein Mensch jemals etwas gehört hat, die aber 5 Millionen Einwohner haben.

Was passiert, wenn alle Chinesen gleichzeitig vom Stuhl springen

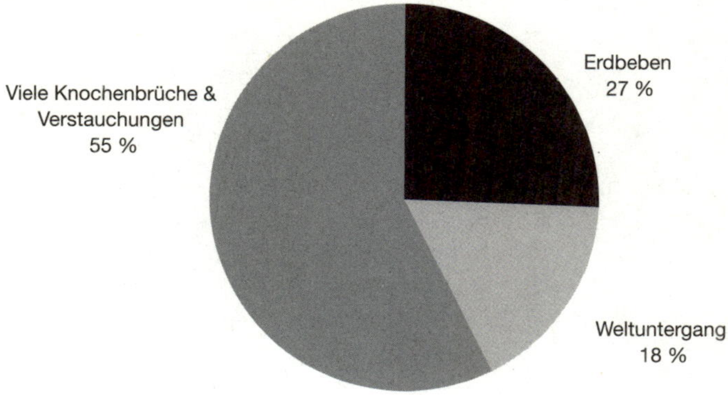

(lt. einer repräsentativen Umfrage unter Orthopäden)

Die Sätze, die man kennen muss

»Die essen alles, was Beine hat, außer den Tisch. Sogar Hunde, Affen und Katzen.«

»Im Chinarestaurant bekommt man doch gar kein original chinesisches Essen.«

»Im Chinarestaurant gibt es 500 Gerichte auf der Karte und alles schmeckt gleich – wegen des Glutamats.«

»Man muss da nur die Goldfische im Aquarium zählen, dann weiß man, wie viel die an die chinesische Mafia abdrücken müssen.«

»Die vertragen keinen Käse und keinen Alkohol. Weil ihnen die Enzyme fehlen.«

»Chinesinnen haben alle kurze, krumme Beine und schlechte Zähne.«

»Chinesen sollen ja eher mäßige Liebhaber und eher mickrig bestückt sein. Da hilft dann halt auch keine Tigerpenis-Suppe und kein Nashornpulver.

»Was die mit Tibet machen, find' ich nicht in Ordnung.«

»Chinesische Naturheilkunde – da ist, glaube ich, schon was dran. Die gibt es ja schließlich nicht umsonst seit über 4000 Jahren.«

Hintergrundwissen

- *Nicht Johannes Gutenberg hat die erste Druckmaschine mit beweglichen Lettern erfunden, sondern der völlig unbekannte Chinese Bi Sheng. Und der war knapp 400 Jahre (zwischen 1041 und 1048) früher dran.*
- *Bereits im 6. Jahrhundert nutzten chinesische Kaiser Toilettenpapier. Ab dem 14. Jahrhundert setzte sich der Gebrauch des Hygieneartikels langsam bei der chinesischen Allgemeinheit durch. Zu dieser Zeit wischten sich Europäer längst noch mit Lumpen und Fetzen aus, die größten Ärsche benutzten sogar lebendiges Federvieh.*
- *Früher wurde in China ein Arzt nur bezahlt, wenn der Patient gesund wurde.*

Deutsche

Sterben aus.

Die Fakten für den Stammtisch 

Deutsche..
… sortieren ihren Müll.
… sind pünktlich.
… trinken durchsichtigen Kaffee.
… sind Mitglied in unzähligen Vereinen.
… schämen sich dafür, Deutsche zu sein. Das ändert sich nur während der Fußballwelt- und Europameisterschaft.
… haben ein Nationalgericht: Pizza.
… gehen nicht bei Rot über die Ampel und halten sich auch sonst an Gesetze. Das Wort, das sie am häufigsten benutzen, heißt: »verboten«.
… ärgern sich bei Mensch-ärger-dich-nicht.
… haben ein ganz eigenes Demokratieverständnis. Der Kernsatz lautet: Freie Fahrt für freie Bürger.

... bauen am Strand Sandburgen.
... haben einen Bierbauch.
... überlegen, ob sie sich ein Kind leisten können.
... schwören, dass der Ball 1966 in Wembley vor der Linie aufgekommen ist.
... wollen auswandern. Egal wohin, Hauptsache, es ist sonnig und die Leute sind fröhlich.
... fahren 250 Kilometer pro Stunde auf der Autobahn und fühlen sich dabei wie bei gutem Sex.
... erfinden Eissorten wie Basilikum-Rosmarin, Avocado-Nougat oder Whiskey-Cola.
... haben 694 Folgen *Derrick* geliebt, bei denen der wandelnde Tränensack am Ende jeder Folge durch moralinsaures Geschwafel selbst Unschuldige dazu gebracht hat, die abwegigsten Verbrechen zu gestehen.
... tranken noch Met auf dem Bärenfell, als alle anderen Europäer bereits zivilisierte Kulturvölker waren.

Was Deutsche bei Google suchen I

… sehen sich jedes Jahr am Silvesterabend *Dinner for One* im Fernsehen an.
… sitzen kollektiv bei *Wetten dass ..?* vor dem Fernseher. Der Höhepunkt der mindestens sechs Stunden dauernden Sendung ist die Saalwette, bei der es darum geht, ob es dem Wetten dass ..?-Team gelingt, zehn einarmige chinesische Köche mit Hasenscharte zu finden, denen Frühlingsrollen in den Ohren stecken und die »Drei Chinesen mit dem Kontrabass« singen.
… verlieren die Weltkriege, die sie anzetteln.
… schunkeln.
… verfallen beim Abschlussapplaus auf Massenveranstaltungen bereits nach zehn Sekunden in ein einmütiges rhythmisches Klatschen, mit dem sie am liebsten nie aufhören würden und das für sie die Ausgeburt der Freude darstellt.
… schieben ihre Eltern ins Altersheim ab.
… lachen darüber, wenn sich jemand auf ein Furzkissen setzt.

Was Deutsche bei Google suchen II

Die Sätze, die man kennen muss

»Die Deutschen sind die Einzigen, die sich nicht freuen, wenn sie im Urlaub auf Landsleute treffen.«
»Seit der WM kann man wieder die deutsche Flagge sehen, ohne dass es sich dabei um rechte Aufmarschierer handeln muss.«
»Man müsste mal im ehemaligen Osten Urlaub machen, da soll es ja wunderschön sein.«
»Ich fühle mich eher als Europäer.«

Hintergrundwissen

- *In Deutschland wird circa 1 Prozent der Weihnachtsbäume geklaut.*
- *In Deutschland ist es verboten, im Gleichschritt über eine Brücke zu marschieren. (StVO §27, Abs. 6)*
- *Das Wort »Geborgenheit« existiert nur im Deutschen und im Holländischen. In keiner anderen Sprache gibt es eine sinngemäße Übersetzung.*
- *Nur 5 Prozent aller Gefangenen in Deutschland sind Frauen.*
- *Der größte Fischereihafen Deutschlands ist am Flughafen Frankfurt.*
- *Der Begründer der Whiskeysorte »Jim Beam« hieß eigentlich Johannes Jakob Böhm und war Deutscher.*
- *Albert Einsteins letzte Worte gingen für die Nachwelt verloren, weil die Nachtschwester im Krankenhaus von Princeton kein Deutsch verstand.*
- *Die Entfernung von Biere nach Kotzen beträgt 130 Kilometer. Beide Orte liegen in Deutschland.*
- *Damenfußball war seitens des Deutschen Fußball Bundes von 1955 bis 1970 verboten.*
- *1896 wurde festgelegt, dass ein Fußballfeld in Deutschland baumfrei sein muss.*
- *Während des Ersten Weltkrieges wurden an die deutschen Soldaten Militärkondome in Hechtgrau ausgegeben.*

- *Die Barbiepuppe hat ein deutsches Vorbild: Seit 1952 gab es in Deutschland die »BILD«-Lilli. Ruth Handler exportierte Lilli 1959 in die USA, überarbeite Figur und Outfit und nannte sie Barbie.*
- *Den Zölibat gab es auch von staatlicher Seite: Bis 1953 mussten deutsche Beamtinnen bei Heirat den Dienst quittieren. Beim Bekanntwerden außerehelicher Kontakte musste mit einem Disziplinarverfahren und eventuell der Entlassung gerechnet werden. Daher gab bis dahin ausschließlich »Fräulein Lehrer«.*
- *Nach deutschem Recht wird ein Bienenschwarm herrenlos, wenn nicht der Eigentümer ihn unverzüglich verfolgt oder wenn der Eigentümer die Verfolgung aufgibt. Verfolgt ein Eigentümer seinen Bienenschwarm, so darf er bei der Verfolgung fremde Grundstücke betreten.*
- *83 Prozent aller deutschen Frauen würden für 100.000 Euro ein Jahr lang auf Sex verzichten.*
- *Das derzeit längste deutsche Isogramm (Wort, in dem sich kein Buchstabe wiederholt), das halbwegs Sinn ergibt, ist mit 24 Buchstaben »Heizölrückstoßabdämpfung«.*
- *53 Prozent der Deutschen wissen nicht, wie man »Grießbrei« schreibt.*
- *Der Adventskranz wurde im Jahr 1860 von dem deutschen Pädagogen Johann Heinrich Wichern in einer Anstalt für jugendliche Straftäter erfunden. Der Brauch verbreitete sich von da an recht rasch in Europa.*

Engländer

Engländer. Großbritannien. Wales, Irland, Nordirland, Schottland. Die Insulaner sind sich selbst nicht 100 Prozent einig, wer jetzt wirklich wo dazugehört und wie man sich fühlen sollte oder wogegen man entschieden kämpfen muss. Da blickt man als »Europäer« beim besten Willen nicht durch. Muss man ja auch nicht. Eins eint die Briten alle: ihre Ablehnung gegen Europa, insbesondere gegen die Krauts. Ich verstehe das nicht. Klar, gab es da auch einige hässliche Auseinandersetzungen. Entsetzliche Fehler und große Ungerechtigkeiten. Aber irgendwann muss auch mal gut sein. Man kann doch nicht ewig nur Hass empfinden. Nur weil wir im Fußball besser sind.

Die Fakten für den Stammtisch 

Engländer …
… tragen Trenchcoats, Pullunder mit V-Ausschnitt und Pferdchen-Emblem auf der Brusttasche, Cordhose, Hornbrille und Gummistiefel.
… essen zum Wildschweinbraten Pfefferminzsoße.
… trinken mit abgespreiztem Finger ihren Fünf-Uhr-Tee.
… stellen sich an der Bushaltestellte in einer absolut geradlinigen Schlange an und lesen dabei Zeitung. Dann springen sie in den fahrenden Bus ein, während sie keine Sekunde den Blick von der Zeitung abwenden.
… behaupten, das Wembley-Tor wäre drin gewesen.
… spielen Fußball wie die Holzfäller. Während Lothar Matthäus seine Auswechslung damit begründet, dass seine Wade »zugemacht« habe, werden Engländer ausgewechselt, wenn ihre Wade nicht zumacht.
… setzen bei einer Quote von 1 : 1 000 000 im Wettbüro 100 Pfund darauf, dass ihr neugeborener Sohn in 25 Jahren im Finale der Weltmeisterschaft das entscheidende Tor für England schießt. Mit dem linken Fuß.
… haben den Kapitalismus, Kricket und den schwarzen Humor erfunden. Beim Kapitalismus wurden sie von den Deutschen überholt, im Kricketfinale verlieren sie gegen Pakistan. Nur das Lachen ist ihnen noch nicht vergangen.
… haben Angst, dass die Kronjuwelen der Königin gestohlen werden.
… müssen in einer roten Uniform und einem puschigen schwarzen Hut den Buckinghampalast bewachen, ohne mit der Wimper zu zucken. Die ganze Zeit werden sie von Touristen angequatscht, die versuchen, sie mit schmutzigen Witzen zum Lachen zu bringen.
… stehen ständig im Regen.

… haben eine lustige Daily-Soap über Sex, Untreue und Intrigen: die Royals.

Die Sätze, die man kennen muss

»Ich stehe ja voll auf britischen Humor.«
»J.K. Rowling hat mehr Geld als die Queen.«
»Kennst du die Szene aus *Ritter der Kokosnuss* mit dem Kaninchen?«

Hintergrundwissen

- *Der kürzeste Krieg der Geschichte war zwischen Sansibar und England 1896. Sansibar ergab sich nach 38 Minuten.*
- *Königin Elizabeth I. von England war völlig kahl.*
- *In England war bis in den 1950er-Jahren Selbstmord gesetzlich verboten und konnte (bei Misslingen) mit der Todesstrafe geahndet werden, da ein Selbstmörder ja auch ein Mörder war.*
- *Liechtenstein und England haben die gleiche Melodie in der Nationalhymne, nur der Text ist anders.*
- *Als 1694 in England Königin Mary II. starb, legten die Rechtsanwälte schwarze Trauerroben an – und tragen sie bis heute.*
- *Es gibt im Englischen die Wörter: »kindergarten«, »heiligenschein«, »blitzkrieg«, »schadenfreude«, »ersatz«, »fuehrer«, »doppelgaenger«, »dummkopf« und »to abseil«, die alle genau dieselbe Bedeutung wie im Deutschen haben.*
- *»Dreamt« ist das einzige englische Wort, das auf »mt« endet.*

Franzosen

Franzosen sollten sich auf das konzentrieren, was sie können. Kochen, Fußballspielen, Champagner und Cognac produzieren, Schwarz-Weiß-Filme drehen und ein bisschen Softpornomusik in Moll interpretieren. Und Sarkozy spielt die Hauptrolle …

Die Fakten für den Stammtisch

Franzosen …
… tragen ein Baguette unterm Arm und ein dunkelblaues Mützchen auf dem Kopf.
… spielen im Stadtpark Boule.
… guillotinieren ihre Könige.
… sprechen keine Fremdsprache. Sprechen sie eine Fremdsprache, dann mit so heftigem Akzent, dass sie niemand versteht.
… drehen Filme, bei denen eine bleiche Frau minutenlang im Zug aus dem Fenster schaut oder mit einer Kaffeetasse in der Hand in die Leere blickt. Anschließend sagt sie mit bebender Stimme: »Ich kann Jacques nicht verzeihen.«
… reden noch schneller, wenn ein Ausländer sie bittet, einen Satz zu wiederholen, den er nicht verstanden hat.

Die Sätze, die man kennen muss

»C'est bon, c'est bon, Cheramont, Cheramont.«
»Wir waren letztes Jahr in der Bretagne. Also vom Essen verstehen die wirklich was. Allein dieser Käse, hmmmm.«
»Nur in Paris, da sind die echt so was von arrogant.«
»Die Französinnen sind aber schon ganz niedlich.«
»Wie hieß denn die gleich noch mal aus *La Boum, die Fete?* Und er? Und das Lied?«
»Was der Sarkozy da mit den Zigeunern macht, ist echt das Allerletzte. Das ist doch voll nazimäßig.«

Hintergrundwissen

- *De Gaulle fragte mal: »Wie kann man ein Land regieren, in dem es 246 Käsesorten gibt?«*
- *Es gilt in Frankreich als furchtbarer Fauxpas, wenn man im Restaurant bei der Käseplatte die Spitze eines Brie abschneidet.*

- *In Frankreich verstößt es gegen das Gesetz, sein Schwein Napoleon zu nennen. Ob man Napoleon ein Schwein nennen darf, ist nicht bekannt.*
- *Das Auswärtige Amt der Bundesrepublik rät wegen Aktivitäten organisierter Banden in Frankreich dringend ab vor: Übernachtungen auf Rastplätzen, insbesondere entlang der Autobahnen in der Nord-Süd-Richtung nach Südfrankreich oder nach Spanien und im gesamten Süden Frankreichs.*

Griechen

Die großartigen Griechen, die Kinder Zeus', haben Deutschland um einen zweistelligen Milliardenbetrag erleichtert. Das ist der größte Coup, den sie jemals gelandet haben. Bis auf die Erfindung von Demokratie, Philosophie und all dem, was heute eh niemanden mehr interessiert. Umgerechnet besitzt jeder deutsche Steuerzahler bereits zwei Quadratmeter Mykonos! »Tzatziki!«, möchte man da ausrufen, lässt es dann aber, weil einen eh kein Grieche hört, die sind nämlich schon wieder irgendwo streiken, weil sie plötzlich Steuern zahlen sollen.

Die Fakten für den Stammtisch 

Griechen …
… haben viele gute Philosophen vorgebracht. Und viele schlechte Schlagersänger.
… das Nationalgericht, Moussaka, sieht genau so aus, wie es heißt.
… haben Handys und Lieblingsfortbewegungsmittel, die gleich heißen. Nämlich »Motorola«.
… leben in einer Hauptstadt, in der die Luftzirkulation so schlecht ist, dass man an manchen Stellen noch einen Furz von Aristoteles riechen kann.
… lungern auf blumengeschmückten Eseln herum.
… essen Ziegenkäse, trinken Ziegenmilch und tragen einen Ziegenbart.
… züchten junge Reeder, die sie an Hotel-Flittchen verscheppern.

... lassen sich den Fingernagel des kleinen Fingers lang wachsen, weil das signalisiert, dass man keine körperlichen Arbeiten erledigen muss.

Hintergrundwissen

- *Die Nationalhymne von Griechenland umfasst 158 Strophen. So gut wie kein Grieche kennt alle.*
- *In Griechenland bedeutet Kopfnicken »nein« und Kopfschütteln »ja«.*
- *Und* Nee *heißt* »Ja«.
- *Der ehemalige Agrarminister der griechischen Regierung, Sotirios Hatzigakis, soll Freunden und Verwandten 30 Handys auf Staatskosten geschenkt haben. Nach dem Ende von Hatzigakis' Amtszeit lag die Ministeriumsrechnung für Telefongespräche bei 20 Millionen Euro. Offenbar deshalb, weil die Besitzer der Mobiltelefone diese hauptsächlich dafür nutzten, um bei Telefonsex-Hotlines anzurufen.*
- *Auf dem Mittelstreifen der sechsspurigen Schnellstraße von Saloniki nach Athen hat ein Grieche 42 Marihuana-Stauden kultiviert. Seltsamerweise wurde er erwischt, als er bei helllichtem Tag ernten wollte.*

Holländer

Was soll man auch erwarten von einer Nation, die sich in einem Land ansiedelt, das zum Großteil unter dem Meeresspiegel liegt? Was haben die sich damals gedacht, die Holländer? »Oh, hier ist aber ein schönes Meer, da könnten wir es uns recht gemütlich machen!«? Und was haben sie davon? Brechende Deiche, eine Tulpenplage und Schuhe aus Holz. Herzlichen Glückwunsch. Kein Wunder, dass die alle demografisch unterwegs sind nach anderswo. Das Nachsehen jedoch hat der deutsche Autofahrer, den die Wohnwagenkette auf der Autobahn Zeit, Nerven und Geld kostet. Das wiegt man nicht auf mit TV-Moderatoren, die lustig sprechen. Da besteht ein Ungleichgewicht, und zwar zulasten der deutschen Autobahn. In diesem Zusammenhang erscheint es nur logisch, dass ein deutscher Komponist die Mär vom Fliegenden Holländer erfunden hat – ein verständlicher Tagtraum.

Die Fakten für den Stammtisch

Holländer …
… züchten Tomaten, die so groß werden wie Tennisbälle, in drei Tagen wachsen und drei Jahre lang frisch bleiben.
… sitzen den ganzen Tag in Coffee-Shops herum und kiffen.
… leben ständig mit der Bedrohung, dass die Deiche nicht halten. Die höchste Erhebung im Land sind die Brüste von Linda de Mol.
… fahren Fahrrad. Dabei haben sie mindestens fünf salamidicke Ketten dabei, um ihr uraltes Hollandrad abzuschließen. Trotzdem wird es fast jede Nacht gestohlen.
… bilden Wohnwagenketten auf europäischen Autobahnen.
… tragen ihr Autoradio bei sich.
… bespucken Rudi Völler.
… fahren jeden Sommer 96 Stunden im Wohnwagen durch Mitteleuropa.

Die Sätze, die man kennen muss

»Appelsappen.«
»Das wäre Ihr Preis gewesen!«
»Wat ben jij (toch) voor een onzettende klootzak!«
»Man meint immer, man versteht da was, versteht aber letztendlich nix.«

Hintergrundwissen

- *Die Niederlande und Holland sind nicht das Gleiche. Holland ist nur ein Teil der Niederlande, etwa so wie ein Bundesland in Deutschland.*
- *Nach bestandenem Schulabschluss hängen die holländischen Schüler ihre Schultaschen über ihre Haustüre.*
- *Die Holländer sind die größten Menschen Europas.*

Inder

Die Inder machen uns fertig, Leute. Wenn das so weitergeht mit dem Outsourcen, dann stellt Indien in Zukunft nicht nur alle Produkte her und betreibt alle Callcenter, sondern erledigt auch unseren Streit mit dem Ehegefährten. Weil es Zeit spart und billiger ist. Und freundlicher allemal.

Die Fakten für den Stammtisch

Inder …

… leben mit 18 Geschwistern in einer Wellblechhütte im Slum. 12 Geschwister leben vom Betteln, der Rest verkauft gebrauchte Kämme und sammelt Zigarettenstumpen, um den Tabak wiederzuverwerten.

… essen so scharf, dass Nicht-Inder von einem Bissen mehrtägige Geschmackslähmung im Mund- und Rachenraum davontragen.

… haben die innovativste Bettlerbranche weltweit. Viele Bettler tragen die Beine um den Hals geschlungen oder beklagen eine fehlende Schädeldecke. Haben sie einen Touristen erspäht, robben sie hinterher, bis der Urlauber die Nerven verliert und Rupien rausrückt.

… sind extrem religiös. Als üblicher Gottesbeweis gilt es, acht Jahre auf einem Bein zu stehen oder sich einen dicken Stein an den Penis zu hängen.

… lassen selbst auf Autobahnen heilige Kühe herumgehen, die sich äußerst langsam bewegen und Staus verursachen. Kühe sind die Holländer Indiens.

… machen in einem klapprigen Bus aus der englischen Kolonialzeit einen Ausflug mit dem ganzen Dorf an tausend Kilometer entfernte Strände, um sich Europäerinnen im Bikini anzusehen.

… haben Atomwaffen, die mit an Sicherheit grenzender Wahrscheinlichkeit nicht funktionieren.

… sind so prüde, dass sie sich in der Öffentlichkeit nicht einmal die Hand geben dürfen. Auch die Filme sind sehr zurückhaltend. Immer, wenn eine Szene kommen sollte, wo sich die Menschen küssen, erfolgt ein Schnitt und man sieht einen Schmetterling, der sich auf eine Blume setzt.

Die Sätze, die man kennen muss

»Wolle kauffe Rosä?«
»Der Tata-Typ ist, glaube ich, der Reichste der Welt.«
»Ich könnte ja in so einem armen Land keinen Urlaub machen.«

Hintergrundwissen

- *Wenn Inder sich begegnen und einen Guten Tag wünschen, fragen sie übersetzt: »Wie schwitzt du?«*
- *Inder verwenden für »heute« dasselbe Wort wie für »morgen«.*
- *Kompletter Satz nur mit den beiden Wörtern »der« und »in«: »Der Inder in der Inderin.«*
- *In Indien werden pro Jahr mehr Filme produziert als in jedem anderen Land.*
- *Professoren in den USA lassen immer häufiger Klausuren online in Indien korrigieren und benoten, da es Kosten und Zeit einspart!*
- *Die bewusste Tötung eines Rindes gilt in Indien auch heute noch als schlimmeres Vergehen als der Mord an einer Person aus der höchsten Kaste.*
- *Die Inder haben eine Granate entwickelt, die Bhut Jolokia, die den schärfsten Chili der Welt, enthält, um Terroristen aus ihren Schlupflöchern zu treiben. Der Schärfegrad der Bhut Jolokia beträgt knapp eine Million Scoville-Einheiten. Zum Vergleich: Tabasco bringt es eben einmal auf 5000 Scoville-Einheiten.*

Italiener

Die Italiener! Die wechselten früher ihre Regierungen wie andere Leute die Unterhosen. Jetzt haben sie einen Medienmogul als Regierungschef, der so durchtrieben ist, dass ihn selbst die Mafia ablehnt. Ich glaube, Berlusconi ist der einzige Mensch auf der Welt, dem die Mafia Schutzgelder bezahlen muss. Was dann auch so einiges erklären würde. Denn wie kann es sein, dass ein Land, in dem kein Mensch ernsthaft Steuern an den Staat bezahlt, nicht schon vor den Griechen pleite ging?

Die Fakten für den Stammtisch

Italiener ....
... tragen im Sommer und im Winter, tagsüber und nachts Sonnenbrillen. Nur wenn sie in eine stockdunkle Diskothek gehen, schieben sie die Brille in die Haare.
... haben Haare im Gesicht, auf der Brust, an den Beinen, am Bauch, an den Schultern, in den Ohren und am gesamten Rücken. Nur die Haare im Gesicht werden akribisch gestutzt.
... reden mehr mit ihren Händen als mit dem Mund.
... kassieren Autobahngebühren für Straßen, die im selben Zustand sind wie in Deutschland private Zufahrtswege abgelegener Bauernhöfe. Die Brennerautobahn halten die Italiener mit Baustellen während der Pfingstferien und im Hochsommer immer einspurig.
... machen am Wochenende Ausflüge mit der ganzen Familie. Dabei fahren sie zu sechst in einem kleinen Fiat auf einen abgelegenen Parkplatz nahe einer Sehenswürdigkeit. Dort kurbeln sie die Fenster herunter, picknicken im Auto und schmeißen anschließend den Müll raus. Ohne das Auto verlassen zu haben, fahren sie nach einer Stunde wieder heim.
... telefonieren, egal ob im Skilift oder auf dem Motorrad, mit dem Handy. Dabei beginnt jedes Gespräch mit dem Satz: »Ciao Mama.«
... fahren auf Schnellstraßen mit ihren stinkenden Dreirädern, die höchstens 28 Kilometer pro Stunde schnell sind. Die Dreiräder werden ausschließlich von alten Männern mit wettergegerbten Gesichtern gefahren, wie man sie von den Postkarten kennt.
... hängen ihre Blümchenunterwäsche zum Trocknen auf den Balkon. Dort werden sie von Tauben vollgekackt, ehe Mama sie wieder hereinholt.
... putzen sich jedes Mal heraus, bevor sie auf die Straße gehen, wie es der Deutsche nur zwei Mal im Leben tut: zur Kommunion und zur Hochzeit.

… wohnen im Alter von 40 Jahren noch bei Mutter, die früher eine wunderschöne, schlanke, elegante Frau war. Irgendwann hat sie sich über Nacht in eine füllige Mama verwandelt, die das leckerste Essen der Welt kochen kann.
… überlegen nach ihrer sechsstündigen Mittagspause, ob es sich noch lohnt, wieder in die Arbeit zu gehen.
… bauen auch ohne Baugenehmigung.
… haben es im Verkehr furchtbar eilig und überfahren jede rote Ampel. Wenn ihnen dabei ein anderer Fahrer den Weg versperrt, steigen sie aus und brüllen sich eine halbe Stunde lang an, wie eilig sie es haben.
… haben ein Sexleben, das sich die ersten Jahre ausschließlich auf dem Rücksitz eines Fiat Cinquecento abspielt.
… sind schlecht im Bett. Aber gut darin, Frauen ins Bett zu kriegen.
… haben Sex mit deutschen Blondinen. Etwa 96 Prozent der Italiener hatten eine Affäre mit einer Deutschen, dem stehen 0,3 Prozent Deutsche entgegen, die eine Italienerin berühren konnten, ohne dafür von ihrem Bruder verprügelt zu werden.
… knattern mit ihren aufgetunten Motorrollern ohne Sturzhelm, aber mit Mädchen auf dem Rücksitz nachts durch die engen Gassen und scheuchen Touristen.
… wälzen sich minutenlang vor Schmerzen auf dem Fußballfeld, wenn sie ein Gegenspieler berührt hat. Pfeift der Schiedsrichter das Foul nicht, springen sie auf und sprinten zum Schiri, um sich zu beschweren.

Die Sätze, die man kennen muss

»Ciao signorina, como vaaaaii.«
»Musse du unbedingt probieren!«
»Scampi isse leider aus.«

Hintergrundwissen

– *In New York leben mehr Italiener als in Rom.*
– *Italienern bringt die Zahl 17 Unglück.*

- *Nach einem Attentat, bei dem Berlusconi im Gesicht verletzt wurde, verkauft man in Neapel den blutenden Berlusconi als Grippenfigur.*
- *Im EU-Parlament glänzen die die Italiener mit einer Abwesenheitsquote von fast 20 Prozent. Sie sind damit die größten Schwänzer.*
- *Bei der Fußball-WM 2010 waren die Azzurri mit 32 Kunstflügen die Schwalbenkönige.*

Japaner

Die Japaner sind unser Niedergang. Deutschland ist angesichts der japanischen Arbeitsmentalität zum Scheitern verurteilt. Dem japanischen Arbeitnehmer muss man nicht erst sagen, dass ein Arbeitstag 18 Stunden hat – der empfindet es als persönliche Schmach, wenn er nicht die restlichen 6 Stunden auch noch arbeiten darf. Urlaub? Feiertage? Das ist für die selbstverständlich, dass es sich dabei nur um rhetorische Möglichkeiten handelt! Unsere einzige Hoffnung kann sein, dass sie ihren Autos weiterhin so bescheuerte Namen geben, dass der Deutsche dann doch lieber ein paar Scheine mehr hinlegt, um kein Auto namens »Micra«, »Yaris Verso« oder »Hiace« fahren zu müssen.

Die Fakten für den Stammtisch

Japaner …
…können siebenmal mehr Scham empfinden als jeder andere Mensch auf der Welt
… sind 1,59 Meter groß.
… arbeiten nicht in Büros, sondern in grauen Papp-Boxen im 86. Stock eines Hochhauses.
… arbeiten 53 Jahre lang beim selben Arbeitgeber. Sie würden sich eher eine Hand abhacken lassen, als ein schlechtes Wort über ihre Firma zu verlieren.
… brauchen Sauerstoffgeräte, wenn sie zum Shoppen gehen.

… gehen jeden Abend zum Karaoke, wo sie vor ihren Arbeitskollegen »Time must go on« von Céline Dion trällern.
… ziehen ihre Schuhe im Restaurant aus. Viele Deutsche wussten nichts von diesem Brauch und sind mit ihren Socken verantwortlich für die Erfindung der Geschmacksrichtung süß-sauer.
… holzen sämtliche Urwälder für ihre Essstäbchen ab.
… rotten die Nashörner aus, weil sie deren Hörner nur wegen ihrer Form für Aphrodisiaka halten. Die Japaner zerstören mit schwimmenden Fischmetzgereien die weltweiten Fischbestände. Und am Walmord ist der Japse auch Schuld.
… züchten dafür Goldfische in der Größe von Karpfen, die dann 10.000 Euro kosten.
… sind mit Kameras behängt, mit denen sie alles fotografieren, was ihnen begegnet.
… bauen Autos, die extrem preiswert sind und jedes Jahr die ADAC-Pannenstatistik gewinnen, die aber trotzdem niemand fahren will.
… jubeln Sumoringern zu, deren sportliche Leistung einzig darin besteht, fetter als der Gegner zu sein.
… halten sich beim Lachen die Hand vor den Mund.
… haben Automaten, an denen sich widerliche alte Männer statt Zigaretten getragene Mädchenslips ziehen.
… haben Geishas, bei denen sich Europäer nicht sicher sind, ob sie nun eine Art weiblicher Butler oder doch eher Prostituierte sind.
… haben Toiletten, auf denen laut Musik läuft, damit niemand eventuelle Geräusche hören kann.

Hintergrundwissen

- *»Yakuza«, der Name der japanischen Mafia bedeutet »8-9-3«. Diese Zahlen stammen aus einem japanischen Glücksspiel und sind dort die Verliererkarten.*
- *Im März 2008 wurde der Hauptcharakter aus dem japanischen Manga »Robocat«, Doraemon, zu einem offiziellen Botschafter des Landes ernannt.*
- *In Japan wurde die Antibabypille erst 1999 zugelassen.*

- *In Japan steht die Zahl 4 für den Tod und gilt daher als Unglückszahl. Als Konsequenz davon haben japanische Flugzeuge keine Sitze mit der Nummer 4, und auch Hotelzimmer oder Stockwerke mit dieser Nummer wird man in Japan vergeblich suchen. Das gilt auch in Sushi-Bars, nirgendwo wird man 4 Stück bekommen, sondern immer nur 3 oder 5.*
- *Die Durchschnittslaufzeit einer CD sollte zuerst nur genau 60 Minuten sein. Doch die Vorliebe der Japaner (vertreten durch den Entwicklungspartner Sony) für Beethovens Neunte, die 74 Minuten dauert, und die eine der ersten Veröffentlichungen sein sollte, ergab die jetzige 74 Minuten Laufzeit. Die Vorstellung, mitten in der Sinfonie die CD wechseln zu müssen widersprach den Vorstellungen und den Anforderungen der Japaner an das neue Medium.*

Ossis

Ginge es nach dem Ossi, würde er die Mauer gerne wiederhaben, den Euro jedoch behalten. Auch 20 Jahre nach der deutschen Einheit fühlt sich der Ossi als Bürger zweiter Klasse und hat damit auch recht. Bis heute glaubt der Ossi, dass nur die Treuhand schuld an der hohen Arbeitslosigkeit in der Zone ist. Hat sie doch die maroden Staatsbetriebe nach der Wende für nur einen Euro verscherbelt. »Ich hätte zwei bezahlt«, sagt der Ossi stolz. Dabei liegt die Ursache für das Beschäftigungsproblem ganz woanders: Ossis sind es nicht gewöhnt zu arbeiten, Ossis wollen beschäftigt werden.

Die Fakten für den Stammtisch

Ossis …
… verbrachten ihre Jugend damit, Tauben für Hiroshima zu falten und Postkarten nach Südafrika zu schicken, damit Nelson Mandela freikommt.
… glauben, dass Schwarzer Afghane eine Rassekatze ist. Früher gab es im Osten kaum Drogen. Die einzige Möglichkeit, high zu werden, bestand darin, an Bürokleber zu schnüffeln.

... betonen bei jeder Gelegenheit, dass auch sie den Solidaritätszuschlag zahlen müssen.
... hoffen noch immer auf die blühenden Landschaften, vor allem die Leute in Bitterfeld, Leuna und Eisenhüttenstadt. Bis vor zehn Jahren wussten die Ossis dort nicht einmal, dass Luft durchsichtig sein kann.
... guckten heimlich Westfernsehen. Außer im Tal der Ahnungslosen: in Sachsen.
... leben glücklich im Plattenbau. Überhaupt berichten Ossis gewöhnlich ungefragt von ihrer glücklichen Jugend.
... hatten immer genügend Parkplätze.
... nennen ihre Fußballclubs Dynamo Dresden, Fortschritt Bischofswerda, Energie Cottbus oder aber Aktivist Brieske Senftenberg.
... stellen sich an, wenn sie das Ende einer langen Schlange sehen, ohne zu wissen, was es da gibt. Es reicht ihnen zu wissen, dass es was gibt. Die Verkäufer im Osten fragen nicht: »Darf's noch was sein?«, sondern mosern: »Ist das jetzt alles?«
... waren erst Junge Pioniere, dann Thälmannpioniere, bereiteten sich im Zirkel unter der blauen Fahne auf die Mitgliedschaft in der Freien Deutschen Jugend vor, wurden Mitglieder in der deutsch-sowjetischen Freundschaft, im Freien Deutschen Gewerkschaftsbund und schließlich in der Sozialistischen Einheitspartei Deutschlands. Jetzt sind sie nur noch im ADAC.
... gingen zu Wahlen, bei denen 99,6 Prozent Zustimmung als schlechtes Ergebnis galten.
... klagen bei Olympischen Spielen: »Früher haben wir alleine viel mehr Medaillen gewonnen.« Dabei verlieren sie kein Wort darüber, dass die DDR-Schwimmerinnen einen Bart hatten.
... freuen sich immer noch diebisch, dass Juri Gagarin der erste Mensch im Weltraum war.
... studierten Marxismus-Leninismus an der Lomonosov-Universität in Moskau. Heute wundern sie sich, dass sie trotz Hochschulstudiums arbeitslos sind.
... haben sich die Reisefreiheit erkämpft. Kommen jetzt trotzdem nicht weg, weil sie nicht genug Geld für einen Urlaub haben.
... hatten früher als einziges Fruchtsaftgetränk die Sorte Rhabarber im Angebot.

... fühlten sich im Urlaub am Balaton auch mal kurz wie Wessis, weil die Bulgaren so arm dran waren, dass sie sogar Ostmark haben wollten.
... hatten Grenzsoldaten, deren Warnschüsse tödlich waren.

Hintergrundwissen

- *In der Ex-DDR nannten die Menschen Hamburger (Fleisch-Sandwich) »Grilletta«.*
- *Bodybuilding hieß in der DDR «Körperkulturistik«.*
- *Zu DDR-Zeiten gab es in Ostberlin nur Currywurst ohne Darm. Als Ersatz wurden zum Formen der Würste Wasserschläuche benutzt.*
- *In der 41-jährigen Geschichte der DDR gab es keinen erfolgreichen Banküberfall.*
- *Einen Monat nach den Aufständen der DDR-Bürger am 17. Juni 1953 wurde die Charlottenburger Chaussee in »Straße des 17. Juni« umbenannt.*

Österreicher

Wenn einer was dafür kann, dann doch die Österreicher! Die sind an allem schuld. Davon mal abgesehen: Was bleibt eigentlich von Österreich übrig, wenn man Mozart, Beethoven, Freud, Sissi und Hüttenzauber abzieht? Nichts bis nichts Gutes. Nämlich eine sehr, sehr dunkle Gestalt: Für die einen ist er ein größenwahnsinniger Schwachkopf, ein wahnsinniger, geisteskranker Überflieger, der die Macht in einem fremden, unschuldigen Land ohne Skrupel an sich gerissen hat. Für alle anderen ist er der Terminator.

Die Fakten für den Stammtisch 

Österreicher ...
... haben Fußball-Kommentatoren, die zehn Minuten lang schreien, wenn ihr Team ein Tor schießt.

… singen gerne. Ihre größten Exportschlager sind Schlagerexporteure. Die schlimmsten sind Udo Jürgens und Hansi Hinterseer.
… emigrieren nach Deutschland, wo sie als Fernsehchefs, Fußballer oder Diktatoren die Piefkes aufmischen.
… arbeiten als Hüttenwirte und hängen überall Glöckchen auf, damit betrunkene Deutsche ihnen Obstler ausgeben müssen. Dafür verlangen sie horrende Summen und behaupten, auf der Hütte müsse alles so teuer sein, weil die Lebensmittel heraufgetragen werden. Neben der Hütte parkt allerdings ein Jeep und endet ein Sessellift.
… haben zwar nicht das Geld erfunden, dafür aber Methoden, wie man es am leichtesten verdient: die genialste ist wohl das »Pickerl«. Außerdem bitten sie vorzugsweise Fahrzeuge mit nicht-österreichischem Kennzeichen zur Sofortkasse bei Geschwindigkeitsüberschreitungen.
… sind Meister im Verdrängen von Niederlagen. Nach der 0:9-Pleite gegen Spanien in der Qualifikation zur Fußballeuropameisterschaft erinnerte sich niemand mehr an das 0:1 gegen die Faröer-Inseln. Nur den Sieg 1964 gegen Deutschland bei der Weltmeisterschaft in Córdoba haben sie bis heute nicht vergessen.
… sind stolz auf ihre Prominenten. Nur über Hitler sagen sie, er wäre ein Deutscher oder Tscheche.
… verwenden unverständliche Worte: Tomaten heißen »Paradeiser«, Blumenkohl »Karviol«, Kartoffeln »Erdäpfel« und Blutwurst »Blunzen«.
… geben den Deutschen beim Grand Prix Eurovision de la Chanson nie einen Punkt.
… haben weltberühmte Gerichte geschaffen: Salzburger Nockerln, Wiener Würstel, Kaiserschmarrn und das Wiener Schnitzel (in Österreich muss es klodeckelgroß sein).
… glaubten, als Ötzi gefunden wurde, er sei einer von ihnen: 5000 Jahre alt und sieht aus wie Niki Lauda.
… sind Grantler. Die häufigsten Sätze, die man als Tourist hört, sind: »Hamma net.« – »Kenn i net.« – »Da könnt ja a jeder kemma.«
… sagen, wenn jemand stirbt und in den Sarg kommt: »Der hat sich den Holzpyjama angezogen.«
… flirten gerne mit Frauen und gelten als unglaublich charmant. Bringen allerdings nur ein altbackenes »Küss' die Hand, gnä' Frau« heraus.

... trauern den Zeiten nach, als ihr Land noch kaiserlich und königlich war. Beim Wiener Opernball sind sie für einen Abend ganz nahe dran. Doch dann kommt doch nur wieder Baulöwe Lugner mit einem tief dekolletierten Starlet.
... haben eine hohe Affinität zum Tod und stehen auf Platz drei der internationalen Selbstmordstatistik. Das macht sich besonders positiv bei Rennfahrern und Abfahrtsläufern bemerkbar.
... sitzen den ganzen Tag in Kaffeehäusern namens »Havelka« und trinken Kaffee. Es ist eine große Kunst, den richtigen Kaffee zu bestellen: Leicht zu verwechseln sind etwa der große Braune mit Schlagobers, der Melange und der Verlängerte.

Hintergrundwissen

- *Österreichische Immobilienmakler verlangen europaweit mit Abstand die höchsten Provisionen.*
- *Raucher haben es in Österreich am besten, denn die Österreicher haben im EU-Vergleich die kulanteste Tabakregelung: Bewertet und begutachtet werden dabei: Preisentwicklung, Rauchverbote, Kampagnen und gesundheitliche Warnungen sowie Werbeeinschränkungen und Behandlungsmöglichkeiten für Süchtige.*

Polen

Morgens halb zehn in Polen: Wo ist mein Knoppers? Beim Polen ist man nicht ganz sicher: Ist er jetzt eigentlich schon ein Russe? Oder doch ein halber Deutscher? In jedem Falle ist der Pole nicht gern bei sich. Stattdessen fährt er im rostigen Kleintransporter mit seinen fünf besten Freunden durch die deutschen Landen und betreibt Lohndumping. Zum Beispiel bei der Spargel- und Erdbeerernte. Da schäumt der Hartz-IV-ler auf dem Sofa daheim zu Recht vor Wut, wenn er auf seinem 98-Zoll-Plasma-TV bei RTL *Explosiv* mitansehen muss, wie Jakub und Adam ihm die Arbeit wegnehmen.

Die Fakten für den Stammtisch

Polen …
… sind immer mit Tüten unterwegs.
… haben die 1-Euro-Jobs erfunden.
… haben den Triathlon erfunden. Zu Fuß ins Schwimmbad, mit dem Fahrrad nach Hause.
… verkaufen Rauchwaren gern zollneutral.
… importieren Wertgegenstände und Autos aus Deutschland, ohne dabei den üblichen Weg der Übertragung des Besitzanspruchs zu wählen.
… kriegen Angst, wenn Deutsche »Danzig« statt »Gdańsk« sagen.
… haben immerhin schon einen Papst hervorgebracht.

Hintergrundwissen

- *In Polen wird an Heiligabend immer ein Tischgedeck mehr aufgelegt als nötig; für einen unerwarteten Gast.*
- *Die NPD lässt ihre Parteizeitung* Deutsche Stimme *in Polen drucken.*
- *»Vorwärts« heißt auf Polnisch »dalej«. Davon leitet sich »dalli, dalli« ab.*

Russen

»Renate, die Russen kommen!« Auch heute, 65 Jahre nachdem der Zweite Weltkrieg fast beinahe noch unentschieden ausgegangen wäre, hat dieser Ruf nicht an Schrecken in deutschen Landen verloren. Doch heutzutage fällt der Russe nicht mehr mit Kalaschnikow und Stalinorgel im Gepäck über Europa her, sondern bringt neureich gewordene Frauen und Kinder mit, um in St. Moritz zu urlauben. Dort frisst er eimerweise Kaviar. Da er nicht Skifahren kann, beginnt das Aprés-Ski-Programm für ihn bereits am frühen Morgen. Einmal in Stimmung gekommen, also sturzbetrunken, tanzt der Russe gern auf dem Tisch. Hat der Russe später am Abend schließlich eine Alkoholmenge intus, die einen Elefanten töten würde, wird er melancholisch und spielt auf der Balaleika alte Volksweisen, die so unfassbar traurig sind, dass Nichtrussen zum Selbstmord schreiten.

Die Fakten für den Stammtisch

Russen …
… verbringen ihr halbes Leben in einer vor sich hin rostenden Raumstation.
… rücken das Bernsteinzimmer nicht wieder raus.
… warten monatelang auf Rente und Löhne vom Staat.
… trinken Wodka wie andere Völker Wasser. Ein Liter Wodka kostet 2 Euro und spart im Winter die Heizung.
… haben den direkten Übergang vom Feudalismus zum Kommunismus gewagt. Nachdem sie gemerkt haben, dass sich eigentlich nichts geändert hat, haben sie die Neuordnung der Gesellschaft der Russen-Mafia übertragen.
… glauben immer noch, dass sie eine Weltmacht sind.

Hintergrundwissen

- *Die Russen sagen über ihr eigenes Land: »Russland ist mit dem Verstand nicht zu begreifen.«*
- *In der russischen Sprache existiert kein Wort für »Zehe«. Also haben alle Menschen aus Russland 20 Finger.*
- *In Russland ist es seit 1993 nicht erlaubt, Bienen und Wespen zu töten – außer in Notwehr.*
- *Statt «jemandem einen Korb geben« sagen Russen «jemandem eine Wassermelone geben«.*
- *Zungenbrecher: Russische Russen rutschen russische Rutschen russisch runter.*
- *Die erste Frau des Russen Feodor Vassilyev, die im 18. Jahrhundert lebte, brachte 16 Mal Zwillinge, 7 Mal Drillinge und 4 Mal Vierlinge zur Welt.*
- *Russland hat elf Zeitzonen.*

Scheichs

Scheichs sind die heimlichen Herrscher unserer Welt. Denn wer besitzt, was alle wollen, ist fein raus beim Spiel um Macht und Geld. Dem Scheich gehört das Öl. Das schwarze Gold tauscht Scheich am liebsten gegen echtes und gönnt sich exklusive Hobbys. Ein Golfplatz in der Wüste? Für Scheich kein Problem. Dabei verbraucht der Golfplatz mehr Wasser als gesamt Westafrika. Hat er Langeweile, kauft Scheich sich englische Fußballvereine und muss die schmerzliche Erfahrung machen, dass Geld leider keine Tore schießt. Braucht der Scheich mehr Kohle, etwa für eine neue 200-Meter-Jacht, beruft er eine OPEC-Sitzung ein. Egal, ob die Senkung oder Erhöhung der Ölfördermenge beschlossen wird, am nächsten Tag geht der Ölpreis durch die Decke.

Die Fakten für den Stammtisch

Scheichs …
… tragen bevorzugt Weiß.
… bewegen sich nur in Zeitlupe, damit sie nicht schwitzen.
… haben eine Haupt- und elf Nebenfrauen. Dazu kommen 28 Geliebte, die jeweils ein Brillanten-Collier im Wert von einer Million Dollar zu Weihnachten bekommen. Den Rest der Zeit verbringen sie mit amerikanischen Edelnutten auf ihrer Jacht.
… verreisen im Sommer in Städte, in denen es kühler ist als bei ihnen zu Hause. Dort schlendern sie in Zehnergruppen durch die Stadt und hauen am Tag Tausende Euro auf den Kopf, um Sachen zu kaufen, die sie bereits besitzen.
… haben in der Garage sieben Rolls-Royce, 32 S-Klasse-Mercedes und einen Ferrari stehen. Falls mal alle Frauen im Haus sind.
… fechten die Weltmeisterschaft um die längste Jacht der Welt unter sich aus.

Hintergrundwissen

- *Der Sand wird knapp: Abu Dhabis Sände sind so salzhaltig, dass Bausand aus den umliegenden Emiraten importiert werden muss.*
- *Aus dem Öl der Scheichs werden etwa 70.000 Produkte hergestellt.*
- *Das Wüsten-Emirat Abu Dhabi gibt 18 Prozent seines Etats für Entwicklungshilfe in Afrika und anderen Länder aus. Und genauso viel für die Bildung seiner Bürger. Aber nur 5 Prozent für Waffen.*

Schwarze

Ein Weißer und ein Farbiger stehen an der Theke. Sagt der Schwarze zum Weißen: »Hey, weißer Mann, lass mich dir etwas erklären: Bei meiner Geburt bin ich schwarz. Wenn ich aufwachse, bleibe ich schwarz. Gehe ich in die Sonne, bleibe ich schwarz. Wenn ich friere, bleibe ich schwarz. Habe ich Angst, bleibe ich schwarz. Aber du, weißer Mann: Bei deiner Geburt bist du rosa. Gehst du in die Sonne, wirst du rot. Wenn du frierst, wirst du blau. Wenn dir schlecht ist, wirst du grün… und jetzt erklär mir bitte, warum man mich Farbiger nennt.

Die Fakten für den Stammtisch 

Schwarze…
… tragen Turnschuhe und Jogginghose.
… können toll tanzen.
… können großartig Fußball spielen.
… haben eine tolle Figur.
… kriegen trotzdem immer nur die dicken und hässlichen Weiber ab.
… schlappen mit dem Gettoblaster am Ohr durch die Fußgängerzone und hören lautstark ihren Lieblingsrapper. Der singt darüber, wie er vor dem Frühstück drei Leute abgeknallt hat und dass überhaupt alle »Motherfucker« sind.

… haben erstaunliche Genitalien. 28 Zentimeter gelten als Standard.
… haben blendend weiße Zähne, obwohl sie noch nie in ihrem Leben beim Zahnarzt waren.

Die Sätze, die man kennen muss

»Ich hab ja nichts gegen Schwarze, aber …«
»Die haben den Rhythmus im Blut.«
»Den würde ich nicht von der Bettkante stoßen.«

Hintergrundwissen

- *Obwohl die Afroamerikaner nur 13 Prozent der amerikanischen Bevölkerung ausmachen, sind 80 Prozent der NBA-Spieler und 65 Prozent der NFL-Spieler schwarz.*
- *Fast 5 Prozent des schwarzen Bevölkerungsanteils der USA lebt in Gefängnissen.*
- *Sämtliche Weltrekorde in den Laufdisziplinen (außer Gehen) der Männer werden von Athleten mit schwarzer Hautfarbe gehalten. Westafrikaner sind Sprinter, Ost- und Nordafrikaner Langstreckenläufer.*

Schweizer

Der Schweizer hält das Bankgeheimnis für das höchste Gut der Demokratie. Hunderttausende Steuerflüchtlinge aus aller Herren Länder stimmen ihm da zu. Kein Wunder, dass in Deutschland dem Staat das Geld ausgeht, es liegt auf Schweizer Nummernkonten. Doch der Schweizer bunkert nicht nur unser Geld, sondern treibt mit seiner Schokolade auch noch unser Karies-Aufkommen und die Cholesterinwerte in die Höhe.

Die Fakten für den Stammtisch 

Schweizer …
… zerfallen je zu einem halben Teil in Geld und Käse.
… sind das Volk der Waffenschieber, Geldwäscher und Bankdirektoren.
… lassen ihre Frauen nicht wählen.
… haben alle ein Gewehr zu Hause und sind trotzdem das wehroseste Volk der Welt.
… betreiben Internate für verzogene Yuppiekinder aus der ganzen Welt.
… können nicht lachen, weshalb Deutschland Emil, dem einzigen Schweizer Kabarettisten, jahrelang Humor-Asyl gewähren musste.
… haben die Zeit erfunden.

Hintergrundwissen

- *In der Schweiz ist es gesetzlich verboten, eine Autotür nach 22 Uhr zuzuknallen.*
- *Die letzten Kriegshandlungen auf Schweizer Boden fanden 1847 statt.*
- *1995 wurde das Brieftaubenkorps der Schweizer Armee aufgelöst.*
- *Im Schweizer Kanton »Appenzell Innerrhoden« wurde das Frauenwahlrecht erst am 25. März 1990 eingeführt. In Europa sind die Frauen daher, soweit es das Wahlrecht betrifft, erst seit 20 Jahren den Männern vollkommen gleichgestellt.*
- *Weil eine Möwe am Zürichsee seinem Architekten ein Stück Brot aus der Hand gepickt hatte, nannte der Schweizer sein erstes Restaurant »Mövenpick«.*
- *Nach einer Volksabstimmung wollte das österreichische Bundesland Vorarlberg 1918 lieber zur Schweiz gehören – die aber lehnte ab.*

Spanier

Warum sind die Spanier eigentlich in der EU? Der Spanier verlässt sein Land nie, spricht keine Fremdsprachen und zeigt sich Touristen gegenüber verschlossen. Ein gesteigertes Interesse an der europäischen Idee zeigen die Spanier nur, wenn es um Agrarsubventionen geht. Dabei weiß jeder Betriebswirt im zweiten Semester, dass die Olivenölproduktion nicht subventioniert werden muss, wenn man den halben Liter Fett für 10 Euro an die dummen Teutonen verkloppen kann. Sein ganzes Geld haut der Spanier beim Stierkampf auf den Kopf. Oder für Blumen, die er in die Kirche trägt. Immerhin haben die Spanier Julio Iglesias hervorgebracht, der mit 11 Prozent der weiblichen Weltbevölkerung eine Affäre hatte.

Die Fakten für den Stammtisch 

Spanier ...
... sitzen den ganzen Tag im Schatten und schauen zu, wie sich deutsche Touristen bei 40 Grad abplagen, um spanische Sehenswürdigkeiten zu besichtigen.
... sprechen überlaut.
... tunken alles in Olivenöl.
... werden von Touristen beleidigt. Die verlangen nämlich zum Frühstück »burro«, was zwar »Butter« heißt, allerdings auf Italienisch. Auf Spanisch heißt es: »Esel«.
... gehen erst um 24 Uhr zum Essen und dann um 2 Uhr in die Bar und um 4 Uhr in die Diskothek.
... gewinnen plötzlich die Tour de France, beim Tennis und sind sogar Fußballweltmeister geworden.

Die Sätze, die man kennen muss

»Olé!«

Hintergrundwissen

- *Mussten ihre Peseten durch 166,386 teilen, damit daraus Euro wurden.*
- *Halten es für männlich, in Glitzerstrumpfhosen und Ballerinas vor Stieren rumzutänzeln.*
- *Geben ihren Mädchen Vornamen wie »Kaiserschnitt« oder »Unbefleckte Empfängnis«.*
- *Haben ein Nationalgetränk, Sangria, das übersetzt »Aderlass« heißt.*
- *Nennen die Touristen mit Sonnenbrand liebevoll Langustinos – Langusten.*
- *Zur Zeit der Inquisition verurteilte Spanien die ganze Niederlande wegen Ketzterei zum Tode.*
- *McDrive heißt in Spanien McAuto. Das Auto heißt aber »coche«.*
- *In Spanien ist das Wort für »Ehefrau« dasselbe wie für »Handschellen«, nämlich »esposa«.*

Südamerikaner

Betrachtet man die zivilisatorischen Leistungen der Südamerikaner, fällt einem nicht viel ein. Statt unserer gebeutelten Nation ein Vorbild zu sein, zeigt der Südamerikaner, wie man es besser nicht macht. Den ganzen Tag vertanzt er, trinkt hochprozentige Cocktails und hurt herum. Dabei hat der Südamerikaner Tänze erfunden, die in Amerika unter den Pornografie-Paragraphen fallen würden. Einen richtig guten Tänzer erkennt man am feuchten Knie. Die Siesta beginnt gleich nach dem Frühstück und endet kurz vorm Abendessen, das der Südamerikaner erst nach 22 Uhr zu sich nimmt. Sein Geld verdient der Südamerikaner entweder als Fußballspieler oder in der Koksproduktion. Oder aber er steht in Lamadecken gewandet in der Fußgängerzone herum und bläst in Panflöten. Sein Land lässt der Südamerikaner am liebsten von einem korrupten Diktator mit Zigarre im Mund und verbeulter Armeehose regieren. Nicht einmal normal sterben kann der Südamerikaner. Entweder wird er im Kugelhagel rivalisierender Drogenbanden niedergestreckt oder er geht bei einem Busunglück drauf.

Wer großes Glück hat, wird von einer Tarantel gebissen und darf noch ein, zwei Tage im Kreis der Großfamilie dahinsiechen, bevor er den Löffel abgibt.

Wen Reggaemusiker auf dem Gewissen haben

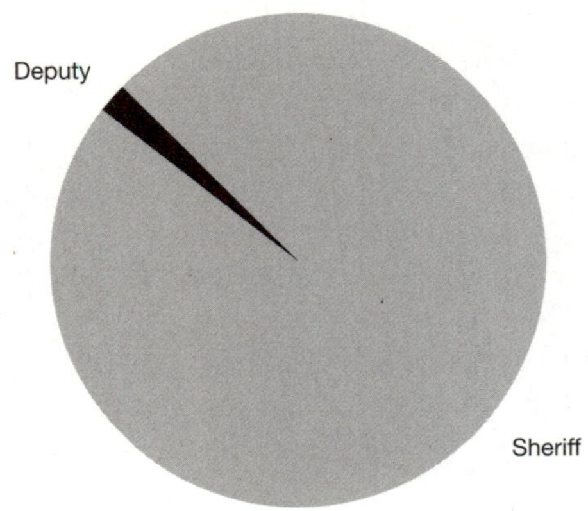

Die Fakten für den Stammtisch 

Südamerikaner …
… sind verrückt nach Fußball und begnadete Techniker am Ball.
… tanzen nach jedem Tor erst einmal eine halbe Stunde um die Eckfahne.
… So lange braucht der verrückte Radiokommentator, um sich wieder einzukriegen: Goooooooooooaaaaaaaaaaaal!!!!
… verkleiden sich beim Karneval als … Nackte?
… können tagelang tanzen, ohne sich dafür Ecstasy-Pillen einschmeißen zu müssen.

Sätze, die man kennen sollte

»›El Condor pasa‹« ist eigentlich ein schönes Lied.«
»Ich kann Panflöten nicht mehr hören.«

»Die gleiche Straßenband hab' ich, glaube ich, schon mal gesehen.«
»Schwitzen die nicht in ihren Ponchos?«
»Ich stelle mich an Samstagvormittagen bei Peruanern in die Vorgärten und spiele Panflöte.«

Hintergrundwissen

- *In Argentinien leben mehr Kühe als Menschen.*
- *Aufgrund der hohen Schwefelkonzentration im Boden der Anden gibt es in Peru Hühner, die Eier mit blauer Schale legen.*
- *Südamerika ist das Ursprungsland der Meerschweinchen und die werden dort auch gegessen.*
- *Forscher aus Südamerika konnten in einer Studie belegen, dass Hamster von der Potenzpille Viagra profitieren, und zwar bei der Zeitumstellung auf Langstreckenflügen über den großen Teich. Die Tierchen kamen dank Viagra deutlich besser mit dem sogenannten Jetlag zurecht. Die Forscher erhielten für ihre Arbeit den Ig-Nobelpreis für skurrile Entdeckungen.*

Türken

Eines muss man den Türken lassen: Integration ist für sie kein Fremdwort, sondern eine Einbahnstraße. Vor allem junge Türken versuchen Samstag für Samstag nach dem Besuch einer Großraumdisco ihr bestes Stück tief in Mandy, Melanie oder Anke zu integrieren. Verguckt sich dagegen der sympathische Klaus in Schwester Fatima, ist Blutrache angesagt. Beim Winterschlussverkauf stehen Gülcan und Esen schon um 7 Uhr vor der Kaufhaustür, um sich einen Drei-Jahres-Vorrat-Männersocken zu erprügeln. Zehn Minuten nach Ladenöffnung sind die besten Schnäppchen weg. Und wer schaut wieder in die Röhre? Der brave, deutsche Arbeitnehmer, der statt zum Schlussverkauf ins Büro gefahren ist, um die Hartz-IV-Kohle für die Migranten zu erwirtschaften. Neben der Versorgung der deutschen Bevölkerung mit Obst, Gemüse und Gammelfleisch-Döner widmen sich Türken für ihr

Leben gern dem Verkauf von Teppichen. In türkischen Teppichhäusern herrscht Dauerräumungs-Ausverkauf. Zehn Jahre lang verspricht Besitzer Hakan, dass er morgen schließen werde und heute deswegen wirklich alles raus müsse. Selbst bei fabrikneuen Exemplaren handelt es sich um handgeknüpfte antike Einzelstücke, wie Hakan mit Tränen in den Augen berichtet. Die unbezahlbar sind. »Aber mache ich dir eine gute Preis!« Und wer zahlt die Rechnung? Der sich abschaffende Deutsche.

Die Fakten für den Stammtisch

Türken …

… tragen, bis sie 30 sind, weiße Tennissocken. Danach sind die Socken nur noch schwarz.

… betreiben mit ihrer Großfamilie einen Obst- und Gemüseladen, der erst zwei Stunden nach den erlaubten Ladenöffnungszeiten schließt.

… haben einen Oberlippenbart (die Frauen erst ab einem Alter von 40 Jahren).

… schöpfen so viel Joghurtsoße in den Döner, dass man sich jedes Mal das Hemd versaut.

... tragen das Familienvermögen in Form einer salamidicken Goldkette um den Hals. Der Rest kommt in die Zähne.
... fahren einen uralten Mercedes mit Kirschholz-Innenraum und Duftbaum.
... leben in dieser Familie: Sohn Erkan hat Probleme mit dem Gesetz wegen Diebstahls und Körperverletzung. Tochter Pinar ist mit 20 Jahren noch Jungfrau, worüber die gesamte Familie wacht. Opa Yusuf verlässt das Haus nur, um auf dem Dach die Satellitenschüssel zu justieren. Oma Aishe ist ein Hausdrache, deren Gesichtszüge einem Kampfhund ähneln. Mutter Aishe kocht. Vater Erkan arbeitet am Fließband bei Opel und ist nebenbei bei den Grauen Wölfen aktiv. Am Wochenende verkauft er auf dem Flohmarkt neuwertiges Handyzubehör.

Sätze, die man kennen sollte

»Mit bissi scharf?«
»Naaa, hier isse nix Gammelfleisch. Achmed drübe verkaufe Gammelfleisch.«

Hintergrundwissen

- *Die Behauptung, es gäbe weltweit nur zwei Städte, in denen mehr Türken leben als in Berlin (nämlich Ankara und Istanbul), ist falsch. Offiziell wird die Zahl der in Berlin lebenden Türken mit 111.285 angegeben (Stand: 2008). In der Türkei gibt es aktuell 70 Städte, deren Bevölkerung diese Zahl übersteigt.*
- *Türken essen doppelt so viel Joghurt wie Deutsche.*
- *Im Südosten der Türkei liegt die Stadt Batman. 2009 reichte der Bürgermeister Klage ein, da er den Regisseur Christopher Nolan bezichtigte, widerrechtlich den Namen der Stadt für sein Filmprojekt* Batman *zu verwenden.*
- *Die Tulpe kommt aus der Türkei.*
- Mein Kampf *war auf Platz drei der türkischen Bestsellerliste*
- *Ein beliebtes Schimpfwort der Türken ist »Sohn einer Gurke«.*

Die Schuldigen aus Politik & Religion

Seit 2000 Jahren wird unser Land von Vollidioten regiert. Woran liegt das? Sind wir Bürger wirklich zu blöd, einmal Politiker zu wählen, die Ahnung haben. Von irgendwas? Blättern wir doch einmal gemeinsam durch das Synonymwörterbuch des Lebens, Auflage 2010, bis zum Buchstaben R. R wie Regieren. Dort steht: Regieren: sich bereichern, lügen, alles besser wissen, sich aus der Verantwortung stehlen, es hinterher nicht gewesen sein.
Egal, ob von der CDU, der SPD, der FDP oder den Grünen, das Problem der Politiker ist die Macht. Solange sie in der Opposition sind, sprechen Politiker verständliche Sätze, haben vernünftige Ideen und sind locker drauf. Doch einmal an der Macht, scheint es sich plötzlich um andere Menschen zu handeln. Dann sind Politiker wie verwandelt, wie vom Zombie gebissen. Neue Schulden werden gemacht, als müsse man die alten nicht bezahlen, und mehr Netto vom Brutto bekommt nur das Finanzamt, weil die Steuern erhöht werden. Was interessiert mich mein Geschwätz von gestern? Noch schlimmer als Politiker sind eigentlich nur die religiösen Scharfmacher, die mittlerweile alle Gesellschaftsschichten unterwandert haben und mit ihren politisierenden Parolen das letzte bisschen Vertrauen in den Staat weghetzen. Katholiken, Muslime, Scientologen – Was hat der liebe Gott sich dabei bloß gedacht?

Bundestagsabgeordnete

Das ist die späte Rache der unbeliebten, pickeligen Brillenträger aus der Schule. Während ihrer Schulzeit waren sie ein paar Jahre in ihrer Entwicklung hinterher, in der freien Wirtschaft haben sie keine Chance, daraus folgt eine mäßige Karriere in der Politik. Einmal als Abgeordneter im Bundestag eingezogen, dürfen sie endlich nachholen, was ihnen so lange verwehrt geblieben war: Ganz hinten sitzen, Nutten, Koks auf dem Klo und schwänzen, ohne erwischt zu werden. Weil, und das ist eine Tatsache, niemand aufpasst auf die Rotzlöffel.

Die Fakten für den Stammtisch 

Politiker …
… lassen sich in Firmenjets durch die Gegend fliegen und fahren umsonst mit der Bahn.
… arbeiten in Ausschüssen, die dreimal im Jahr auf Dienstreise fahren, um vor Ort zu untersuchen, wie die Hawaiianer das Problem mit der Kindergartenplatzversorgung gelöst haben.

Was Parlamentarier an ihrem Job schätzen

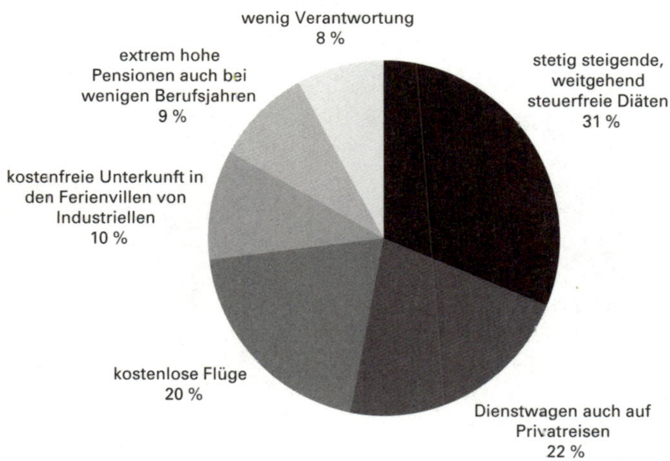

... stimmen nie gegen die Erhöhung ihrer Diäten.
... klatschen nur bei den Reden der Leute aus der eigenen Fraktion.
... stören die Rede der anderen Fraktionen mit Zwischenrufen, die schon in der Oberstufen-Schulklasse peinlich waren.
... kassieren 10.000 Euro Rente im Monat für den Rest ihres Lebens, wenn sie vier Jahre lang Bundestagsabgeordnete waren und dann im Alter von 41 Jahren wegen Faulheit und Inkompetenz zu Recht abgewählt werden.

Hintergrundwissen

- *Britischen Abgeordneten ist es per Gesetz verboten, im Unterhaus (dem britischen Parlament) zu sterben.*
- *Neuseeland ist das einzige Land der Welt, in dem die vier höchsten Staatsämter von Frauen besetzt sind.*

CDU-Mitglieder

Früher wusste man als CDU-Mitglied noch, was man zu erwarten hatte: Eine Pfälzer Birne ohne Fremdsprachenkenntnisse mit einer lockeren Einstellung zu Spendengeldern. Ein bisschen Katholizismus und eine gesunde Abneigung Ausländern gegenüber gab es gratis obendrauf. Das war ganz klar umrissen. Wer Mitglied in der CDU wurde, befreite sich von dem Verdacht, Kommunist oder schwul, oder schlimmer noch, ein schwuler Kommunist zu sein, was die Mindestvoraussetzung für den Stammtisch war. Aber zu was bekennen sich CDU-Mitglieder heute? Der Gärungsprozess innerhalb der Christ-Demokraten hat eine übel riechende Brühe aus Lobbyismus, Kompromissen und Populismus produziert. Ein einziges Wischiwaschi, dessen Mitglieder genau dies sind: Wischis und Waschis.

Die Fakten für den Stammtisch 

CDU-Mitglieder …
… spenden für die Instandhaltung der Soldatenfriedhöfe des Ersten Weltkrieges.
… haben kein Problem damit, dass ihr Vorsitzender eine Straftat begeht, solange er sein Ehrenwort hält.
… fahren Mercedes. Aus Prinzip.
… müssen mit dem Versprechen geködert werden, dass das Asylrecht weiter verschärft wird, sonst wandern sie zu den Rechtsradikalen ab.
… würden gerne in ihrer Freizeit Castortransporte bewachen und Ökos mit Wasserwerfern schikanieren. Weil das nicht geht, organisieren sie in der Nachbarschaft eine Bürgerwehr.

Die Sätze, die man kennen muss

»Wer in der Jugend kein Sozialist war, hat kein Herz. Wer es im Alter immer noch ist, hat kein Hirn.« (Churchill)
Edmund Stoiber (ehem. Bayerischer Ministerpräsident, über sich selbst und seine Frau): »Wir beide, wir haben Humor. Sie in der Praxis, ich in der Theorie.«
Günther Beckstein (damals Bayerischer Innenminster, CSU): «Nachdem Stoiber noch nichts gesagt hat, weiß ich nicht, was mein Wille ist.«
Helmut Kohl (Ex-Bundeskanzler): »Entscheidend ist, was hinten rauskommt.«
Helmut Kohl (Ex-Bundeskanzler): »Ich weiß nicht, was der französische Staatspräsident Mitterand denkt, aber ich denke dasselbe.«
Horst Seehofer (Bayerischer Mininsterpräsident): »Irren ist menschlich, aber immer irren ist sozialdemokratisch.«
Konrad Adenauer (Ex-Bundeskanzler): »Ich bin, wie ich bin. Die einen kennen mich, die anderen können mich.«
Ronald Pofalla (CDU): «Kernkraft ist für die CDU Öko-Energie.«

FDP-Mitglieder

Dachten wir früher »FDP«, fielen uns spontan gelbe Pullunder und Elefantenohren ein. Das war die gute, alte FDP: Die Bundfaltenhose, der Strumpfhalter, die Pomade für die gepflegte Herrenfrisur, das Mieder für die Seniorin, der Käseigel, das Hoch auf dem gelben Wagen. Heute ist die FDP ein karrieregeiler Ken. Ein »crazy« Streber, der Raftingtouren in einem Schlauchboot mit Überrollbügel unternimmt oder den Mount Everest in einer Sänfte besteigt und dann, auf dem Gipfel, enthemmt die Fäuste in den Himmel reckt. Die FDP ist nicht mehr die schrullige Tante – sondern der schrullige Neffe, der so ein komisches Glitzern in den Augen hat, das einem einen Schauer über den Rücken jagt. Die FDP macht heute, glaube ich, selbst dem tapferen Genschman Angst.

Die Fakten für den Stammtisch

FDP-Mitglieder ...
... sind steinreiche Unternehmer und ihre Erbsöhnchen, die eigentlich nur ein politisches Ziel verfolgen: Keine Steuern zahlen.
... glauben, dass es über Jahre hinweg niemand mitkriegt, wenn man stockschwul ist.
... legen sich mit jeder Partei ins Koalitionsbett.
... wachen verkatert wieder auf.

... streiten sich vor der Wahl wegen irgendeinem Blödsinn mit ihrem Koalitionspartner und drohen mit dem Austritt aus der Regierung, um den Wählern zu beweisen, wie wichtig und eigenständig sie ihre Ideen in die Koalition einbringen.
... finden Forderungen der Gewerkschaft nach 0,3 Prozent Lohnerhöhung unverschämt. Das könnte sich schließlich negativ auf den Aktienmarkt auswirken.
... wünschen sich in der Disco beim DJ was von Phil Collins.

Die Sätze, die man kennen muss

»Die FDP – hör' mir auf, die machen doch die reinste Klientelpolitik.«
»Mit Spaß-Partei hat das überhaupt nichts zu tun.«
»Guido Westerwelle als Außenminister. Der ist schon ziemlich peinlich. Aber nicht, weil er schwul ist, das ist mir egal.«

Grünen-Mitglieder

Wie kann es eigentlich sein, dass die Atomlobby so offensichtlich Deutschland regiert, ohne dass die Grünen Amok laufen? Die bekommen von den Atomjungs eine Watschen nach der anderen reingedonnert und sagen leise »Aua« – statt ordentlich Rabatz zu machen. Ich kann mir das nur so erklären: Das sind zwar immer noch dieselben Grünen, mit denen man sich früher wegen jedem Mist an Bahngleise ketten konnte, aber eben nicht mehr die gleichen. Das ist schade.

Die Fakten für den Stammtisch

Die Grünen …
… stricken auf dem Parteitag.
… folgen den Anträgen ihres Vorstandes nicht.
… verbieten ihren Kindern Kriegsspielzeug.
… fahren nur dann Zug, wenn sie sich beobachtet fühlen.

Die Sätze, die man kennen muss

»Die Grünen haben sich ganz schön gemausert.«
»Die kann man nicht mehr wählen, die sind doch auch nicht mehr anders als die anderen Parteien.«
»Da müssen die sich nicht wundern, wenn plötzlich alle die Linken wählen.«
»Mit Verlaub, Herr Präsident, Sie sind ein Arschloch.« (Joschka Fischer)

Hintergrundwissen

- *Als Mitbegründer der Grünen war der Rechtsanwalt Otto Schily Hauptmieter einer anarchistisch orientierten Wohngemeinschaft und Wahlverteidiger einiger Mitglieder der RAF. Später wechselte er zur SPD. Als Innenminister wurde er als Hardliner und Vertreter des »Law and Order« kritisiert und scheint den Unionsparteien näher als der SPD.*
- *Grünen-Politiker Cem Özdemir ist Schirmherr der Döner-Suchmaschine www.doener365.de*

Katholiken

Das sind mir ja die allerliebsten. Anstatt mit ihrem Geld etwas Vernünftiges anzustellen, spenden sie es ausgerechnet der Kirche! Vermutlich löse ich einen Sturm der Empörung aus, aber die Fakten sprechen für sich: Der Sozialwissenschaftler Carsten Frerk recherchierte drei Jahre lang die Informationen über den Grundbesitz, die Geldanlagen, die Beteiligungen und die Immobilien der Kirche. Er kam zu dem Schluss: Die zur katholischen Kirche gehörenden Institutionen besitzen ein Vermögen von 270 Milliarden Euro. Da könnte man doch gleich 9 Prozent (in Bayern 8 Prozent) seines Einkommens direkt an Bill Gates spenden. Der tut auch Gutes und lässt, soweit man weiß, auch die Ministranten in Ruhe. Das Kirchensteueraufkommen im Jahr 2008 belief sich auf 5,2 Milliarden Euro. Was man damit – außer Missbrauchsfälle zu vertuschen – alles machen könnte!

Die Fakten für den Stammtisch 

Katholiken …
… laufen barfuß nach Altötting.
… glauben an Wunder. Fahren alt und gebrechlich nach Lourdes und kommen alt und gebrechlich wieder zurück.

... glauben, dass schwul sein unnatürlich ist. Meinen aber, dass es der Natur des Menschen entspricht, das ganze Leben keinen Sex zu haben.
... haben nur Sex, um Kinder zu bekommen. Brauchen Frauen eigentlich einen Orgasmus, um Kinder zu bekommen?
... berufen sich auf den Papst, wenn sie keinen Bock haben, ein Kondom anzulegen.
... haben andauernd Gewissenskonflikte, die sie jede Woche bei der Beichte loswerden. Kosten: Zehn Vaterunser beten, für schwere Vergehen zusätzlich drei Rosenkränze.

Die Sätze, die man kennen muss

»Protestanten sind feige Katholiken.«
»Es sind ja nicht alle Päderasten.«
»Die tun auch viel Gutes.«
»Ich werde sonst enterbt.«

Hintergrundwissen

- *In Alabama ist es verboten, einen angeklebten Schnurrbart in der Kirche zu tragen, wenn dieser lustig aussehen könnte.*
- *Friedhof hat nichts mit »Frieden« zu tun. Es ist schlicht und einfach der eingefriedete (also mit einer Mauer umgebene) Hof hinter einer Kirche.*
- *Der Fachbegriff für die »Angst vor dem Papst« lautet »Papaphobie«.*
- *Das Käppi, das der Papst in Weiß, Kardinäle in Rot und Bischöfe in Violett auf dem Kopf haben, heißt Pileolus.*

Kommunisten

Nichts und niemand ist hierzulande so kläglich gescheitert wie die Kommunisten. Wie bei allen kultursoziologischen Erscheinungen merkt man am Auftauchen des »Retro«, dass eine Ära definitiv vorbei ist.

Wenn Kreti und Pleti beispielsweise »Che Guevara«-T-Shirts tragen. Oder Ladas von jungen Werbefuzzis gefahren werden. Nur Kommunisten selbst schaffen den Absprung nicht. Die Ironie ist, das dieses Scheitern weniger am Kommunismus liegt als an den sauertöpfischen Kommunisten selbst. Es ist aber auch ein wenig bitter, wenn ein eingefleischter Marxist sehen muss, wie heutzutage seine ehemaligen Brüder im Geiste, die Seelenverwandten, also die Russen, stinkreich und hackekapitalistisch durch die Welt marodieren.

Die Fakten für den Stammtisch

Kommunisten ...
... sind ungekämmt, tragen Palästinenserschals und einen roten Stern als Anstecker im Mantel.
... sitzen einmal in der Woche beim Griechen und lesen sich gegenseitig aus Marx *Kapital* vor.
... gehen auf Demonstrationen und rufen unsinnige Parolen wie »Keine Macht für niemand!« oder »Bürger lasst das Glotzen sein, kommt herunter, reiht euch ein!«.
... sind dafür, dass das Geld unter allen Menschen gerecht verteilt wird, weigern sich aber hartnäckig, jemanden zum Bier einzuladen.
... sind so lange Kommunisten, bis sie selbst eine ordentliche Arbeit gefunden haben und richtig Geld verdienen.
... treffen sich, wenn ihnen langweilig ist, zu fünft mit einem Kasten Bier und machen eine Mahnwache vor der amerikanischen Botschaft.
... haben ein »Che Guevara«-Poster über dem Bett hängen und träumen davon, wie sie mit freiem Oberkörper und einem Revolutionsgroupie im Arm Kuba erobern.
... drücken bei Olympiaden als Einzige den rumänischen Kugelstoßerinnen die Daumen.
... sobald mehr als zwei Kommunisten in einem Raum sind, beginnen sie revolutionäre Lieder zu singen.
... fühlen sich der russischen Volksseele nahe, bloß weil sie auch gerne Wodka saufen. Außerdem lernen sie russische Trinksprüche auswendig, um anderen Kommunisten zu imponieren.

…ihre revolutionäre Einstellung gipfelt darin, dass sie sich freuen, wenn das deutsche Fußballteam verliert.
…fühlen sich ausgebeutet. Dabei haben sie so große Angst davor, Mehrwert zu produzieren, dass sie erst gar nicht arbeiten.
…sympathisieren mit den Palästinensern, den Kurden und allen anderen ausgebeuteten Völkern dieser Erde. Die Amerikaner hingegen sind ihr Feinbild. Sie verabscheuen McDonald's und essen dort nur im Urlaub oder wenn sonst nichts mehr auf hat oder wenn kein anderer Kommunist in der Nähe ist.
…gehen jedes Wochenende demonstrieren. Dabei fahren sie mit einem rostigen Opel Kadett quer durch Deutschland, um mit anderen Splittergruppen wie der »marxistisch-leninistischen Männergruppe Braunschweig«, den »Kampflesben Iserlohn« oder den »Atomkraft findet wir echt doof«-Hippies gegen aufkeimenden Faschismus zu demonstrieren. Eigentlich fordern alle Splittergruppen jedoch etwas vollkommen anderes. Dabei sprechen die Veranstalter meist von rund 25.000 Teilnehmern. Die Polizei von 37.
…sind paranoid und glauben, dass ihr Telefon und Internetzugang überwacht werden, weil sie verdächtigt werden, einer terroristischen Organisation anzugehören. Obwohl sie nur einmal um ein Haar festgenommen wurden. Am Telefon sprechen sie nur chiffriert: »Mein Hahn hat drei Beine und die Banane ist grün.« Das bedeutet: Wir treffen uns wie jeden Abend zum Saufen am Stammtisch.
…lassen durchblicken, dass sie am bewaffneten Widerstand der RAF involviert waren oder zumindest zusammenarbeiteten. In Diskussionen flechten sie gerne mal ein »Der Andi hat uns immer gepredigt« oder »Die Ulrike fand das auch schlimm« ein, bloß weil sie mal an derselben Uni wie Andreas Baader oder Ulrike Meinhof studiert haben.
…stehen ungemein auf Verschwörungstheorien. Wenn einer am Tisch erzählt, dass Mercedes eine Tretmine entwickelt hat, die nur Langhaarige umbringt, glaubt das jeder. Sämtliche anderen Katastrophen auf der Welt haben CIA und FBI zu verantworten. Der amerikanische Geheimdienst hat im Labor den HIV-Virus konstruiert, das World Trade Center geschrottet, die Mondlandung vorgetäuscht und Kennedy ermordet.

Die Sätze, die man kennen muss

»Hast du überhaupt *Das Kapital* gelesen?«
»Die bürgerliche Presse schweigt uns doch einfach tot.«
»Kommunismus ist ein schöner Gedanke. Aber nicht umsetzbar.«
»Man hat ja an der DDR gesehen, wie gut Kommunismus funktioniert.«

Hintergrundwissen

- *Im kommunistischen Polen war, nach einer Statistik der Warschauer Nationalbibliothek, der meistgelesene Auslandsautor nicht etwa ein Russe (wie Tschechow in den USA), sondern Jack London, Auflage: fast vier Millionen.*
- *Der Twitter-Account Nordkorkeas heißt »uriminzok«.*
- *China, Kuba, Laos und Vietnam sind die letzten kommunistisch regierten Staaten.*

Konservative

Die Konservativen haben versagt. Wenn wir uns kurz auf die Grundlagen des Konservatismus besinnen, nämlich auf den Erhalt der Werte und einer bewährten Ordnung, zumindest solange sich keine Neuerung als besser erwiesen hat, dann stellt sich folgende Frage: Warum tragen sie so wenig bei, um die Werte zu erhalten und eine bewährte Ordnung aufrechtzuerhalten? Das Einzige, was die verwitweten Herren zustande bringen, ist, sich mit jammerndem Unterton über den Sitten- und Werteverfall zu beklagen. Früher war alles besser. Auch die Konservativen.

Die Fakten für den Stammtisch

Konservative …
… glauben, dass früher alles besser gewesen sei. Da gab es noch Moral und bei Weitem nicht so viel Kriminalität.

… träumen davon, einmal das Bundesverdienstkreuz verliehen zu bekommen.
… haben vor nichts so viel Angst wie vor dem Russen und seiner roten Armee. Danach folgen Kommunismus und Negermusik.

Die Sätze, die man kennen muss

»Stellen Sie sich doch mal in Istanbul auf den Markt und rufen »Asyl«. Sie werden sehen, da hilft Ihnen niemand.«
»»Ich habe ja nichts gegen Ausländer, aber es sind zu viele in Deutschland. Aber mein Pizzabäcker darf gerne hierbleiben.«
»Ich kenne jemanden, der kennt einen Asylanten, der hat ein nagelneues Auto, eine Waschmaschine und eine riesige Wohnung bekommen, als er nach Deutschland gekommen ist.«

Worte, vor denen sich Konservative am meisten fürchten

Neu
Gebraucht, aber wie neu
Ausprobieren
Überraschung!
Schatz, ich habe die Wohnung umgestellt
Groovy
Scheidungsanwalt

Muslime

War schon mal jemand so schuld wie die Muslime? Wegen denen muss man seine Cola vor der Sicherheitsschleuse des Flughafens wegschmeißen! Wenn am Gate einer unter den Wartenden sitzt, der schwarzen Vollbart trägt, dann bekommen die Telefonate so etwas leicht Melodramatisches. »Ich liebe dich Schatz,« wird da geflüstert, mit panischem Unterton. Es ist eine banale, eine unbequeme Erkenntnis: Muslime lähmen und schwächen Deutschland: Wenn die gesamte Zeit, die in der deutschen Politik dafür aufgewendet wurde zu diskutie-

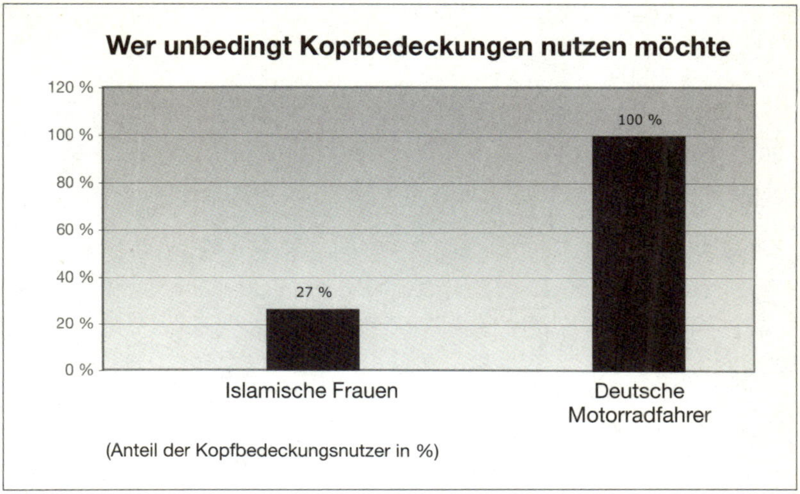

ren, ob das weibliche Geschlecht ein Tuch auf dem Kopf tragen darf oder nicht, dafür aufgewendet wäre, sagen wir, Kindern Mathe-Nachhilfe zu geben, dann sähe die PISA-Studie aber ganz anders aus. Auch in Berlin.

Die Fakten für den Stammtisch 

Muslime …
… haben immer einen Teppich zum Beten dabei.
… wissen immer, in welcher Richtung Mekka liegt. Außerdem wissen sie, in welcher Richtung der nächste Flohmarkt mit geklauten Elektrogeräten zu finden ist.
… setzen jemanden auf einen Turm, der sie fünfmal am Tag daran erinnert, zu beten.
… abonnieren nicht den »Jyllands-Posten«.
… verstehen keinen Spaß, wenn es um Religion geht. Sonst auch nicht.

Sätze, die man kennen sollte

»Wenn die einen Bart haben, machen die mir schon ein wenig Angst.«
»Müssen die beim Beten nicht schlimm pupsen?«

»Wieso regen die sich wegen ein paar Karikaturen eigentlich so auf?« »Die Christen mit ihren Kreuzzügen waren auch nicht besser.«

Hintergrundwissen

- *In Abu Dhabi ist der Gebetsruf koordiniert. Aus allen Moscheen der Stadt tönt der Gebetsruf eines einzigen Muezzins. Der Versuch im Jahre 2004, die Gebetsrufe in Kairo ebenfalls zu vereinheitlichen, scheiterte.*
- *In Hadda, Saudi-Arabien, betete eine islamische Gemeinde zehn Jahre lang in die falsche Richtung – obwohl Hadda nur 20 Kilometer von Mekka entfernt liegt.*
- *Moslems bestatten ihre Toten so, dass die rechte Seite Mekka zugewandt ist.*
- *Die Türkei ist das einzige Land mit einer islamischen Bevölkerungsmehrheit, in dem ein Kopftuchverbot an Universitäten herrscht.*
- *In etwas mehr als 18.000 Jahren, am 1. Mai des Jahres 20.874, wird der islamische Kalender den christlichen einholen.*
- *Das Wort »Gotteskrieger«, als die sich islamische Taliban- und Al Qaida-Terroristen selbst bezeichneten, wurde 2001 zum Unwort des Jahres erklärt. Das Wort »Israel« ist hebräisch und heißt auf Deutsch »Gotteskrieger«.*

Pfarrer

Mit der Predigt versuchen die Pfarrer, die verlorenen Schäfchen in der Gemeinde wieder auf den rechten Pfad der Tugend zurückzuführen. Dabei predigen sie jeden Sonntag Dinge, die jeder halbwegs denkende Mensch längst weiß. Neu auftauchende gesellschaftliche Phänomene werden erst mit zehn Jahren Verspätung wahrgenommen und vom Pfarrer stets kritisch angesprochen. Egal, um welches Thema es sich auch handelt, der Pfarrer stellt auf Teufel komm raus eine Verbindung zu Gott her. »Was würde Jesus über die Raumfahrt denken?«

Die Fakten für den Stammtisch 

Pfarrer …
… predigen Wasser und trinken heimlich Messwein.
… lieben nicht nur Gott, sondern begrapschen auch gern die Ministranten.
… haben keine vernünftige Erklärung dafür, dass Adam und Eva im Paradies wie Hippies gelebt haben: Ständig nackt im Garten Eden herumgelungert und den Tag im Müßiggang verbracht.

Sätze, die man kennen sollte

»Evangelisch geht ja noch.«
»Und diese tuntigen Klamotten dazu …«
»Wir hatten einen in Reli, der war ganz okay.«
»Ich versteh' nicht, warum man Pfarrer werden will.«

Hintergrundwissen

- *In Nicholas County, West Virginia, ist es Pfarrern gesetzlich untersagt, von der Kanzel herunter Witze zu erzählen.*
- *Im antiken Babylonien standen Hohepriestern täglich fünf Liter Bier zu.*
- *Der brasilianische Priester Antonio de Carli wurde mit dem Darwin Award ausgezeichnet. Im April 2008 hat er 1000 Heliumballons an einem Lehnsessel befestigt und wollte damit über die Landschaft Brasiliens fliegen. Doch die Windrichtung änderte sich und wehte den Priester in 6000 Metern Höhe auf den Atlantik hinaus. Anstatt rechtzeitig mit seinem Fallschirm abzuspringen, setzte er einen Notruf über sein Satellitentelefon ab. Der erfahrene Fallschirmspringer konnte jedoch sein GPS-Gerät nicht bedienen und so wusste niemand, wo genau er war. Erst vier Monate später fand man einen Teil seiner Leiche 100 Kilometer vor der Küste von Rio de Janeiro.*

Politiker

Politiker haben das Versagen erfunden. Jahrelang legen sie die Hände in den Schoß und geben irgendwelche sinnlosen Staatsempfänge, auf denen sie sich von Sterneköchen verwöhnen lassen. Um gescheit zu wirken, lassen sie sich von Journalisten bei jedem Statement vor einer Bücherwand filmen. Dabei werden Politiker nicht müde zu erzählen, dass sie in der freien Wirtschaft viel mehr Geld verdienen würden als mit den überhöhten Diäten. Dass sie eigentlich viel zu unfähig sind, um in der freien Wirtschaft zu arbeiten, verschweigen sie. Dass sie nach zehn Jahren im Bundestag dennoch Jobs in hoch dotierte Vorstandsposten erhalten, liegt schlicht daran, dass sie im Besitz der Handynummern ihrer Parteikollegen sind. »Du Wolfgang, Champagner und Kaviar sind jetzt vollumfängliche Betriebsausgaben. Sag das doch mal bitte schön deinen Hiwis vom Finanzamt.«

Die Fakten für den Stammtisch

Politiker ...
... antworten auf die Frage, ob sie gerne Parteivorsitzender werden möchten, nicht mit Ja oder Nein, sondern mit: »Sollte mich die Parteibasis in die Verantwortung nehmen, werde ich alles versuchen, um das Vertrauen der Genossen zu rechtfertigen.«
... bedanken sich nach jeder Wahl erst mal beim Wähler, um gleich darauf zu verkünden, dass sie sich trotz eines Stimmenverlustes von 10 Prozent nicht als Wahlverlierer fühlen.
... schieben den Demoskopen die Schuld für die schlechten Wahlergebnisse in die Schuhe, weil sie mit ihren Prognosen den Wähler im Vorfeld der Wahl verunsichert haben.
... machen aus einem Versprechen nach der Wahl einen Versprecher.
... sind begnadete Kommunikatoren. Wenn sie Soldaten in den Krieg schicken, reden sie von einer »Friedensmission«.
... können stundenlang reden, ohne etwas zu sagen.
... werden von ihrer Partei nach Brüssel zur EU geschickt, wenn sie in Deutschland versagt haben. Sie bekommen das doppelte Gehalt, können aber keinen Schaden mehr anrichten.

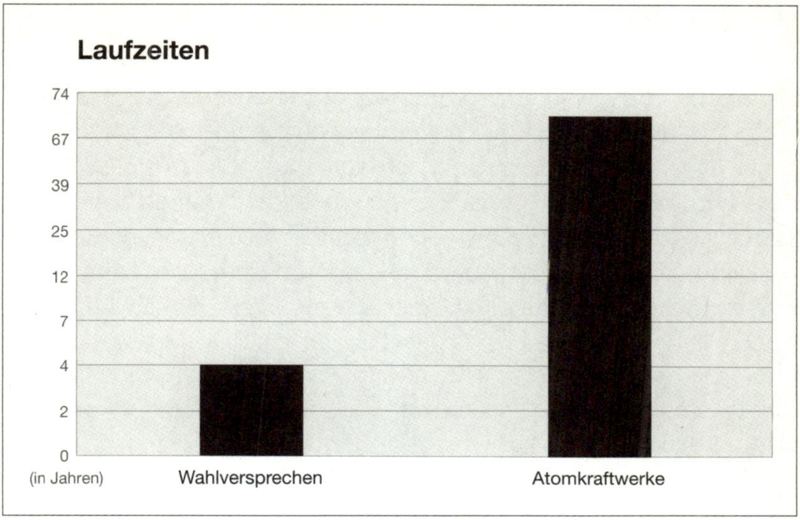

Sätze, die jeder Politiker irgendwann fallen lässt

»Ich darf doch bitte ehrlich sein? Ich wünsche mir ...«
«In dieser Phase müssen wir einfach näher zusammenrücken.«
»So kommen wir nicht zusammen.«
»Hier wäre in der Tat weniger Reibung wünschenswert.«
»Das gehört in fachkundige Hand!«
»Ich empfinde diese Bewegung als sehr angenehm.«
»Du kleines Luder.«

Hintergrundwissen

- *Der indische Politiker Krishna Menon hat die längste Rede in der Geschichte der Vereinten Nationen gehalten. Sie dauerte acht Stunden, das Protokoll umfasst 160 Seiten.*
- *Ernie Chambers, ein Abgeordneter aus Nebraska, stellte Strafanzeige gegen Gott. Seine Begründung: Gott sei für terroristische Drohungen verantwortlich, verbreite Angst und »unter Abermillionen von Erdbewohnern Tod, Zerstörung und Terror«.*

Rechtsradikale

Was macht man, wenn das Fleisch willig und der Geist schwach ist? Man wird rechtsradikal. Die Deutschkenntnisse eines Skinheads sind ähnlich gut wie die eines durchschnittlich begabten Asylbewerbers nach acht Monaten in Deutschland. Man erkennt das an den Kritzeleien auf öffentlichen Toiletten: »Für Ausländer kein Asül« – so versucht der Rechtschreib-Hooligan seine Botschaft unters Volk zu bringen. Die Lieblingsbeschäftigung des Rechtsradikalen sind historische Diskussionen. In denen wünscht sich der Neonazi, dass Deutschland wieder in den Grenzen des Jahres 1183 existieren möge. Dabei vergessen die lichten Gestalten, dass dann auch die meisten der gehassten Ausländer Deutsche wären. Wird der Rechtsradikale alle Jubeljahre doch einmal mit 5,1 Prozent ins Parlament gewählt, erkennt auch der letzte Deutsche, dass des Neonazis Birne bereits vor 20 Jahren hohlraumversiegelt wurde. Nach einer Legislaturperiode verschwindet das braune Geschiss wieder in der Versenkung. Kein Wunder, dass Deutschland nicht erwacht, obwohl der Wecker längst Sturmangriff klingelt.

Die Fakten für den Stammtisch

Rechtsradikale …

… tragen Glatzen, Bomberjacken, Hosenträger in den Farben Schwarz-Rot-Gold und frisch geputzte Springerstiefel mit Stahlkappen. Zu Hause hängt eine Reichsflagge überm Bett und Opis Originalausgabe von *Der Kampf* im Nachtkästchen.

… sind brutale Schläger, die ihren Hauptschulabschluss nicht geschafft haben, weil sie schwer von Begriff sind. Nach der Schule finden sie keinen Job und glauben fälschlicherweise, das liege daran, dass so viele Ausländer in Deutschland sind.

… hören brutale Schrammelmusik mit faschistischen Texten, haben aber immer auch eine Kuschelrock-CD im Plattenschrank.

… sind gegen Argumente immun.

… surfen nachts im Internet auf Seiten vollkommen durchgeknallter Historiker und verabreden im Chat ihre nächsten Schlägereien. Dabei werden sie vom Bundesverfassungsschutz verfolgt.

…können auf den Bodensatz alter Stalingrad-Kämpfer rechnen, die von Invalidenrente leben und immer noch nicht glauben wollen, dass sie damals völlig vergebens bei minus 40 Grad im Schützengraben herumgesessen sind.
…machen verbotenerweise den Hitlergruß. Behaupten hinterher im Verhör durch den Verfassungsschutz, sie hätten nur auf einen Vogel gezeigt.

Hintergrundwissen

- *Frakturschriftarten (sogenannte gotische Schriften) sind bekanntlich die »Klischee«-Nazischriftarten schlechthin. Tatsache ist: Die Nazis haben 1941 den Gebrauch dieser Schriftarten verboten, da man ihnen »jüdischen Ursprung« nachgewiesen haben wollte. Hermann Hesse hat noch lange nach dem Krieg darauf bestanden, dass seine Werke in Fraktur gedruckt werden.*
- *Adolf Hitler wurde 1938 für den Friedensnobelpreis vorgeschlagen.*
- *Adolf Hitler und Napoleon hatten jeweils nur einen Hoden.*

Scientologen

Scientology ist die kirchliche Antwort auf die moderne Leistungsgesellschaft. Seelenheil für Geld. Früher nannte man das mal Ablasshandel, heute halt Bewusstseins-Clearing. In Deutschland führen Scientologen ein hartes Leben. Während Jesu Jünger die Kohle für den Klerus per Lastschriftverfahren ans Finanzamt abdrücken, müssen Scientologen den Geldbeutel ihrer Klientel mühsam in stundenlangen Auditings aufkriegen. Klar, dass da beim Stresstest das E-Meter ordentlich ausschlägt, wenn die Drückerkolonne Hubbards mal wieder in der Fußgängerzone auf Beutefang ist. Mit aller Macht versuchen Scientologen, die Wirtschaft und die Politik zu infiltrieren. Wie weit sie dabei schon vorangeschritten sind, weiß kein Mensch. Lächelt Guido Westerwelle nicht immer so komisch? Die Chancen stehen nicht schlecht, dass unser Schicksal längst von Scientologen gesteuert wird.

Die Fakten für den Stammtisch 

Scientologen …
… stehend enthemmt lächelnd an der Straße und laden alle, die halbwegs verzweifelt aussehen, zu einem Test ein. Dabei kann man ankreuzen, was man will, es kommt immer heraus, dass man Scientology braucht.
… verklagen jeden, der es wagt zu behaupten, Scientology sei eine geldgierige, faschistische und unmenschliche Sekte.
… haben in ihrem Haus ein Gästezimmer für Ron Hubbard eingerichtet.
… geben 100.000 Euro aus, um die nächste Bewusstseinsstufe zu erreichen. Dafür werden sie für zehn Minuten an einen billigen Lügendetektor angeschlossen. Die höchste Bewusstseinsstufe bedeutet, dass man sein gesamtes Geld an Scientology abgedrückt hat.

Sätze, die man kennen sollte

»Tom Cruise ist eh ein komischer Kauz.«
»Aber dass John Travolta dabei ist, finde ich schlimm. In *Pulp Fiction* war der so cool.«
»Aber ganz schön dick ist der geworden.«
»Hm.«
»Hm. Wo waren wir stehen geblieben?«
»Ach ja, bei dieser Sekte.«

Hintergrundwissen

- *Scientology wird in 30 Sprachen in 126 Ländern praktiziert.*
- *Keine Religion hat sich in derart kurzer Zeit so weit verbreitet wie Scientology.*
- *Wer das höchste »spirituelle Level« erreicht hat, hat laut bayerischem Innenministerium möglicherweise mehrere Hunderttausend Euro an Scientology bezahlt.*

– *Die Schöpfungsgeschichte der Scientologen dreht sich um den galaktischen Herrscher Xenu. Er hat die Menschheit vor 75 Millionen Jahren auf eine Erde namens »Teageak« gebracht, in Vulkane gestopft und mit Wasserstoffbomben in die Luft gejagt – als Mittel gegen die Überbevölkerung.*

Soldaten

Man kann nicht sagen, dass unsere Soldaten es nicht versuchen. Seit vielen Jahren verteidigen sie die Freiheit Deutschlands am Hindukusch. Die Ergebnisse allerdings sind bescheiden. Doch was soll man auch anderes von Leuten erwarten, die bei der Musterung zu blöd waren, sich vom Arzt die entsprechenden Atteste zu besorgen? Ein grundsätzliches Problem deutscher Soldaten ist es auch, dass sie eigentlich keine Mörder mehr sein wollen. Ständig wird gegen entsprechende Aussagen prozessiert. Schuld am Abschlaffen der deutschen Soldaten, die vor 70 Jahren halb Europa noch im Handstreich erobern konnten, ist die schlechte Ausbildung. Tagelang hockt der Soldat in der Kaserne und baut seine Waffe auseinander und wieder zusammen. Doch wozu? Statt schießen übt der Soldat sowieso nur das Marschieren. Oder das Reinigen des Sanitärbereichs mit der Zahnbürste. Noch schlechter als die Ausbildung ist die antiquierte Ausrüstung der Bundeswehr. Die deutschen Gewehre? So alt wie der Koran! Die Kampfstiefel? Sind so eng und steif, dass die Soldaten reinpinkeln müssen, um das Leder geschmeidig zu kriegen! Und der Eurofighter? War schon veraltet, bevor er überhaupt gebaut wurde.

Die Fakten für den Stammtisch 

Soldaten …
… tragen gerne mal Grün. Beliebt ist auch der Helm mit Tarnnetzchen und das etwas festere Schuhwerk in klassischem Schwarz.
… werden von jemandem schikaniert, weil der einen Stern mehr auf der Uniform hat.

… wären gerne wie Rambo, machen aber beim 36-Kilometer-Marsch bereits nach einer Stunde schlapp.
… rutschen wegen der Armee gleich nach der Schule in die Alkoholabhängigkeit.
… kleben sich Bilder von nackten Frauen in die Spindtür.
… müssen einmal in der Woche ihre Stube auf Hochglanz polieren. Bei der Kontrolle geht der Feldwebel mit weißen Handschuhen in jede Ritze.

Die Sätze, die man kennen muss

»Zu Befehl, Herr General!«
»Links … links … links … zwo … drei … vier!«
»Wir sind die Jungs vom Panzer Fla-Rak/Mit nichts im Hirn und Luft im Sack!«

Hintergrundwissen

- *M&Ms wurden entwickelt, damit Soldaten Schokolade essen konnten, ohne klebrige Finger zu bekommen.*
- *Französische Archivare behaupten, dass der erste französische Soldat, der im Französisch-Preußischen Krieg von 1871 verwundet wurde, auch der letzte war, der sechs Monate später fiel.*
- *Der Zweite Weltkrieg endete 1945. Das hielt den japanischen Leutnant Hiroo Onoda nicht davon ab, auf der Insel Lubang im Dschungel weiterhin die Stellung zu halten. Alle Nachrichten über eine Kapitulation Japans hatte er für eine List des Feindes gehalten. Erst als sein Kommandeur persönlich auf die Insel kam, gab der Soldat auf. Das war im Jahr 1974.*
- *Der US-Soldat John Rambo starb 1969 in Vietnam*
- *Damit die US-Soldaten im Einsatz nicht viel Wasser mitschleppen müssen, können Fertiggerichte notfalls auch mit Urin zubereitet werden.*

Sozialdemokraten

Tja, was soll man im 21. Jahrhundert von den Genossen der Bosse halten? Reformtechnisch die CDU mal eben rechts überholt, die eigene Bedeutung pulverisiert und in Wahlumfragen aufs Niveau der FDP abgerutscht. Mittlerweile sind die Parteivorsitzenden der SPD genauso fett wie die der CDU. Und auch was die Jobs nach der politischen Laufbahn angeht, lassen sich die Genossen nicht grad lumpen. Hier ein Beratungsvertrag, dort ein Aufsichtsratsposten. Erstaunlich, was man in vier Jahren der Großen Koalition alles lernen kann.

Die Fakten für den Stammtisch

Sozialdemokraten ...
... wissen, dass der Sozialstaat, wie sie ihn sich wünschen, nicht finanzierbar ist.
... gehen am 1. Mai mit Schiebermütze zur Demo.
... wären gern alle so cool wie Willy Brandt.
... hätten auch gern so viele Frauen wie Willy Brandt gehabt.
... sind auf die Ossis sauer, weil die Willy Brandt bespitzelt und so zum Rücktritt als Kanzler gezwungen haben.
... wundern sich, dass Helmut Schmidt immer noch nicht tot ist.
... fragen sich bis heute, was an Gerhard Schröder sozialdemokratisch war.

Die Leibspeisen der Linken

Rote Rüben
Arbeiter- und Bauernbrot
Flugblattspinat
Che-Gediner-Gulasch
Linker Torte
Schily con Carne
Kartoffelkretin
Willy in Brandtteig

Zeugen Jehovas

Eigentlich machen die Staubsaugervertreter Gottes ja einen recht harmlosen Eindruck. Doch sie können auch anders, nämlich einem den ganzen Tag versauen, wenn sie mal wieder zur ungelegenen Zeit an der Haustür klingeln. Ihren Anschlag aufs psychische Wohl starten die religiösen Wehrkraftzersetzer mit der Frage, ob man nicht über Gott sprechen wolle. Antwortet man mit »Nein!«, fragen die Frömmler mit unschuldiger Miene, ob man wüsste, dass man in der Hölle schmoren werde. Dabei ignorieren sie vollkommen die Tatsache, dass es für die meisten Menschen bereits Hölle genug ist, wenn wildfremde Menschen bei ihnen an der Tür klingeln und sie vollquatschen. Egal, ein Gespräch mit den Zeugen Jehovas lässt sich nur beenden, indem man die Tür zuschmeißt. Wer weniger willensstark ist, darf sich stundenlang mit weinerlichem Ton vorgetragene Horrorszenarien anhören. Bis man sich schließlich einen islamistischen Selbstmordattentäter herbeisehnt, der dem religiösen Hokuspokus ein Ende bereitet.

»Ding Dong. Möchten Sie gerne mal mit mir über die Bibel sprechen?«

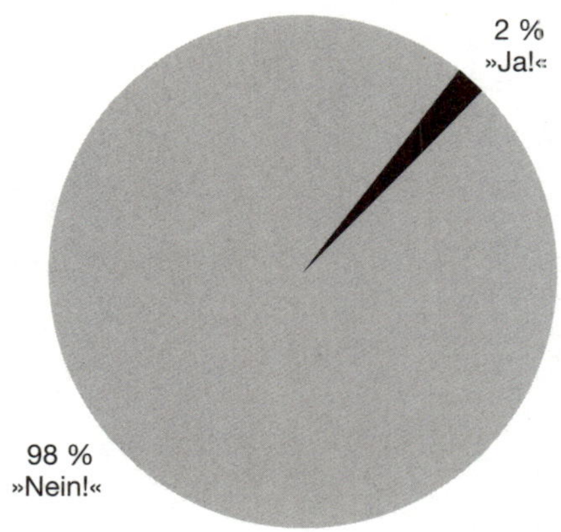

Die Fakten für den Stammtisch 

Zeugen Jehovas …
… werden oft mit Trickbetrügern verwechselt, da sie immer zu zweit an der Tür läuten (einer lenkt ab, der andere sackt die Kohle ein!)
… legen billig kopierte Heftchen in den Briefkasten, wenn man glücklicherweise nicht zu Hause war. Darin werden in Kindergarten-Sprache absurde Fegefeuer-Fantasien ausgebreitet.
… sind zumeist Rentner, die permanent ein seliges Lächeln an den Tag legen, wie es man nur von Erleuchteten und Schwachköpfigen kennt.
… stehen mit ihrem »Erwachet!«-Heftchen auf der Straße herum und sind beliebtes Opfer von Teenagern und ihren Stinkbomben. Der wahre Jehova bleibt ungerührt stehen.

Die Sätze, die man kennen muss, wenn die Zeugen Jehovas klingeln

»Für mich ist das nichts, aber vielleicht für meinen Sohn Odin.«
»Legen Sie ab, die anderen sind schon hinten, Kondome stehen bereit.«
»Sie sind doch gut im Hochhalten, ich müsste da ein paar Bilder aufhängen.«
»Dürfte ich Sie im Gegenzug mit unseren günstigen Versicherungsangeboten bekannt machen?«

Wie Zeugen Jehovas theoretisch auch heißen könnten

Bande Jehovas
Helferlein Jehovas
Handlanger Jehovas
Spezis Jehovas
Freundchen Jehovas
Jehovas Atzen

Die Schuldigen aus der Arbeitswelt

Okay, Arbeit ist eine prima Ausrede, um für acht Stunden am Tag vor der Familie zu fliehen. Doch eigentlich tauscht man dabei nur die Not gegen das Elend. Leistung? Lohnt sich doch in Deutschland schon lang nicht mehr. Befördert? Wird der Sohn vom Golffreund des Chefs. Die guten Ideen? Werden von den Kollegen geklaut. Und was bekommt man zum Abschied, wenn man sich nach 50 Jahren in der Fabrik den Buckel krumm geschuftet hat? Eine Schachtel Pralinen. Wenn wenigstens die Kohle stimmen würde. Aber nein, sogar der Hausmeister hat einen höheren Lebensstandard als man selbst. Und die nächste Gehaltserhöhung? Wird von der Steuer aufgefressen. Kein Wunder, dass jeder seine kostbare Zeit im Büro mit wichtigeren Dingen als Arbeit verbringt: im Internet die nächste Urlaubsreise planen, mit Freunden chatten, Mama am Telefon erklären, dass man genügend gegessen habe und auch warm genug angezogen sei. Machen doch alle anderen genauso.

Anwälte

Sie sind beim gemeinen Volk ungefähr so beliebt wie eine Vollnarkose. Man weiß, es gibt sie, ist froh, wenn man keine braucht, und alle finden sie ein wenig gruselig und gefährlich. Wenn es brennt, brauchen wir sie. Sie rücken extrem ins Zentrum des Interesses, wenn der Nachbar, dieser Idiot, im Suff unsere schönen Terrakottatöpfe umgetreten hat. Dann sagen wir »Sie hören von meinem Anwalt« und tun so, als ließe man eine eigene Rechtsabteilung für sich arbeiten. Spricht man dann mit Freunden über den nahenden Rechtsstreit, verwirft man sämtliche Vorbehalte: »Mein Anwalt ist super – und eigentlich auch ein ganz netter Typ.« Bis er den Prozess verliert. Dann ist der »Rechtsverdreher echt das Allerletzte« und Schuld an allem Elend.

Die Fakten für den Stammtisch 

Anwälte …
… verdienen sich das Geld für ihren neuen Brioni-Anzug mit einem kurzen Standardbrief.
… verlieren entgegen ihren vorherigen Beteuerungen einen Prozess und erklären anschließend erregt: »Da gehen wir bis nach Karlsruhe.«
… müssen viel arbeiten und haben deshalb keine Zeit für Sport. Das Einzige, was sie regelmäßig beugen, ist das Gesetz.

»Wie groß sind die Chancen, dass wir diesen Prozess gewinnen?«

Einschätzung des Anwalts	tatsächliche Chancen
50 : 50	10 : 90
60 : 40	20 : 80
90 : 10	30 : 70
99 %	33 %
100 %	38 %

Wer wie viel verdient

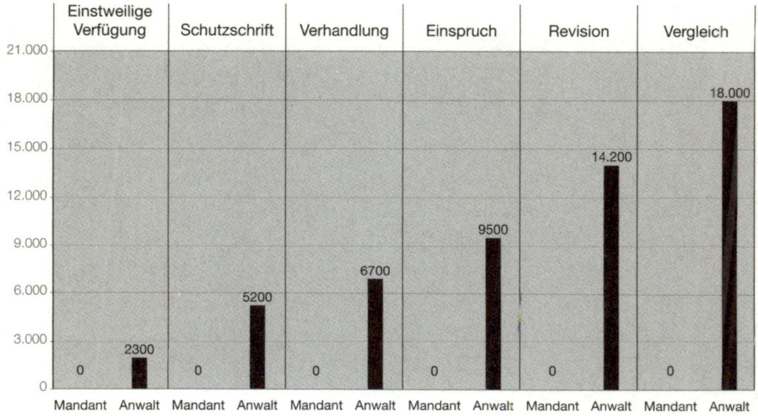

... beginnen ihre Rechtsberatung häufig mit dem Satz: »In der Sache wären Sie mal besser früher zu mir gekommen ... «
... behaupten, dass sich eine vollwertige Rechtsberatung nicht durch ein 15-minütiges Gespräch am Telefon durchführen lässt – und drängen einen dann nach 5 Minuten extrem gelangweilter Beratung wieder aus ihrem Büro, weil der »nächste Mandant schon auf seinen Termin wartet«.
... setzen automatisch und immer den Höchstsatz ihrer Kostennoten an.

Die Sätze, die man kennen muss

»Die meiste Kohle machen doch die Abmahn-Anwälte im Internet. Da müsste man dagegen einschreiten.«
»Ich könnte so einen Job nicht machen. Immer nur Leute, die sich streiten.«
»Der Prozessausgang steht doch schon vor der Verhandlung fest. Das ist doch alles nur Show.«

Hintergrundwissen

- *1990 zählte die Bundesrechtsanwaltskammer 56.638 zugelassene Anwälte in Deutschland. Zum Jahr 2000 hat sich die Zahl mit 104.067 fast verdoppelt und zum 1. Januar 2008 sind es schon exakt 146.906.*
- *Nicht die USA hat mit 250 Einwohnern pro Anwalt die höchste Anwaltsdichte, sondern Gibraltar (193 Einwohner pro Anwalt) und danach Israel (235 Einwohner pro Anwalt). Auch kleine und wirtschaftlich bedeutende Länder, wie etwa Liechtenstein, haben vergleichbare Zahlen (282 Einwohner pro Anwalt).*
- *Die absolut niedrigste Anwaltsdichte gab es übrigens in der Deutschen Demokratischen Republik (DDR): Dort mussten sich 28.333 Ossis einen Anwalt teilen, denn es gab nur 600 Anwälte bei ca. 17 Millionen Einwohnern. Deutschland liegt heute mit 619 Einwohnern pro Anwalt statistisch gesehen eher im europäischen Mittelfeld.*

Arbeitskollegen

Nicht nur das Volk verliert an durchschnittlicher Intelligenz, besonders die Arbeitskollegen wirken immer unbegabter. Da steckt oft noch jede Menge Potenzial in den Hard- und Softskills. Ich möchte diesen heiklen Sachverhalt mal ohne Wortgirlanden ausdrücken: Die Kollegen werden immer blöder. Das Erwerbspersonenpotenzial schrumpelt zusammen wie ein billiges Lidl-Schnitzel in der Bratpfanne. Was heute fünf Sekretärinnen in einer Woche leisten, hätten unsere Mütter, als sie noch berufstätig waren, ganz allein in einer Schicht abgerissen. Ohne Computer. Dafür heißen Sekretärinnen jetzt auch Assistentinnen. Es macht sich eine generative Verhaltensänderung bemerkbar. Wenn ich als Lehrling nicht gespurt hätte, wäre ich vom Chef so derart dezidiert zusammengeschissen worden, dass ich richtig Lust auf Arbeit bekommen hätte. Heute hängt ein Lehrling doof, gelangweilt, gepierct und tätowiert in irgendeiner Ecke herum. Die Stifte träumen vom

Durchbruch bei »Deutschland sucht den Super-X-Factor-Model-Star« und der Chef träumt vom Outsourcing seiner gesamten Deppenmannschaft, um stattdessen viel billiger und schneller in China produzieren zu lassen.

Die Fakten für den Stammtisch 

Arbeitskollegen …
… trinken den letzten Kaffee und machen keinen neuen.
… produzieren üblen Papierstau im Kopierer und machen sich wort- und tatenlos davon.
… leihen sich Bleistifte aus und geben sie mit Bissspuren zurück.
… leihen sich die Kaffeetasse aus und geben sie schwarz verkrustet zurück.
… organisieren einen Betriebsausflug, der im 400 Meter langen Anmarsch zu einer Saufkneipe besteht. Kommt die Sport-Fraktion zum Zuge, geht der Betriebsausflug über eine 108 Kilometer lange Extremstrecke zum Gipfel eines Felsen.
… werden bei der Weihnachtsfeier zudringlich.
… riechen den ganzen Nachmittag nach ihrem Mittagessen.

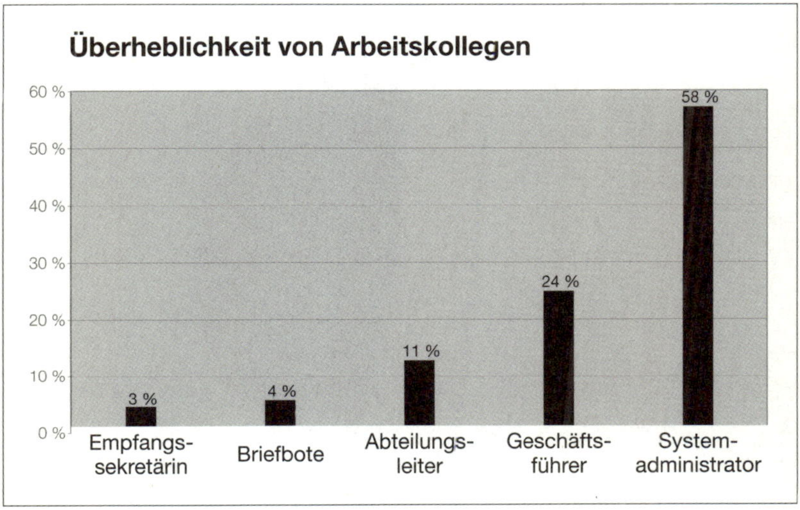

… haben sich hochgeschlafen.
… reißen das Fenster auf, wenn es draußen 17 Grad unter null hat.
… schleimen sich beim Chef ein, was der Idiot aber nicht bemerkt und sie deshalb am liebsten mag.
… hängen Poster von Prominenten auf, die man auf den Tod nicht ausstehen kann.
… verdienen mehr, bloß weil sie besser aussehen.
… sitzen ausgerechnet dann in der Kabine nebenan, wenn man auf der Toilette mit heftigen Blähungen zu kämpfen hat.
… sind krank, wenn man Urlaub nehmen will.
… sind im Urlaub, wenn man krankmachen will.

Die Sätze, die man kennen muss

»Mahlzeit!«
»Wer teilt sich mit mir eine Pizza?«
»Ich hab' doch gar nichts gegen den Müller persönlich. Das war rein fachlich!«

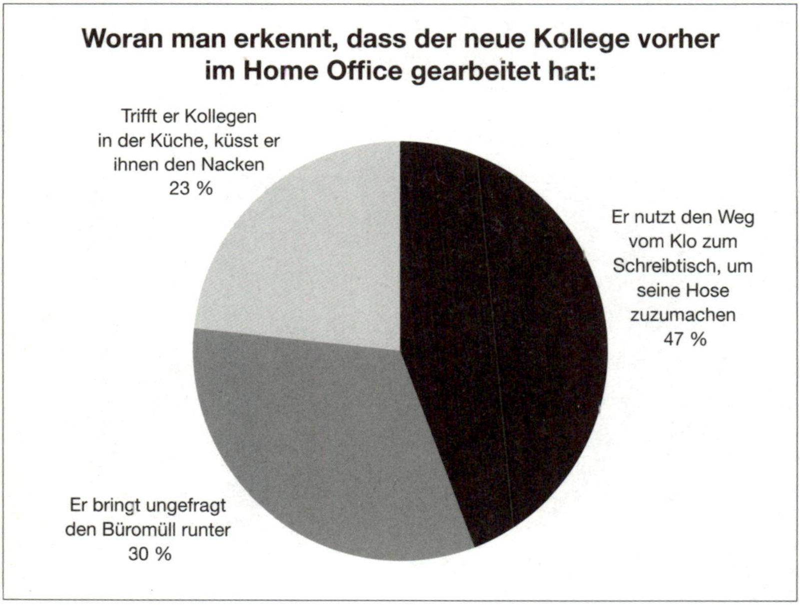

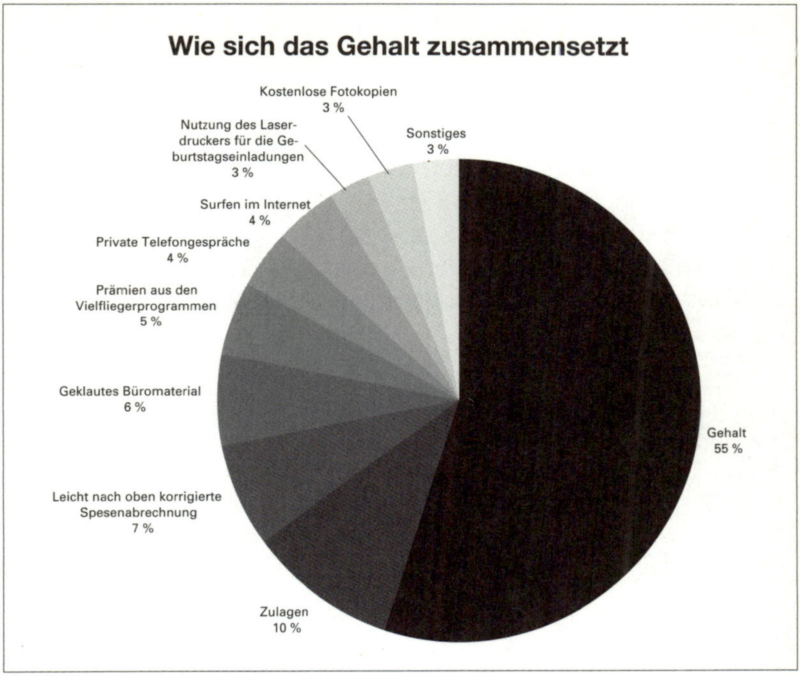

»Ihr Vorgänger hat das aber locker hingekriegt.«
»Der lernt das nie.«
»Manchmal frage ich mich schon, wofür wir uns hier den ganzen Stress machen, wenn der Chef am Ende eh immer alles ganz anders haben will.«

Hintergrundwissen

- *Gender Pay Gap (GPG), so heißt die Einkommenslücke zwischen den Geschlechtern, wächst mit den Berufsjahren. Frauen mit einer Berufserfahrung von bis zu drei Jahren verdienen 18,7 Prozent weniger als ihre männlichen Kollegen. Bei vier bis zehn Jahren Berufserfahrung steigt dieser Abstand auf 21,8 Prozent.*

Arbeitslose

Derzeit nicht am aktiven Arbeitsmarkt produktiv Tätige sehen sich immer wieder mit dem Schlimmsten konfrontiert: Sie können trotz Arbeitslosenhilfe nicht so entspannen wie Arno Dübel. Wer länger stempelt, muss sogar für 1 Euro Lohn Müll im Park einsammeln, wo man von ehemaligen Kollegen bei der Mittagspause schief angeschaut wird. Da darf sich der 50-jährige Herr Ingenieur eben auch nicht zu fein sein, eine ABM-Maßnahme am Kopierer zu absolvieren.

Die Fakten für den Stammtisch 

Arbeitslose …
… gehen noch drei Monate, nachdem sie entlassen wurden, Punkt 7 Uhr aus dem Haus und sitzen neun Stunden lang im Stadtpark, weil sie sich nicht trauen, ihrer Frau zu offenbaren, dass sie ihren Job verloren haben.
… sind sich zu fein für Jobs, bei denen sie körperlich arbeiten müssten.
… schreiben 300 Bewerbungen und erhalten 299 Absagen. Bei ihrem einzigen Vorstellungsgespräch sind sie so aufgeregt, dass sie kein einziges vernünftiges Wort herausbringen.
… machen in den ersten Jahren ihrer Arbeitslosigkeit zehn Umschulungen, die sie für gar keinen neuen Job qualifizieren, mit denen aber einige Firmen prima Provisionen einstreichen.

Die Sätze, die man kennen muss

»J. K. Rowling lebte von Sozialhilfe, als sie Harry Potter schrieb.«
»Dann muss man halt auch mal umziehen.«
»Wer wirklich arbeiten will …«
»Ab 50 ist natürlich Scheiße.«

Hintergrundwissen

– *Die britische Band UB40 (»Red, Red, Wine«) hat sich nach einem Formular benannt, mit dem in Großbritannien einst Arbeitslosengeld beantragt wurde. Das Schriftstück hieß »Unemployment Benefit Form 40«.*

Architekten

Sie wollen einen Beruf, bei dem sie kreativ arbeiten können und dabei etwas Bleibendes, etwas von echter Dauer schaffen. Träumten von klaren Konturen, von Form-Follows-Function, von harmonischen Materialien, einer eigenen, neuen Architekturauffassung oder dem Toskana-Stil, von einem Aufenthalt im Ausland. Sie träumen von ihrem ultramodernen Büro mit mindestens 20 Arbeitsplätzen und einem Kleiderschrank voller schwarzer Rollkragenpullover. Die wenigsten haben es bis in die Realität geschafft. Die meisten tragen Rollkragenpullover, um zu Hause Heizkosten zu sparen. Ihre berufs- und lebensweltliche Motivation ist zusammengebrochen wie ein Kartenhaus. Architekten können nur überleben, wenn sie Handwerker in den Ruin treiben, Bauträger mit nachträglichen Rechnungen abzocken, horrende Schmiergelder bezahlen, um Ausschreibungen zu gewinnen – oder zu den ganz wenigen gehören, die international erfolgreich sind. Die sind wirklich reich. Der Rest zimmert Supermarktfilialen zusammen und hat einen Gerichtstermin nach dem anderen.

Die Fakten für den Stammtisch

Architekten …
… sind dafür verantwortlich, dass die Toiletten in Einkaufszentren immer Ewigkeiten entfernt sind.
… vergessen Steckdosen und Lichtschalter, wo man sie dringend brauchen würde. Und am schlimmsten: ein Fenster im Klo.
… haben die spanische Küste auf dem Gewissen.

... bauen so dünne Wände, dass man die Frau des Nachbarn lauter stöhnen hört als die eigene.
... tragen dämlichere Brillen als Elton John und schwarze Klamotten.
... haben tonnenschwere, wahnsinnig teure Architekturbildbände zu Hause und sitzen beim Anschauen auf alten Paletten statt auf einem Eames Chair.

Die Sätze, die man kennen muss

»Von mir aus können Sie das wieder abreißen. Sie hören von meinem Anwalt.«
»Irgendwie sehen die modernen Bauten auch alle gleich aus.«
»Ah, du bist Architekt? Und was machst du beruflich?«
»Unser Haus hat ein rumänischer Bautrupp gebaut. Ohne Architekten.«

Hintergrundwissen

- *Der Künstler und Architekt Hundertwasser hieß mit bürgerlichem Namen Friedrich Stowasser und gab sich den Künstlernamen »Friedensreich Regentag Dunkelbunt Hundertwasser«.*
- *Die Behauptung, die Hauptbibliothek von Indiana würde jedes Jahr um 3 Zentimeter in den Boden sinken, »weil die Architekten das Gewicht der Bücher nicht berechnet hätten«, ist eine »urban legend«, die von der IUB Bibliothekarin Moira Smith verbreitet wurde.*

Ärzte

Ärzte verschreiben Toten Medikamente und 80 Jahre alten Patientinnen Diaphragmen zur Schwangerschaftsverhütung. Klinikärzte rechnen Operationen ab, die Untergebene gemacht haben, Apotheker geben auf Rezept Kinderwagen oder Parfüm ab. Es wird vermutet, dass jede fünfte Arztabrechnung fehlerhaft ist. Das fände ich gar nicht so schlimm, wenn sie wenigstens ein paar Euro in neue Zeitschriften fürs Wartezimmer investieren würden, aber da liegt ja immer noch die *Freizeit Revue*, die Rudolph Moshammers Tod verkündet. Die ganze abgezockte Kohle muss natürlich irgendwo wieder reinkommen, also steigen stetig die Krankenkassenbeiträge und werden Leistungen gestrichen.

Die Fakten für den Stammtisch

Ärzte …
… halten ihre 16-Stunden-Schichten im Krankenhaus nur mit einem Liter Kaffee und zwei Schachteln Zigaretten durch. Weil sie völlig übermüdet sind, vergessen sie ihre Skalpelle im Bauch von Patienten und amputieren aus Versehen Opas gesundes Bein.
… reden mit den Patienten, als ob sie es selbst wären: »Na, wie fühlen wir uns denn heute? Haben wir denn noch Schmerzen?«
… haben Montag, Dienstag und Donnerstag von 10 bis 12 Uhr Sprechstunde. Den Rest der Woche müssen sie sich um ihr Golf-Handicap kümmern.

Die Einkommensentwicklung der Ärzte aufgrund der dramatischen Kürzungen und Einsparungen im Gesundheitswesen

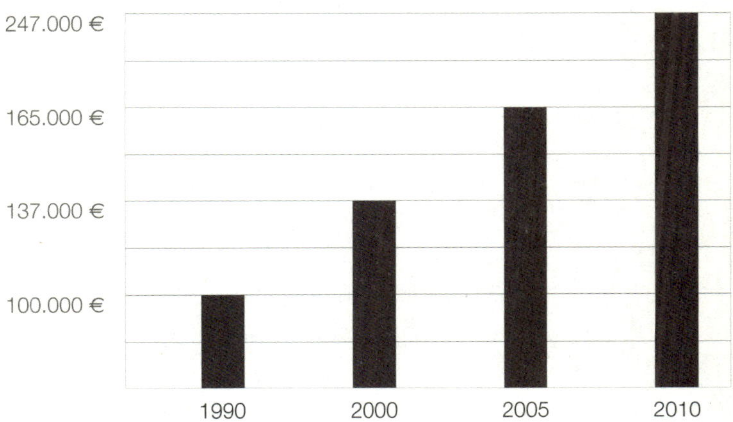

Einnahmen netto pro Jahr, die für den Arzt übrig bleiben

… erklären, egal ob sich ein Patient nur in den Finger geschnitten hat oder nach einem Motorradunfall im Koma liegt: »Es geht ihm den Umständen entsprechend.«
… fordern bei der Untersuchung, ohne die Patienten anzusehen: »Machen Sie sich bitte frei«, und drücken ihnen ihr eiskaltes Stethoskop auf die Brust. Dann nehmen sie ein Holzstäbchen und stecken es ihnen in den Mund: »Sagen Sie bitte ›Ahhh‹ …« Dafür haben sie 21 Semester studiert.
… schreiben ihre Rezepte in einer Sauklaue, die kein Mensch außer Apothekern lesen kann.
… machen sich im Kollegenkreis über die Unterwäsche ihrer Patienten lustig.
… schwören den hippokratischen Eid und mögen privatversicherte Patienten trotzdem lieber.
… schreiben Patienten krank, obwohl sie genau wissen, dass sie kerngesund sind und nur ein paar Tage blaumachen wollen.
… können vier Organe gleichzeitig transplantieren. Wie man das lästige Jucken zwischen den Schultern loswird, wissen sie nicht.
… klagen nach jeder Gesundheitsreform, dass sie jetzt – fast – ihren Porsche verkaufen müssen, um die Hypothek für die Villa am See abzahlen zu können.
… lassen sich nieder.
… drücken auf die entzündete Stelle am Bauch, bis man vor Schmerz fast ohnmächtig wird, und fragen: »Tut's weh?«
… machen für Kassenpatienten gleich einen neuen Termin aus. Im nächsten Quartal.
… lassen sich von Pharmafirmen nach Spanien einladen. Dafür bekommen alle Patienten das neue Breitbandantibiotikum verschrieben.
… haben Sprechstundenhilfen, die mit den Patienten sprechen wie Kindergärtnerinnen mit besonders einfältigen Kleinkindern: »So, Frau Gerstenbichler, jetzt gehen wir noch ein bisschen in den Warteraum mit den vielen Zeitschriften. Der Herr Doktor kommt dann gleich.«

Der Ärzte-Witz, den man kennen muss

Doktor zum Patienten: »Sie sind sterbenskrank und Ihnen verbleibt nicht mehr viel Zeit!«
Patient: »Oh Gott. Wie viel habe ich denn noch?«
Doktor: »Zehn.«
Patient: »Zehn was? Jahre, Monate, Wochen?«
Doktor: »Neun … acht …«

Hintergrundwissen

- *In den 1920er-Jahren gelang es dem russischen Arzt Sergei Brukhonenko, den Kopf eines Hundes, der vom Körper getrennt war, mittels einer simplen Herz-Lungen-Maschine drei Stunden am Leben zu halten.*
- *Der Leipziger Arzt Dr. Schreber stellte im 19. Jahrhundert die Forderung nach intensiver Beschäftigung der Kinder auf. Nach seinen Vorstellungen wurden am Rand von Spielplätzen Gartenbeete angelegt. Heute spielen zwar eher Erwachsene in den nach ihm benannten Schrebergärten, aber was soll's.*
- *Rein statistisch befindet sich in fast jedem Passagierflugzeug rein zufällig ein Arzt unter den Fluggästen. Die »Ist zufällig ein Arzt an Bord«-Frage in Katastrophenfilmen ist also durchaus berechtigt.*

Bäcker

Was ist nur in deutschen Backstuben los? Wo man früher Mohnbrötchen und gesundes, handgeknetetes Bauernbrot erstand, preisen heute Werbetafeln »ofenfrische Ware« an. Dieser Terminus beim Bäcker heißt nichts anderes als »in Rumänien aus Fertigmischungen zusammengeknetet, tiefgefroren, und in der Bäckerei eilig aufgebacken«. Guten Appetit.

Die Fakten für den Stammtisch

Bäcker …
… haben hundert Brotsorten mit Namen, die sich niemand merken kann. Weil die Namen in unleserlicher Schrift unter den Broten stehen, muss man auf das Brot zeigen, das man kaufen will. Die Verkäuferin greift immer zu einem anderen. »Nein, das daneben!«
… erfinden eigenartiges Zeug wie Achtkorn-Gamma-Lactose-Brot, das jeder einmal kauft, um festzustellen, dass das gute alte Sonnenblumenbrot immer noch das Beste ist.
… müssen jeden Morgen um 4 Uhr aufstehen, um die Brötchen vom Vortag aufzubacken.
… schaffen es, Luft statt Teig in die Brötchen zu backen.
… haben abends kein Weißbrot mehr. Das einzige Brot, das es noch gibt, ist Achtkorn-Gamma-Lactose-Brot für 13 Euro den Laib.

Weitere, bekannte Brotsorten:

- Robbenschrottbrot
- Hundertfünfundsiebzigkorn-Fladen
- Fitness-Kipferl mit Pilates-Kruste
- Bio-Natur-Laiberl mit Amaranth-Grünkern-Mongo-Füllung
- Landbrot-Spezialität »Gummistiefel«
- Handgenudelte Vinschgerln nach Müllerin Art
- Traubenkernkasten mit kernigem Zement

Die Preisentwicklung von Brötchen und Backwaren

(Gehaltsentwicklung in Deutschland in % seit 1960)

	1960	1970	1980	1990	2000	2010
Gehalt	100	105	109	117	123	121
Brötchen	100	186	353	594	939	1435
Quarktasche	100	245	436	879	1679	2190

Hintergrundwissen

- *Wer in Massachusetts in den Regalen einer Bäckerei herumliegt, macht sich eines Verbrechens schuldig.*
- *Ein mit Käse belegtes Toastbrot wurde bei eBay für 28.000 Dollar versteigert, weil angeblich das Gesicht der heiligen Maria darauf zu erkennen war.*
- *Das Schwarzbrot Pumpernickel kann bei übermäßigem Genuss zu Blähungen führen. »Pumpernickel« war im 17. Jahrhundert ein Schimpfwort für ungehobelte Bauern und bedeutet ungefähr so viel wie »Furzheini«.*
- *Das Gewicht von Edelsteinen wird in Karat gemessen. 1 Karat sind 0,2 Gramm. Ursprünglich war 1 Karat das Gewicht eines Samenkerns vom Johannisbrotbaum.*
- *»Schwarzbrot in Not« hieß es im Januar 2009, als Hausbesetzer das Denkmal von Bernd, dem Brot, in Erfurt entführten. Das depressive Kastenweißbrot ist das Maskottchen des Kinderkanals Ki.Ka und wurde nach elf Tagen unversehrt in einem Keller aufgefunden.*

Bankkaufleute

Bankkaufleute oder Bankberater sind von Haus aus dazu angehalten, ihre Kunden eingehend zu beraten und dann möglichst gründlich zu bescheißen. Konservativen, vorsichtigen Anlegern, die kein »Spielgeld« zur Verfügung haben, wie Rentner, Kleinsparer und Kleinkinder, verkaufen sie hochriskante Aktienfonds und freuen sich riesig über die dicke Provision, die sie dafür kassieren. Sie gönnen sich abends dann in ihrem Whisky-Club eine billige Zigarre und fühlen sich wie der Finanzhai Gordon Gekko aus *Wall Street*. Wenn die Papiere, wie vorhersehbar, den Bach runtergehen, zucken sie entschuldigend mit den Schultern und setzen den Dispo-Rahmen der mittellos Gewordenen auf null. Da können sie nichts dafür, was sollen sie machen, persönlich täte ihnen das jetzt auch leid. Für diesen Service erhalten Bankkaufleute 3621 Euro Monatsgehalt im Schnitt. Plus Provisionen. Plus 13. Monatsgehalt.

Die Fakten für den Stammtisch

Bankkaufleute …
… tragen Mickey-Mouse-Krawatten.
… finden es privat unheimlich leger, wenn sie sich einen Pulli um die Hüfte binden.
… finden es vernünftig, dass man an einem Tag etwas überweist, es aber erst vier Tage später ankommt, obwohl die Kohle in knapp einer Sekunde vom Konto abgebucht wird.
… finden es vernünftig, dass ihre Bank nur von 9 bis 12 Uhr und von 14 bis 15.45 Uhr geöffnet hat.
… nehmen 19,57 Prozent Zinsen fürs überzogene Konto. Aufs Tagesgeld gibt's 0,2 Prozent Zinsen.
… finden es kundenfreundlich, wenn sie einer Oma ein Sparbuch aufschwätzen, bei der sie kaum genug Zinsen bekommt, um die Inflation auszugleichen.
… waren für ein BWL-Studium zu doof.
… sperren das Konto, weil man seinen Dispokredit um 2 Euro überzogen hat.
… verlangen, dass man beweist, dass man kein Geld braucht, wenn man einen Kredit will.

Wem die Bank einen Kredit vergibt

Wer einen Kredit braucht

akuter Geldbedarf, schlechter Geschäftsverlauf, kaum Rücklagen

Wer einen Kredit kriegt

hervorragender Geschäftsverlauf, umfassende Bürgschaften, kaum Geldbedarf

… sind dafür verantwortlich, dass nachts, wenn man dringend Geld braucht und das Taxi vor der Bank wartet, der Bankautomat außer Betrieb ist.
… sind dafür verantwortlich, dass man die Nummer für die EC-Karte auswendig lernen muss und alle paar Monate unerklärlicherweise vergisst.
… finden es normal, dass neben überhöhten Zinsen für einen Kredit auch noch Bearbeitungsgebühren fällig werden.

Die Sätze, die man kennen muss

»Ein Restrisiko bleibt eben immer.«
»Was haben Sie an Sicherheiten zu bieten?«
»Vor der Bankenkrise hätte ich da vielleicht was für Sie machen können …«
»Klar verlangen diese Internetbanken keine Kontoführungsgebühren. Dafür haben Sie bei uns den Vorteil, dass Sie mit mir reden können.«
»Sehen Sie, wir sind eben auch nur Menschen.«
»Solange Sie den Fonds nicht verkaufen, haben Sie ja nur auf dem Papier Geld verloren. In zehn Jahren kann das wieder ganz anders aussehen.«
»Da sehe ich leider keine Möglichkeit – bei Ihrem monatlichen Einkommen.«
»Die Warnhinweise müssen bei diesem Fonds dabeistehen. Das ist aber eine reine Formsache. Die sind wirklich sicher.«

Hintergrundwissen

– *Als die Verbraucherzentrale ihre Tester in 25 Bankfilialen schickten, versagten 24 bei der Beratung komplett. Alle Testerinnen gaben sich als 55-jährige Sekretärin mit einem Nettoeinkommen von 1700 Euro aus, die bisher nur ein Sparbuch hat, gerade knapp 100.000 Euro erbte und dieses Geld anlegen möchte. Sie müsse außerdem einen Kredit für ihre Eigentumswohnung abzah-*

len. 24 Banken empfahlen der »Sekretärin« unsichere Immobilienfonds als sichere Anlage oder Rentenversicherungen, die vor allem den Banken hohe Gebühren gebracht hätten. Auf die glorreiche Idee, einfach das Erbe zu verwenden, um die Schulden schneller zu begleichen, kam genau ein Bankberater.

- *Eine Statistik des Spitzenverbandes der Betriebskrankenkassen verrät, dass der Anteil der psychischen Krankheiten der Bankangestellten über dem Durchschnitt aller Branchen liegt. Marc Lenze, Geschäftsführer des Instituts für Gesundheitliche Prävention, weiß, warum: »Das Vertrauen in Banker und ihr Bild in der Öffentlichkeit haben sich in den letzten Jahren klar verschlechtert.«*

Bauern

Die Entwicklung der Agrarwirtschaftler gibt Anlass zu allergrößter Sorge. Die Gesetzmäßigkeiten des Bauers haben sich jüngst derart verschoben, dass das gesamte Normgefüge »Bauer« ins Wanken gerät. Vom scheinbaren Recht auf Ehe getrieben, steht der gestandene Kuhbauer von einst nicht mehr morgens um fünf im Stall und melkt die Euter seiner Tiere, nein. Heute steht der Bauer abends um acht bei RTL neben Inka Bause und sucht sich eine Kuh aus, die er dann zu Hause …

Die Fakten für den Stammtisch 

Bauern …

… werden von der EU dafür bezahlt, dass sie bestimmte Sachen nicht anbauen. Alle paar Monate protestieren die Bauern gegen die Agrarpolitik der EU in Brüssel. Entweder bauen sie eine überdimensionale Pyramide aus Gemüse, kippen tausend Liter Milch auf die Straße oder sie lassen Schweine und Kühe vors EU-Parlament kacken.

... sind die Einzigen, die sich im Sommer über Regen freuen.
... zuckeln in Schrittgeschwindigkeit mit ihrem Traktor über die Landstraße. Der Traktor ist mit einer Fuhre Heu beladen, die so weit zur Seite absteht, dass die Sicht total versperrt ist und man den Traktor nicht überholen kann. Erst wenn sich die Autos kilometerweit gestaut haben, biegt der Traktor ab.
... studieren zehn Semester Landwirtschaft, obwohl der dümmste Bauer die größten Kartoffeln erntet. Hauptfach für angehende Landwirte an der Uni: Chemie.
... stehen mit dem ersten Hahnenschrei auf und gehen mit Hühnern ins Bett.
... tragen ihre Gummistiefel im Sommer auch bei 30 Grad.
... schenken ihren Kindern zum zehnten Geburtstag ein Luftgewehr und üben mit ihnen, auf Blechdosen zu schießen. Wenig später gibt es in der Gegend keine Spatzen mehr.
... werden von einem dreiminütigen Hagelsturm um die Arbeit eines ganzen Jahres gebracht. Verdienen mit der Versicherung und durch EU-Hilfen aber trotzdem doppelt so viel.

Wie sich das Einkommen eines Bauern zusammensetzt

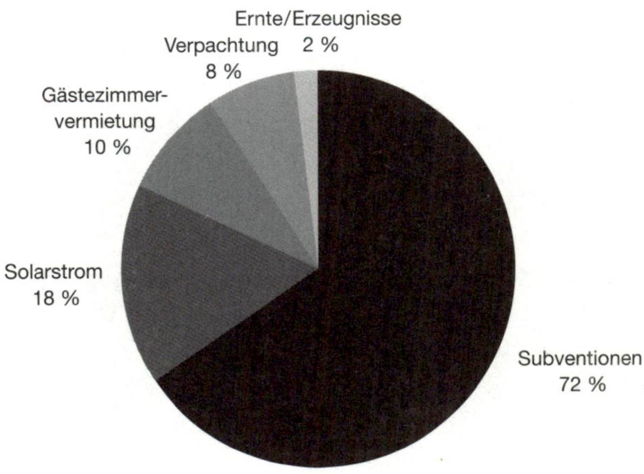

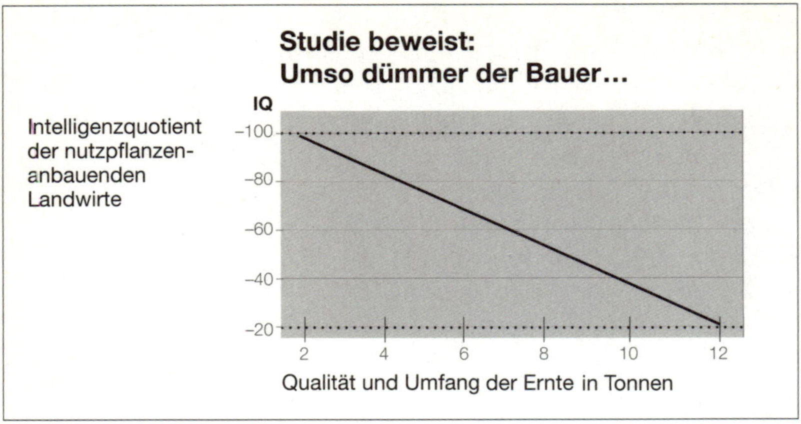

Die Sätze, die man kennen muss

»So einen Biohof zu haben, das könnte ich mir auch vorstellen.«
»Ich bin fick und fertig!«
»Wir holen unsere Eier direkt von einem Hof, den Unterschied merkt man enorm.«
»Die schlachten da noch selber.«
»Ich schwör's dir: Die düngen extra am Sonntagnachmittag, wenn alle draußen sitzen und grillen wollen.«

Hintergrundwissen

- *In Clawson, Michigan, existiert ein Gesetz, welches den Bauern ausdrücklich erlaubt, mit ihren Schweinen, Kühen, Pferden, Ziegen und Hühnern Geschlechtsverkehr zu haben.*
- *1984 begann ein kanadischer Farmer, seine Kühe als Werbeflächen zu vermieten.*
- *Die Landesvereinigung der Bayerischen Milchwirtschaft verzeichnet bei den Milchbauern einen Trend zur kreativen Namensgebung für das liebe Vieh. Rosi, Flecki oder Susi waren gestern, die kuriosesten Namen für Milchkühe sind laut Landesvereinigung:*

Mercedes, Apfel, Lotus, Melone, Rose, Flieder, Tulpe, Sonne, Wolke, Stern, Feder, Berlin, Oslo, London, Ornella, Olympia, Obama, Madonna, Nena und Shakira. Einzige Bedingung bei der Namensgebung: Mutter und Tochter tragen den gleichen Anfangsbuchstaben im Namen.

- *Die meisten europäischen Männer stammen von Landwirten ab, die vor etwa 10.000 Jahren aus dem Nahen Osten eingewandert sind. Das schließen Wissenschaftler der Universität Leicester aus Genom-Analysen.*
- *Es existiert die These, dass die Lust am Rausch zur Erfindung der Landwirtschaft geführt hat. Und die ersten Bauern der Geschichte Getreide anbauten, um daraus Bier zu brauen.*

Beamte

Beamte sind praktisch unkündbar, zahlen weder Arbeitslosen- noch Rentenbeiträge und haben dennoch später Anspruch auf eine üppige Altersversorgung. Außerdem genießen unsere Staatsdiener eine Fülle von Zulagen. Viele von uns beneiden Beamte. Das alte Klischee vom unmotivierten, unfreundlichen, dienstmüden, in spießigen Landratsamtfarben gekleideten Beamten ist im 21. Jahrhundert längst nicht mehr haltbar. Oft sitzen die da sogar recht schmissig und adrett angezogen in ihren Amtsstübchen, manchmal sogar ganz salopp in Jeans und T-Shirt. Unmotiviert, unfreundlich und dienstmüde sind sie aber trotzdem. Da bringen eben auch die Schulungen nichts, die wir ihnen bezahlen, damit sie uns so behandeln, wie wir uns das vielleicht wünschen.

Die Fakten für den Stammtisch

Beamte …
… verlassen die Arbeit auf die Sekunde pünktlich um 15.45 Uhr. Damit sie sich dabei nicht verspäten, hören sie schon kurz vor 3 Uhr mit der Arbeit auf.

... sind im Zweifelsfall nicht zuständig: »Das macht Kollege Gerstenbichler, der ist aber zurzeit krank. Der kommt nächsten Montag wieder.«
... legen ihre Stifte im rechten Winkel auf die Schreibunterlage.
... entwerfen Formulare, auf denen nur 2 Zentimeter Platz für die Adresse ist.
... verschicken eine 1,10 Euro teure Mahnung, dass man seine 0,07 Euro Steuerschulden noch nicht beglichen habe.
... haben vor ihrer Tür einen Automaten, an dem man morgens eine Nummer zieht, um nachmittags an der Reihe zu sein.
... zählen die Tage bis zu ihrer Pensionierung.
... sind telefonisch unmöglich zu erreichen. Versucht man es über die Vermittlung, verhungert man in der Warteschleife.
... warten 36 Jahre, bis ihr Vorgesetzter stirbt und sie befördert werden.
... können in der Kantine zwischen zwei Stammessen wählen.

Die Sätze, die man kennen muss

»Das fällt nicht in meinen Zuständigkeitsbereich.«
»Ich mache hier nur meinen Job.«
»Kein Grund, ausfallend zu werden.«

Warum der Vorgang im Amt nicht bearbeitet werden kann

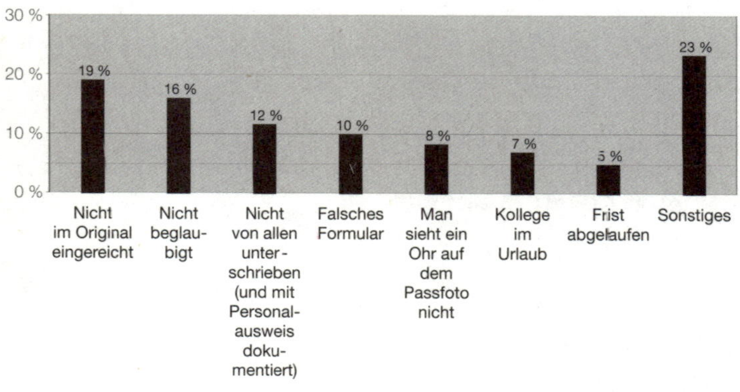

Hintergrundwissen

- *Auch Hitler war Beamter. Er wurde 1932 in Braunschweig zum Regierungsrat ernannt, um die deutsche Staatsbürgerschaft zu erlangen. Er stellte sofort Urlaubsanträge und trat die Stelle nie an.*
- *Das Wort »Amtsschimmel« stammt aus altösterreichischen Amtsstuben. Dort wurden Musterformulare als »Simile« bezeichnet und Beamten, die sich stur an die Formulare hielten, »Similereiter«. Daraus leitete sich »Schimmelreiter« ab – und daraus wiederum der »Amtsschimmel«.*
- *Chinesen finden Prostituierte vertrauenswürdiger als Beamte. Bei einer Internetumfrage nach den vertrauenswürdigsten Berufsgruppen landeten die Freudenmädchen auf Platz drei, gleich hinter Bauern und Geistlichen.*
- *Beamte erhalten ihr Gehalt vor getaner Arbeit und nicht – wie der Rest der Welt – am Monatsende.*

Betriebsräte

Die Legitimation von Betriebsräten folgt der eigentümlichen Logik, Angestellte müssten vor ihrem Arbeitgeber beschützt werden. Diese Annahme hat eine solch lange Tradition in Deutschland, dass sie nicht mehr infrage gestellt wird. Ob das stimmt, ist fragwürdig. Die Statistik beweist, dass jeder dritte Arbeitnehmer am Arbeitsplatz stiehlt! Umgekehrt ist kein einziger Fall bekannt, in dem der Arbeitgeber im Wohnzimmer seines Angestellten aufgetaucht wäre und von dort Büroklammern oder Kopierpapier entwendet hätte.

Die Fakten für den Stammtisch 

Betriebsräte …

… sind die faulsten und unmotiviertesten Mitarbeiter jedes Konzerns. Als rotbackige, dauerkranke Nervensägen, die in jedem Gremium herumlümmeln, treiben sie Chefs mit ihrer Unkündbarkeit an den Rand des Wahnsinns.

Entwicklung des DAX – mit und ohne Betriebsräte

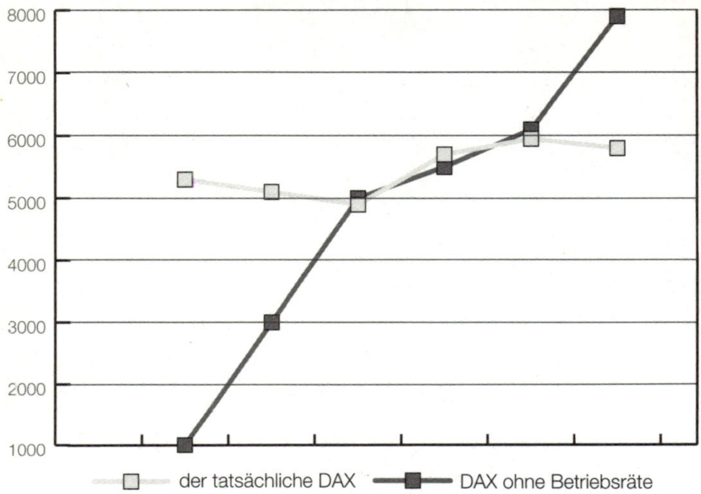

Die Sätze, die man kennen muss

»Ah, das Drückeberger-Kommando.«
»Krankenschein oder Betriebsrat, irgendwas ist immer.«
»Wenn du hier als Chef 'nen Furz lässt, dann fordert der Betriebsrat gleich 'ne Lärmschutzwand!« (Stromberg)

Wovon Betriebsräte träumen (statt zu arbeiten)

Voller Lohnausgleich
Unverhältnismäßig hoher Lohnausgleich
Hach, hab' ich's schön.

Chefs

Chefs waren früher die Crème de la Crème des Erwerbspersonenpotenzials unseres Landes. Ein Chef musste täglich wichtige Entscheidungen fällen, Ziele setzen und diese mit aller Zielstrebigkeit verwirklichen. Der Chef war morgens der Erste im Büro und abends derjenige, der das Licht im Laden ausmachte. Ein Chef lebte für sein Unternehmen und war das Unternehmen. Heute schaffen Chefs das nicht mehr. Wegen des extremen Drucks. Deswegen besuchen sie Seminare, wo sie für 3000 Euro am Tag einen geschulten Esel hinter sich her ziehen. Sie erfahren auch, dass es gar nichts nützt, den Mitarbeitern ordentlich in den Hintern zu treten, sondern es viel gescheiter ist, die Teambildung beim gemeinsamen Seilhüpfen mit gut bezahlten Spezialisten zu fördern. Wenn dann gar nix mehr geht, bestellen sie Consultants ins Unternehmen, die so teuer sind, dass sie dafür ein Drittel der besten Mitarbeiter entlassen müssen.

Die Sätze, die man kennen muss

»Wie der hier Chef werden konnte, ist mir ein ab-so-lu-tes Rätsel.«
»Entweder er akzeptiert das oder ich bin weg. Dann kann er sehen, wie er ohne mich als Deppen klarkommt.«
»Der ist doch ein Choleriker, oder?«
»Ich würde da jetzt nicht reingehen. Ich glaube, der platzt gleich.«

Die häufigsten Lügen von Geschäftsführern

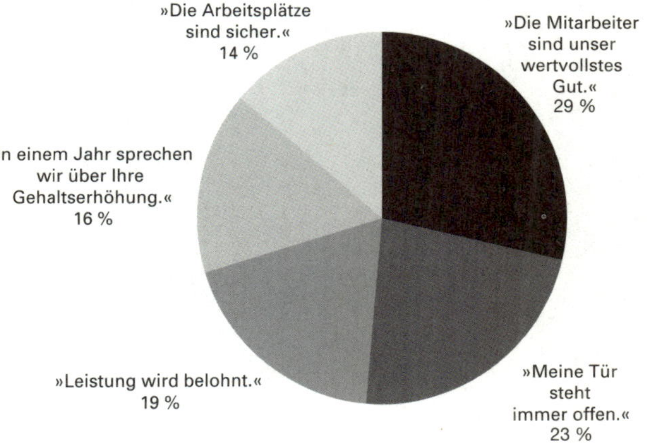

»Mit dem würde ich gerne mal eine Woche tauschen. Und dann sehen, wie der hier klarkommt.«
»Der ist doch ein Kontroll-Freak.«
»Wenn man dem Chef jetzt in den Hintern träte, würde man dir glatt die Nase brechen.«
»Wer seinen USP nicht richtig brandet, pusht bei seiner Community keine ausreichende Awareness. Und wer dann nicht als Smart Follower schnell genug zu einem neuen Business Model switcht, wird schneller, als ihm lieb ist, als Underperformer geoutphased.«

Hintergrundwissen

- *Google-Mail-Chef Eric Schmidt löscht alle E-Mails, die er empfängt, sofort. Es sei denn, er wird konkret dazu aufgefordert, es nicht zu tun.*
- *Die zehn schlechtesten Chefs in Deutschland 2010 sind, gemessen an der (negativen) Umsatzrendite ihres Unternehmens:*
  - *Evotec – Karsten Henco (jetzt Werner Lanthaler): –107 Prozent*
  - *Q-Cells SE – Anton Milner (jetzt Nedim Cen): –97,88 Prozent*
  - *Sky Deutschland AG Mark-Williams (jetzt Brian Sullivan): –75 Prozent*
  - *Singulus Technologies AG – Stefan Rinck: –69 Prozent*
  - *Medigene AG – Peter Heinrich (jetzt Frank Mathias) –58,01 Prozent*
  - *Wacker Neuson – Georg Sick (Nachfolger momentan gesucht): –18,75 Prozent*
  - *Deutz AG – Gino M. Biondi (ohne Nachfolger): –13,88 Prozent*
  - *Villeroy & Boch AG – Wendelin von Boch (jetzt Frank Göring): –13,5 Prozent*
  - *Infineon – Peter Bauer : –9 Prozent*
  - *Kuka – Till Reuter: –8,4 Prozent*

Friseure

Ich kenne keine Frau, die jemals zufrieden aus einem Friseurgeschäft gegangen wäre. Wenn man vom Friseur zu Hause ankommt, steht man erst mal eine halbe Stunde vor dem Spiegel und versucht, alles wieder in Ordnung zu bringen. Dann werden die Haare bis zu einem Dutzend Mal gewaschen, bis man endlich wieder so aussieht wie vorher. Das muss doch zu denken geben! Und trotzdem wird beim Verlassen des Salons Trinkgeld in das Plastikschwein, das am Tresen steht, geschmissen. Damit ist der Friseur das Sinnbild unseres Staates: Es wird geschimpft und gezetert, und am Schluss gibt man dem Schwein doch seine sauer verdienten Kröten. Wie soll die Reform eines ganzen Landes funktionieren, wenn die Bevölkerung schon im Friseurladen nicht konsequent handelt?

Die Fakten für den Stammtisch

Friseure …
… sind schwul.
… heißen Sven, Kai oder Jens.
… kennen die *Gala* auswendig.
… spreizen den kleinen Finger beim Schneiden ab.
… erfinden für ihre Läden Namen mit erbärmlichen Wortspielen. Am beliebtesten sind: Hairkules, Haarlem, Haarald's Friseurstube, Scherereien, Schnippisch, Haircondition, Hairplay und Marta Haari.
… föhnen nach dem Schnitt eine halbe Stunde, schmieren Gel, Haarspray, Haarfestiger und Schaum ins Haar, bis die Frisur echt toll aussieht. Zu Hause kriegt man das nie wieder so hin.
… haben Kataloge von gut aussehenden Models mit tollen Frisuren. Wählt man eine schicke Frisur aus, sieht man hinterher aus wie ein Troll im Abendkleid von Kate Moss.
… wickeln kratzendes Krepppapier um den Hals, danach hat man aber trotzdem Haare im Pulli.
… diagnostizieren eine schlechte Struktur des Haares und verordnen Vitamin-E-Pflege-Balsam, Aloe-Vera-Spülung, Bierhefe-Kur und

Kleie-Lotion. Die rettenden Produkte bieten sie zufällig sündhaft teuer zum Verkauf an.
…fragen, welchen Haarschnitt man haben wolle, schneiden die Haare aber so, wie sie es für richtig halten.
…sind die einzigen Menschen auf der Welt, denen man ein Leben lang treu bleibt. Seinen Friseur zu wechseln ist ein bisschen wie sterben.

Friseure – wie zufriedenstellend arbeiten sie? Eine mögliche Umfrage hätte Folgendes ergeben

Etwa 84 Prozent aller Deutschen sind mit ihrem Friseur zufrieden.
Etwa 16 Prozent aller Deutschen haben gar keine Frisur.
Etwa 50 Prozent aller Deutschen sind mit ihrem Friseur zufrieden, aber nicht mit ihrer Frisur.
Etwa 70 Prozent aller Deutschen sind mit ihren Frisuren zufrieden, aber nicht ihr Friseur.
Etwa 14 Prozent aller Friseure sind nicht mit den Deutschen zufrieden.
Etwa 67 Prozent aller Frisuren sind nicht mit sich selbst zufrieden.

Friseusen

Wieso sind Friseurbesuche für Frauen eigentlich so teuer? Die Friseusen verdienen doch fast nichts! Da kann man sich doch zusammen mit drei Freundinnen eine eigene einstellen. Also, wo verschwindet das ganze Geld hin?

Die Fakten für den Stammtisch 

Friseusen…
…heißen Brigitte, Nicole oder Susi.
…stellen sich hinter den Stuhl und fragen: »Wie darf ich es dir machen?«
…sind blond oder blondiert.

... finden Permanent-Make-up toll.
... rupfen sich die Augenbrauen aus und zeichnen sich selbst welche, die fast hinter bis zu den Ohren gehen.
... verlieben sich in Proleten.
... geben beim Haarewaschen gerne mal eine Kopfmassage, die strafrechtlich bereits unter sexuelle Nötigung fällt.

Die Sätze, die man kennen muss

»Es heißt ›Friseurin‹!«
»Ich hätte es gerne so ein bisschen verwuschelt.«
»Aber nur die Spitzen!«

Friseusen – Sara Zinn fragt, Friseusen antworten (wahrscheinlich)

78 Prozent aller Friseusen sagen zwar »das heißt aber Friseurin!«, haben aber keine Ahnung, worin der Unterschied eigentlich besteht.
24 Prozent aller Friseusen halten »Coiffeur« für eine Art Cappuccino.
99 Prozent aller Friseusen halten sich für Stylistinnen.
99 Prozent aller Stylistinnen halten Friseusen für größenwahnsinnig.

Fußballspieler

Es widerspricht jedweder Evolution und dem Moralverständnis, wenn diejenigen Mitglieder unserer Gesellschaft, die im seltensten Fall intellektuell begabt sind und ausschließlich aufgrund sportlicher und damit körperlicher Geschicklichkeit auf sich aufmerksam machen, die dicksten Gehälter und Provisionen einstreichen. Junge Männer, die nicht einmal die deutsche Sprache beherrschen, die Madrid für eine italienische Stadt halten und über den Wortschatz eines Zehnjährigen verfügen, verdienen mehr als die Bundeskanzlerin. Dieser Grundsachverhalt lenkt den Schwerpunkt eines Dichter- und Denkerstaates auf einen gänzlich falschen und noch dazu morschen Holzweg.

Die Fakten für den Stammtisch

Fussballspieler …
… sind keine großen Freunde des Taschentuchs.
… werden am Meniskus operiert, an der Leiste, zerren sich ihre Adduktoren, reißen sich ihre Kreuzbänder, prellen sich ihre Waden, werden aber einfach fit gespritzt und können spielen.
… gehen nie zum Schiedsrichter, um ihm zu sagen, dass das eben kein Foul vom Gegenspieler war.
… machen ihr ganzen Leben nichts anderes als Fußball spielen und schießen bei Weitschüssen trotzdem regelmäßig auf die Tribüne.
… bewegen in der Nationalmannschaft bei der Hymne nur den Mund, weil sie sich den Text nicht merken können.
… werden für eine Wurstsemmel und ein Flugticket im Kindesalter aus Afrika geholt und ein paar Jahre später für 59 Millionen Euro an ein englisches Team verkauft.
… werden nach ihrer Karriere Fernsehkommentatoren, wo sie für 80.000 Euro pro Spiel allgemeingültiges Blabla verbreiten.
… essen Nutella.
… sind auch abends auf Galadiners im Anzug leicht zu erkennen: am Uhlsport-Aufdruck auf dem Hemdkragen.
… werden nach ihrem Karriereende auf dem Posten des Sportdirektors zwischengeparkt, bis sie ihre Lotto-Annahmestelle aufgemacht haben.
… ziehen ihren Gegenspieler fest am Trikot. Sobald der endlich hingefallen ist, heben sie die Arme, um aller Welt zu zeigen, dass sie den Mann nicht eine Sekunde lang berührt haben.
… sind mit Spielerfrauen verheiratet.
… halten sich nach einem Foul die Stelle am Schienbein, an der sie der Gegenspieler überhaupt nicht getroffen hat.

Die Sätze, die man kennen muss

»Den hätte doch meine Oma reingemacht!«
»Die Viererkette steht viel zu tief!«
»Der Sieg wäre so wichtig für die Fünfjahreswertung!«
»Wir sind nicht aggressiv genug in die Zweikämpfe gegangen.«

Hintergrundwissen

- *Michel Platini, Präsident der UEFA, hat sich während seiner fußballerischen Karriere fünfmal ein Bein gebrochen.*
- *Der Vatikan ist kein Mitglied der FIFA. Trotzdem hat der kleinste Staat der Welt eine eigene Fußball-Nationalmannschaft und sogar eine Liga mit 16 Mannschaften.*
- *Die Redewendung »die Arschkarte ziehen« stammt aus einer Zeit, als das Fernsehen noch in Schwarz-Weiß sendete. Damit die Zuschauer bei der Übertragung eines Fußballspiels zwischen gelber und roter Karte unterscheiden konnten, zog der Schiedsrichter die rote Karte immer aus seiner Gesäßtasche.*
- *Die Abseitsregel beim Fußball galt in England im Kern seit Mitte des 19. Jahrhunderts. Sie begründete sich auf dem etwas verqueren Fairnessgedanken, dass es ungehörig sei, im Rücken des Gegners einen Vorteil zu erlangen.*
- *Australien hält den Rekord für den höchsten Sieg in einem Länderspiel. 2001 schlugen die »Socceroos« Amerikanisch-Samoa in der WM-Qualifikation mit 31 : 0.*
- *Alex Stepney (ManU Keeper in den 1960er- und 1970er-Jahren) renkte sich den Unterkiefer aus, als er seine Abwehrspieler beschimpfte.*
- *1912 musste die Polizei beim Spiel Andrea Doria Genua gegen Juventus Turin den Schiedsrichter vor der Steinigung durch Genueser Anhänger retten.*
- *1950 hat Indien nach erfolgreicher WM-Qualifikation die Teilnahme abgelehnt, weil es ihnen nicht erlaubt wurde, barfuss anzutreten.*

Handwerker

Es gibt Götter in Weiß, Engel in Gelb und Teufel in Blau. Das sind die Handwerker. Die Dämonen der Rohre und Leitungen, Herrscher der Mörtelmaschinen. Wer sie ruft, wird lange schmoren. Sind sie endlich da, wird man sie eine Ewigkeit nicht wieder los. Und wenn, dann hinterlassen sie unser Heim in Schutt und Asche.

Die Fakten für den Stammtisch 

Handwerker …
… tragen einen Blaumann, den sie sich zu Beginn ihrer Lehre kaufen und bis zur Rente nicht waschen.
… haben blödsinnige Innungsaufkleber auf ihren Autos, wie »ICH BIN HandWERker«.
… bringen ihr Radio mit und hören die grausamsten Sender der Stadt.
… haben nach einer halben Stunde Hände waschen immer noch schwarze Fingernägel.
… sagen, dass sie zwischen 7 und 12 Uhr vorbeikommen werden, um die Waschmaschine zu reparieren und sind um 16 Uhr immer noch nicht da.
… zitieren immer noch aus *Werner*-Comics »Schnüffelstück« und lachen sich tot dabei.
… regen sich furchtbar über polnische und tschechische Handwerker auf, weil die die ganze Wirtschaft kaputt machen; arbeiten aber selbst wie die Weltmeister schwarz und kommen, öhm, irgendwie selbst aus dem Osten.
… schicken ihre Lehrlinge los, um die »Gewichte für die Wasserwaage« zu holen, und lachen sich tot dabei.

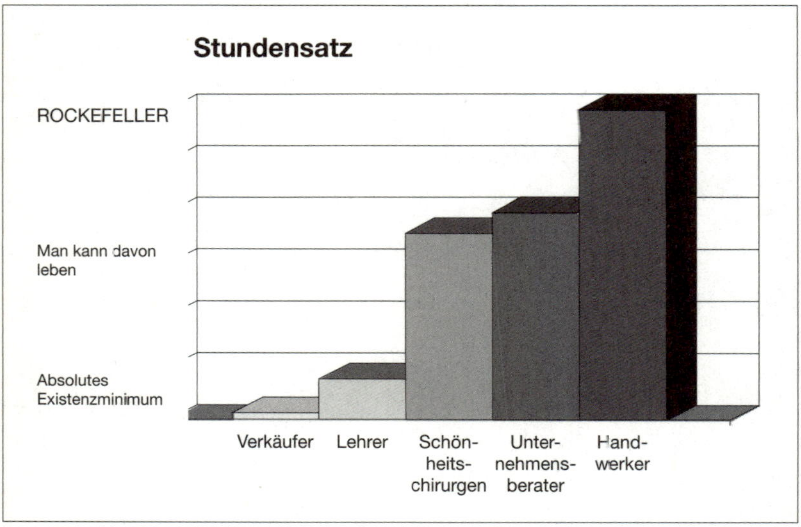

... schauen sich den Waschmaschinenschaden mit fachmännischer Miene an, telefonieren dann eine Stunde mit ihrem Chef und sagen dann: »Da können wir nix machen. Da brauchen Sie den Kundendienst.«
... haben Poster von nackten Frauen vor Freilandklos in ihrer Werkstadt hängen.
... rechnen einen Lehrling ab, der tagelang mit den Händen in der Hosentasche herumgestanden ist.
... kommen sie doch um 7 Uhr in der Früh, machen eine halbe Stunde Höllenlärm mit ihrer Hilti. Wenn alle im Viertel wach sind, legen sie erst mal drei Stunden Pause ein.
... müssen Vormittags »kurz mal Material holen« und kommen erst fünf Minuten vor Feierabend wieder.
... essen zwanghaft Leberkäsesemmeln oder ziegeldicke Wurstbrote.
... werden von lüsternen Hausfrauen zum Sex gezwungen.

Sätze, die man kennen sollte

»Sind Sie so früh schon auf?«
»Oh, oh. Oh weh. Das sieht aber nicht gut aus.«
»Brauchen Sie eine Rechnung?«
»Tut mir leid, ich wurde ein paar Stunden aufgehalten, wo ist denn Ihr Wasserrohrbruch?«
»Das sind ja noch ganz alte Rohre/Kabel/Schnürpel, das müsste man komplett neu machen.«
»Ich bekomme ja keinen Lohn, sondern Schmerzensgeld.«

Handwerker demütigen ihre Lehrlinge

Am liebsten foppen Handwerker ihre Lehrlinge mit Besorgungen wie:
- Ein Pfund Feilenfett
- Die Blase für die Wasserwaage
- Das Reststromabsauggerät
- Einen Eimer für den Spannungsabfall
- Den Messing-Magneten
- Das Amboss-Klangfett
- Das Kabel für das WLAN

Hausmeister

Die Hausmeister sind schuld an der ganzen Misere. Den Kleinsten jagen sie Angst ein, den Jugendlichen sind sie ein Dorn im Auge und die Erwachsenen nerven sie zu Tode. Hausmeister erziehen und ermahnen alle und jeden – aber: Gemessen an dem Maß, wie sehr sie uns auf den Wecker gehen, ist ihr Regelwerk so wichtig wie Hundepipi. Die Stimmung in diesem Land ist durch und durch von dieser hausmeisterlichen Art des erhobenen Zeigefingers durchdrungen, wir sind es ja von klein auf gewohnt. Du bist Hausmeister. So sieht es doch aus.

Die Fakten für den Stammtisch

Hausmeister …
… sind 60-jährige übellaunige Grobmotoriker mit Blockwartmentalität, die für die Unversehrtheit der Grasnarbe gegen fußballspielende Kinder kämpfen und für die Toleranz gleichbedeutend mit Hausordnung ist.

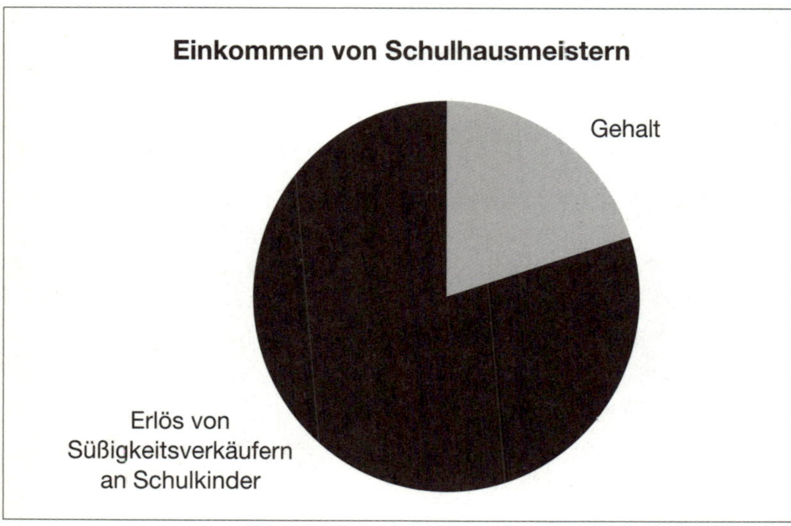

... haben graue Kittel an und tragen meistens Schnauzbärte und Brille.
... finden Aushänge und Schilder toll.
... brauchen ein halbes Jahr, um die kaputte Glühbirne im Treppenhaus zu wechseln, aber sind sofort zur Stelle, wenn dein Sohn einen Fuß auf den Rasen setzt.
... haben eine Hausmeisterwohnung.

Die Sätze, die man kennen muss

»Keine Fahrräder im Treppenhaus!«
»Ordnung muss sein.«
»Das melde ich dem Hausverwalter!«

Hausmeister – der genetische Background

- Griechische und assyrische Armeen sandten ihren Kriegern Hausmeister voraus, die das gegnerische Feuer auf sich ziehen oder den Feind aufspüren sollten.
- Im antiken Rom ließ man in der Arena Hausmeister gegen Bären, Löwen und auch Gladiatoren kämpfen.
- Im 18. und 19. Jahrhundert feierten die Hausmeister ihre Blütezeit. Sie kämpften auch gegen Ratten, Dachse, Wölfe, Wildschweine, Bären, Löwen, Bullen, Radfahrer, Kinder, Ballspieler und Eltern.
- Durch langjährige Züchtungen ergaben sich körper- und bisskräftige Hausmeister mit Temperament und Schnelligkeit; im Kampf sind sie schmerzunempfindlich, mit großer Ausdauer, sie zeigen großen Mut. Aber auch Aggression und Kampflust.
- In Deutschland gibt es derzeit zehn verschiedene Definitionen dafür, welche Hausmeister genetisch bedingt gefährlich sein könnten. Diese Definitionen können unter anderem Leinenzwang, Maulkorbzwang, Chippflicht, Versicherungspflicht, Genehmigungspflicht, Gebot der Unfruchtbarmachung, Pflicht zur sicheren Umzäunung, Pflicht zur Sachkundeprüfung und Haltungsverbot umfassen.

Ingenieure

Ingenieure, dass ich nicht lache. Stolz, Fleiß und Tüchtigkeit waren nach dem Zweiten Weltkrieg die Fäden, aus denen ein Ingenieur gewebt war. Mit geschwellter Brust konnte man »made in Germany« als Qualitätsmerkmal und Aushängeschild unseres Landes genießen. Die Bewunderung des Auslands war sicher, selbst den Touristen wurde in Hinterasien der größte Respekt entgegengebracht. »Oh, from Germany, very good!«, nickten die putzigen Einheimischen und verwiesen auf ihre Singer-Nähmaschine. Und was haben wir heute zu bieten? Toaster, die entweder gar nicht toasten oder das Brot verkohlen, Einkaufswagen, die blockieren oder dauerhaft um die Kurve fahren, Spülmaschinen, in die keine großen Gläser oder Teller passen, elektronische Parkhilfen, die Betonpfeiler übersehen, Supermarktkassen, die den zerknitterten Barcode nicht lesen können, Navigationsgeräte, die einen ins Feld schicken, berührungslose Wasserhähne, die erst Wasser freigeben, wenn man wie ein Hampelmann minutenlang davor herumfuchtelt, und schließlich eine Armee von Kaffee-Automaten für den Privathaushalt, deren Kapseln sauteuer und eine Zumutung für die Umwelt sind. Ingenieure! Pfffffffft …

Die Fakten für den Stammtisch

Ingenieure …
… bauen Fernbedienungen für Fernsehapparate, die Knöpfe haben, die man nie braucht.
… sind verantwortlich dafür, dass die Hälfte aller Fotokopien in die Mülltonne wandert.
… sind verantwortlich dafür, dass man einen Geldschein mindestens 20 Mal in den Schlitz schieben muss, bis ihn der Automat annimmt.
… können zwar Menschen auf den Mond fliegen lassen, aber keine Hose erfinden, die nicht eingeht.
… können nicht tanzen.
… ziehen sich beschissen an, sind aber trotzdem echte Schwiegermütterlieblinge.
… reparieren auch Dinge, die noch gar nicht kaputt sind.

... finden Daniel Düsentrieb besser als Donald.

Sätze, die man kennen sollte

»Dem Inschenör ist nichts zu schwör: Wenn er nichts weiß, dann nimmt er ein Relais.«
»8fUaR3.«
»Ich baue dir da was.«
»Klar helfe ich dir beim Umzug, ich rechne nur erst aus, wo ich die Kiste am besten anpacke.«
»Ohne mich könnten die zumachen.«
»Das ist nicht logisch.«

Hintergrundwissen

- *1995 begann Jürgen Wollina akribisch damit, den Stadtplan von Entenhausen zu zeichnen. Nach mittlerweile 13 Jahren ist es ihm gelungen, eine detaillierte Straßenkarte von Entenhausen fertigzustellen. Dafür musste er 700 Geschichten lesen, in denen er 37.500 Bilder untersuchte, die kartografische Hinweise beinhalteten. Dadurch konnte er aus 260 kleinen Karten, die er selber gezeichnet hat, eine Karte zusammenstellen. Die Karte ist 1 Quadratmeter groß. »Ick hab 'ne weltweite Bildungslücke jeschlossen«, so der mittlerweile 61-Jährige.*
- *Der Bikini wurde 1946 von dem französischen Ingenieur Louis Réard erfunden. Zu dieser Zeit führte Frankreich gerade Atombombentests im Pazifik auf dem Bikini-Atoll durch und Réard nutzte diesen Namen für seine Erfindung und fügte den Slogan »Bikini – la bombe atomique« hinzu.*
- *Eines der ersten Zeugnisse der Bescheidenheit der Ingenieure stellt die Grabinschrift eines Ingenieurs dar, der am Bau der Pyramiden beteiligt war: »Ich war der oberste Leiter jedes Werkes, und alle Werkstätten standen unter meinem Befehl. Ich war groß über alle Begriffe, immer machtvoll und hatte keine Unglücke. Ich war der Aufseher aller Aufseher und irrte mich nie.«*

Journalisten

Journalisten sind daran schuld, dass viele Deutsche wissen, wen Dieter Bohlen vorgestern fies abgekanzelt hat. Aber nicht, wie der amtierende Innenminister heißt. Dafür halten viele Fernsehzuschauer den Moderator Beckmann nicht nur für einen Journalisten, sondern sogar für einen investigativen Journalisten, weil er bei den banalsten Fragen (»Wie geht es Ihnen?«) seine Gäste anschaut, als hätte er gerade ihr Lebenswerk kritisch hinterfragt. Über Ressorts wie Politik, Wirtschaft, und Kultur wird nur noch ausführlich berichtet, wenn bei einem Politiker plötzlich uneheliche Kinder auftauchen, ein Wirtschaftsboss einen Betriebsausflug in den Puff nach Barcelona unternommen hat oder Paris Hilton ihren Kulturbeutel hat fallen lassen.

Die Fakten für den Stammtisch

Der Lokaljournalist ist ein dicker, kettenrauchender Alkoholiker, der andere Journalisten für Faulenzer hält. Er trägt abgewetzte Tweed-Sakkos und kennt jeden im Ort vom Müllmann bis zum stellvertretenden Vorsitzenden der Fußpflegerinnen. In regelmäßigen Abständen schreibt er Artikel mit 180 Zeilen über die Versammlung der Kleingärtner, 220 umständliche Zeilen über das Ärgernis Hundekot und 300 herzerweichende Zeilen über ausgesetzte Hunde im Tierheim.

Die Sätze, die man kennen muss

»Die schreiben doch alle nur noch von Wikipedia ab. Den Rest googeln sie sich zusammen.«
»Im Fernsehen bringen sie eh immer nur den gleichen Mist. Nur auf ARTE laufen ab und zu gute Reportagen.«
»Mit seriösem Journalismus hat das doch alles nichts mehr zu tun.«

Die Typen

Der Politikjournalist trägt immer Anzug und Krawatte und hält die übrigen Journalisten für unbedeutende Kleinkrämer. Er ist gerne in der

Nähe von Mächtigen und fühlt sich ungemein bedeutend, wenn er mit einem Bundestagsabgeordneten zu Abend isst oder bei Wahlkampfveranstaltungen im Dienst-Mercedes mitfahren darf. Er notiert die Phrasen der Politiker und gibt sie unverändert an die Leser weiter.

Der Feuilletonist trägt schwarze Cordklamotten mit einem violetten Samtschal, eine wirre Frisur und eine sperrige Woody-Allen-Lookalike-Brille. Er hält die übrigen Journalisten für oberflächlich und einfältig. Er dämmert abends in der ersten Reihe von Konzerten oder Theaterstücken, um sie am nächsten Tag, wenn er gegen Mittag mit dem Taxi in der Redaktion erscheint, langatmig zu verreißen. Der Feuilletonist kann auch einfachste Gedankengänge nur mit Fremdwörtern ausdrücken. Seine Artikel beginnen mit dem Zitat eines griechischen Philosophen oder einer lateinischen Weisheit. Dann holt der Feuilletonist so weit aus, bis er sich selbst kaum mehr entsinnen kann, über was er eigentlich schreiben wollte, um schließlich mit einer völlig banalen Erkenntnis zu schließen.

Der Boulevardjournalist trägt ein sportliches Sakko in Grün oder Rot und einen gegelten Kurzhaarschnitt. Er besitzt ein Mehrbandhandy und hält die übrigen Journalisten für unflexibel und träge. Wenn ein kleines Kind umgebracht wird, rast der Boulevardjournalist zum Haus der Eltern und klingelt so lange, bis sie öffnen. Dann hält er ihnen das Mikro unter die Nase und fragt: »Wie fühlen Sie sich?« Anschließend fährt er zu den Nachbarn des vermeintlichen Mörders und bietet jedem 500 Euro, der vor der Kamera erzählt, dass der mutmaßliche Mörder schon immer ein brutaler Schläger und Kinderschänder war.

Der Sportjournalist wollte selber Fußballspieler werden, es hat allerdings nicht gereicht. Trotzdem nimmt er gerne als Freizeitkicker an Turnieren teil, wo er oft so verbissen ans Werk geht, dass sein Gegenspieler mit der Bahre vom Platz getragen werden muss. Er hält es für absolut stichhaltig, die Spieler nach verlorenem Match zu fragen: »Woran hat's gelegen?«

Hintergrundwissen

- *»Nur 35 Prozent der Deutschen vertrauen Journalisten«. Das hat eine aktuelle repräsentative Umfrage der TU Dresden ergeben.*
- *Im Irak gibt es mit Abstand die meisten unaufgeklärten Morde an Journalisten weltweit. An zweiter Stelle stehen die Philippinen, an dritter Stelle Russland.*

Lehrer

Seit der PISA-Studie ist es amtlich: Unsere Kinder werden immer dümmer. Weil sie in die Schule gehen. Dort treffen sie auf Menschen, die ihnen nur Böses wollen: die Lehrer. Zu Beginn einer jeden Stunde blickt der Lehrer jedem seiner Schüler ins Gesicht. Danach weiß er sicher, wer sich nicht auf die Stunde vorbereitet hat. Und genau die Schüler holt er zu sich an die Tafel zum Test. Obwohl er vier Monate im Jahr Ferien hat, behauptet der Lehrer, am Burn-out-Syndrom zu leiden. In Wirklichkeit ist er nur faul.

Die Fakten für den Stammtisch

Lehrer …
… schreiben Leserbriefe.
… machen Urlaub im Kloster oder auf dem Bauernhof.
… wollen, dass die Klassenfahrt nach Weimar geht anstatt nach Lloret de Mar.
… haben ihre Wohnung in hellen naturbelassenen Hölzern eingerichtet. Die Lampen sind mit auberginfarbenen Decken abgehängt, auf dem Tisch steht eine italienische Duftkerze, auf jedem Schrank eine Vase mit staubigen Strohblumen und eine türkische Wasserpfeife. Im Wohnzimmer hängen selbst gemalte Landschaftsaquarelle aus der Toskana, auf der Toilette Poster von Matisse-Ausstellungen aus den 1970er-Jahren. Neben der Kloschüssel liegen abgegriffene *Zeit*-Magazine.

… bestellen beim Italiener die Pizza auf Italienisch, obwohl der Kellner fließend Deutsch spricht. Auch beim Griechen sind sie am geölten »Kalinichta« zu erkennen. Dabei vermitteln sie das Gefühl, als würden sie zur Familie gehören, bloß weil sie nach dem Essen einen Ouzo spendiert bekommen.

… verraten nicht, was in der Klassenarbeit drankommt.

… können auf Fragen, die minimal über den Lehrstoff hinausgehen, nicht antworten.

… zählen auf dem Wandertag alle zehn Minuten nach, ob auch noch alle Schüler da sind.

… finden es toll, dass die Gattin ihre Bilder in der Apotheke ausstellt.

… lieben Studienreisen, wo sie zwei Wochen lang bei 38 Grad in Ruinen herumwandern.

… besuchen Volkshochschulkurse.

… kämpfen für die Rettung von dem Genitiv.

… tragen ihre Brille an einer Kette um den Hals.

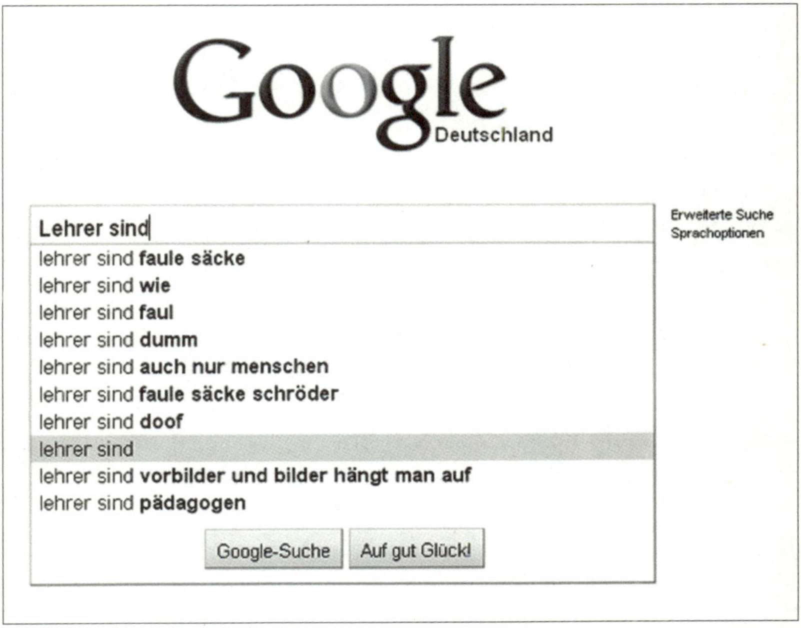

... gehen in Puffs, wo sie sich als Kindermädchen verkleiden und von einer Domina durchpeitschen lassen.
... halten es für eine gute Erziehungsmaßnahme, wenn sie ihre Schüler auffordern: »Zur Strafe schreibst du jetzt einhundert Mal: Ich darf keinen Strom ins Schulaquarium leiten!«
... spielen auch auf der Straße den Oberlehrer. Fahren in Ortschaften haargenau 50 Kilometer pro Stunde. Auf Autobahnen gurken sie bei Geschwindigkeitsbegrenzungen gerne auf der linken Spur und sind damit neben den Holländern die Hauptverursacher von Staus.
... schlürfen Kaffee und seufzen dann »Aaaaaaah«.
... behaupten, sie würden in der freien Wirtschaft wesentlich mehr verdienen als Beamte. Das ist allerdings eine Feststellung, bei der sich jeder Manager vor Lachen in die Hose macht.
... haben keinen Fernseher. Deshalb sitzen sie mit ihrer Frau auf dem Sofa und lesen in gelben Reklam-Büchern. Hin und wieder blicken sie auf und sagen: »Renate, hier steht ein ganz bemerkenswerter Satz.«

Die unterschiedlichen Lehrer-Typen

Physiklehrer: Verwirrte Schussel, die vorne am Pult Experimente aufbauen, die nicht funktionieren.

Sportlehrer: Braun gebrannte Frauenhelden, die den ganzen Tag Schüler herumscheuchen und dabei mit Vorliebe den Klassendicksten quälen.

Ethiklehrer: Esoterische Hippies, die Schüler mit Volksliedern und buddhistischen Weisheiten ins Christentum treiben.

Mathematiklehrer: Staubtrockene Brillenträger mit Halbglatze, die vorne an der Tafel autistisch Formeln kritzeln, die niemand versteht.

Deutschlehrerinnen: Klimaktierende Quasseltanten, die in sinnlose Gedichte staatstragende Gedanken hineininterpretieren und ihre Schüler zur Kafka-Lektüre zwingen.

Lateinlehrer: Grauhaarige Eminenzen, die weltfremd genug sind, Latein für eine gewöhnliche Sprache zu halten, bloß weil sie noch bei katholischen Messen verwendet wird.

Französischlehrer: Fröhliche Lebemänner mit Schmerbauch und Vorliebe zu Wein, Weib und langweiligem Unterricht.

Musiklehrer: Ungeduschte Künstlerfreaks, die ihre Schüler mit Blockflötenunterricht und Vorsingen quälen und moderne Klänge für Negermusik halten.

Kunstlehrerinnen: Esoterische Hippie-Schreckschrauben, die Schülern mit Nichtraucher-Collagen und Friedenstauben-Bildern die Augen für Schönheit öffnen wollen.

Direktoren: Übellaunige ehemalige Stalingradkämpfer, die jede Pause in sämtliche Klos rennen, um zu kontrollieren, ob jemand raucht. Morgens kontrollieren sie, wer zu spät kommt, und nach der Schule notieren sie auf der Straße die Kennzeichen von Autos, bei denen der ASU abgelaufen ist.

Die Sätze, die man kennen muss

»Bücher weg, Hefte raus, wir schreiben ein Diktat.«

Manager

Die Gesellschaft verurteilt nicht zu Unrecht die Führungskräfte dieses Landes. Die Empörung, die allerorts hochkocht, ist eine logische Konsequenz einer vollkommen unverständlichen Handlungsweise, die quer durch alle Schichten Fassungslosigkeit und Kopfschütteln hervorruft. Es kann nicht sein, so das Credo aller Wirtschaftssparten, dass Manager alle die gleichen Nadelstreifenanzüge, dezente Krawatten und Kurzhaarschnitte tragen und aussehen wie geklonte Schafe, wenn sie in die Frühmaschinen dieses Landes steigen.

Die Fakten für den Stammtisch 

…besuchen für 8000 Euro am Tag Seminare, wo sie sich über ein Kletterseil in fünf Metern Höhe hangeln und sich von einem Schaumschläger einreden lassen, dass sie deshalb ein Unternehmen führen können.

…kassieren eine Millionenabfindung, wenn sie einen florierenden Konzern in die Pleite geritten haben.

…verhalten sich rüpelhaft gegenüber Stewardessen, weil sie sie für Angestellte halten.

…halten sich für etwas Besseres, bloß weil sie in der Business Class drei Zentimeter mehr Fußfreiheit haben.

…haben eine riesige Wohnung, die sie nur dreimal im Jahr tagsüber sehen.

…fliegen geschäftlich nach London, nur um Meilen für ihre Frequent-Flyer-Karte zu sammeln.

…kassieren Millionen dafür, dass sie jedes Jahr Tausend Leute rauswerfen.

…rufen alle paar Minuten die Mobilbox ihres Handys an, weil sie Angst haben, dass sie kurz in einem Funkloch waren und eine lebenswichtige Nachricht verpasst haben und es für die Firma unglaublich wichtig wäre, dass sie jederzeit erreichbar sind.

…haben in Harvard oder Oxford studiert, wo sie Tag und Nacht gelernt haben. Weil sie also seit der Schulzeit keinen Spaß mehr hatten, gönnen sie ihn auch ihren Angestellten nicht.

…sitzen schweigend am Frühstückstisch und lesen den Wirtschaftsteil der *Frankfurter Allgemeinen Zeitung*.

…suchen Angestellte, die studiert haben, mehrere Auslandspraktika nachweisen können, fünf Jahre Berufserfahrung haben und höchstens 23 Jahre alt sind.

…haben eine reizende, gut aussehende Freundin, für die sie nur einen Tag im Monat Zeit haben. Dann gehen sie in ein Luxusrestaurant essen, schenken ihr ein wertvolles Schmuckstück und gehen anschließend miteinander in die Luxus-Penthousewohnung. Nach einem halben Jahr verlässt sie die Frau und es kommt eine andere gut aussehende Freundin.

… arbeiten bis abends um 10 Uhr und lassen sich dann vom Sushi-Homeservice eine Partyschale Seeigel-Nigiri für 68 Euro bringen, um sich zu belohnen.
… lassen sich vom Geschwätz von Unternehmensberatern beeindrucken. Geben mehr Geld für Unternehmensberater aus, als sie mit ihnen jemals sparen können.
… nehmen sich vor, nur bis zu ihrem 40. Geburtstag zu arbeiten und dann das Leben zu genießen. Haben dann ihre Millionen gemacht und können trotzdem nicht mit dem Arbeiten aufhören, bis sie mit 54 Jahren an einem Herzinfarkt sterben.
… trinken in der Flughafencafeteria frisch gepressten Orangensaft für 6 Euro.
… sprechen von Rationalisierung im Bereich Human Ressources, wenn sie mal wieder einen Angestellten grundlos rauswerfen.
… haben es so eilig, dass sie fünfmal auf den Liftknopf drücken, in der Hoffnung, der Lift würde deshalb schneller kommen.
… kaufen im Duty-Free-Shop eine Flasche Whiskey, obwohl sie schon zehn Flaschen zu Hause haben und grundsätzlich keinen Alkohol trinken.
… nehmen von jedem Hotelaufenthalt die Plastikfläschen »Hair Conditioner« mit und stellen sie sich daheim auf den Spülkasten.

Krankheiten, vor denen sich ein Manager fürchten muss

Anmasern
Cholerika
Hirnhautentzückung
Brüstkrebs
Geldfieber
Schulddrüsenunterfunktion
Winpocken
Kampfadern
Doppelking
Appläuse

Die Sätze, die man kennen muss

»Wer seinen USP nicht richtig brandet, pusht bei seiner Community keine ausreichende Awareness. Und wer dann nicht als Smart Follower schnell genug zu einem neuen Business Model switcht, wird schneller, als ihm lieb ist, als Underperformer geoutphased.«

Manager-Sprech

Manager	Deutsch
Meeting	Kaffee trinken und Kekse essen, während ein Kollege mit Power Point für Unterhaltung sorgt
Brainstorming	Kaffee trinken und Kekse essen, während alle ungefiltert rauslassen, was ihnen so im Kopf rumgeht. Ähnlich einem Auto vor der ASU
Awareness	Obacht
Sich committen	Mal nicht so sein
Benchmark	Das Begehren des Nächsten Produkt, Zeugnis, Erfolg und alles, was seins ist
Branden	Der magische Akt, Nutella und Fußballer zwangszuverheiraten
Briefen	Die Kurzfassung von dem weitergeben, was man während des Kaffeetrinkens schon nicht verstanden hat
Canceln	Ohne Angabe von Gründen absagen und stattdessen Golf spielen
CEO	Häuptling der Indianer
Community	Die, die begreifen sollen, was eine Nuss-Nougat-Creme mit Fußballern zu tun hat
Meeting Point	Da, wo die Tabletts mit Kondensmilch und Zucker stehen
POS (Point of Sale)	Da, wo das Nutella steht
Underperformer	Der, der den Kaffee bringen muss

Polizisten

Immer wieder wundert man sich beim Anblick von Polizisten, wie die es in die Uniform geschafft haben. Angeblich wird doch bei der Einstellung der IQ getestet sowie Fitness und soziale Kompetenz? Begegnen Polizisten einem Mann, der mit einer Flasche Bier in der Hand auf der Straße torkelt und alle fünf Meter zusammenbricht, halten Sie ihn an und fragen als Erstes: »Haben Sie etwas getrunken?« Die meiste Zeit verbringen Polizisten nicht etwa damit, das Verbrechen zu bekämpfen, sondern sie kommen auf Studentenpartys, weil die Musik zu laut ist und Oma Hildegard drei Häuserblocks weiter nicht schlafen kann. Überhaupt tauchen Polizisten meist auf, wenn man sie überhaupt nicht gebrauchen kann. Etwa, wenn man mit Tempo 80 durch eine Spielstraße kachelt oder seinen Wagen für ein Stündchen in der Feuerwehreinfahrt parkt. Und wo sind Polizisten eigentlich, wenn man sie doch mal braucht? Na klar, mit Blaulicht zum Brötchenholen …

Die Fakten für den Stammtisch

Polizisten …
… haben kurze Haare und einen Schnurrbart.
… verstecken sich mit ihrer Radarpistole hinterhältig bei überflüssigen Geschwindigkeitsbegrenzungen, an die sich kein vernünftiger Mensch hält.
… nennen Drogen »Betäubungsmittel«.

…tauschen bei vollbusigen Blondinen den Strafzettel gegen die Telefonnummer.
…holen Zeugen zu Gegenüberstellungen mit sieben Typen, die sich überhaupt nicht ähnlich sehen.
…wissen, wie man einen Beschuldigten beim Geständnis verhaut, ohne dass es ein Arzt später sehen kann.
…ermitteln gern Undercover. Vor allem im Puff.
…sprechen über ein Megaphon mit dem Gangster, der sich in einem Haus verschanzt hat: »Jeder Widerstand ist zwecklos, wir haben das Gebäude umstellt.« Dabei ist der Gangster schon seit Stunden geflüchtet.

Zeitschriften, die nur für Polizisten erscheinen

TV Verhören und Sehen
Brand eins eins null
Ein Herz für Diebe
Fahndungs-Bild
Blitz-Illu
Thomas de Maizìeres interessantes Magazin

Hintergrundwissen

- *In Deutschland ist die Äußerung, verdeckte Tempokontrollen seien »Wegelagerei«, keine Beleidigung, sondern freie Meinungsäußerung (OLG Düsseldorf, Az. III 2b Ss 224/02-2/03). Dies gilt nur für den Vorgang. Einen Polizisten als Wegelagerer zu bezeichnen, kann als Verunglimpfung geahndet werden.*
- *Thailändische Polizisten greifen auf ein rüdes Mittel zurück, um unartige Beamte zur Ordnung zu rufen: Diese müssen bei einem Verstoß einen Tag lang ein leuchtend-rosafarbenes »Hello Kitty«-Armband tragen.*
- *Bei Verdacht auf Sex im Auto sind Polizisten in Cœur d'Alene, Idaho, angehalten, hinter dem verdächtigen Wagen zu parken, dreimal auf die Hupe zu drücken und anschließend zwei Minuten zu warten, ehe sie sich dem Wagen nähern dürfen.*

Postangestellte

Nur weil's jetzt Servicecenter heißt, geht's in der Post auch nicht schneller zu. Wie auch? Den halben Tag lang sitzen sie hinter einem »Schalter geschlossen«-Schild und langweilen sich offenkundig, während an den geöffneten Schaltern eine endlose Schlange wartet. Nebenbei sind Postangestellte auch noch die unfähigsten Bankangestellten der Welt. Nur Ossis lieben die Post aus nostalgischen Gefühlen: Endlich wieder Schlange stehen.

Die Fakten für den Stammtisch

Postangestellte ...
... machen den ganzen Tag nichts anderes als Briefmarken zu verkaufen. Müssen sich dennoch erst mal nach dem Preis erkundigen, wenn man mit einem Päckchen nach Amerika ankommt.
... finden Briefmarkensammeln sinnvoll.
... sind jeden ersten des Monats restlos überfordert, wenn Millionen von Rentnern ihre Kohle abholen.
... verkünden, nachdem man sich eine Stunde lang angestellt hat, dass Einschreiben nur im Schalter ganz links möglich sind.

Die Sätze, die man kennen sollte

»Diese Beamtenmentalität wird denen schon noch vergehen.«
»Ich hatte ja mal ein Konto bei der Postbank. Der totale Witz!«
»Am liebsten würde ich hinter den Schalter gehen und denen helfen/eine knallen.«

Hintergrundwissen

– *Die Bank in Vernal, Utah, wurde aus Ziegeln gebaut, welche per Post geliefert wurden – jeweils 7 Ziegel pro Päckchen. Man hatte festgestellt, dass diese Variante billiger war, als sich die Ziegel per Schiff aus Salt Lake City kommen zu lassen.*

- *Die Tongainseln hatten jahrelang eine Briefmarke, die wie eine Banane geformt war.*
- *Das Schweizer Militär nennt Brieftauben »selbstreproduzierende Kleinflugkörper auf biologischer Basis mit fest programmierter automatischer Rückkehr aus allen beliebigen Richtungen und Distanzen«.*
- *In Großbritannien ist es verboten, eine Briefmarke, die den König oder die Königin zeigt, kopfüber aufzukleben.*

Postboten

Für kurze Zeit sah's so aus, als würde der Postbote aussterben. Wegen der E-Mail. Nur Banken, Möbelhäuser und das Finanzamt setzen noch auf die Old-School-Kommunikation per Brief. Der wird per Fahrrad zugestellt, das so viel wiegt wie Tante Inge. Mit dem Eisenmonster legt der Postbote gerade mal fünf Meter in der Minute zurück. Effektivität ist was anderes.

Die Fakten für den Stammtisch

Postboten …
… legen einem Zettel in den Briefkasten, auf denen ganz groß geschrieben steht: »Holen Sie ihren Brief im Postamt ab.« Was ganz winzig danebensteht, zeigen sie einem, wenn man sich noch am Abend durch den Regen zum Postamt kämpft: »Aber nicht vor morgen.«
… geben das superwichtige Paket bei der tattrigen Oma nebenan ab, die es in die Ecke legt und stirbt.
… lesen die Postkarten.
… kommen erst nachmittags, wenn man einen wichtigen Brief erwartet.
… werfen Briefe ein, die an eine andere Person in einer anderen Straße in einer anderen Stadt adressiert sind.

Was sich Postboten so anhören müssen

»Der tut nix!«
»Wie, Sie wandern in Ihrer Freizeit?«
»Noch nie 'ne Erkältung gehabt, stimmt's? Jaja, so viel draußen, das härtet ab.«
»Postbote würde mir auch gefallen. Aber nicht in der Stadt.«

Hintergrundwissen

- *In den EU-Ländern werden pro Jahr rund 9000 Postboten von Hunden gebissen.*
- *Eine Briefmarke ist nach dem Anlecken 0,3 Gramm schwerer! Wenn ein Postbote am Tag 300 Briefe austrägt, 6 Tage die Woche arbeitet, 48 Wochen im Jahr und nach 40 Jahren in Rente geht, dann hat er eine Tonne Spucke herumgetragen.*

Psychologen

Früher saß der Mensch beim Pfarrer im Beichtstuhl, heute geht's zum Psychologen auf die Couch. Im Grunde genommen sind Psychologen nichts weiter als Menschen, die einem zuhören und dafür 250 Euro in der Stunde verlangen. Um zu erfahren, was man hat, lässt der Scharlatan sich vom Patienten einen Baum malen. Ist der Baum groß und ausladend, mit vielen Ästen, Blättern und einer Sonne daneben, geht's dem Patienten schlecht. Ist der Baum klein und mickrig, mit herabhängenden Ästen wie bei der Weide, geht's dem Patienten schlecht. Die Sitzungen beim Seelenklempner ergeben immer dasselbe: Die verkorkste Kindheit und der Penisneid sind schuld am Psychostress. Aber es kann ja alles therapiert werden.

Die Fakten für den Stammtisch 

Psychologen …
… sind grauhaarig, bärtig, tragen eine Brille, rauchen Pfeife und sitzen auf einem riesigen Ohrensessel neben einer Corbusier-Couch. Weibliche Psychologen sind Esoterikerinnen, Hippies und ähneln Sozialpädagoginnen.
… vermitteln den Eindruck, sie könnten ins Innerste sehen, verwenden aber im Grunde nur den gesunden Menschenverstand.
… reduzieren alles auf Sex.
… wenn Frauen Probleme haben, tippen sie auf Penisneid.
… wenn Männer Probleme haben, tippen sie auf den nicht abgearbeiteten Ödipuskomplex.

Womit Psychologen ihre Praxen einrichten, nur um ihre Patienten zu provozieren

- Druck von Edvard Munch »Der Schrei«.
- Leise Hintergrundmusik von Nick Cave oder Sisters of Mercy
- Psychedelische Tapeten

Hintergrundwissen

- *In den USA gibt es mehr Psychoanalytiker als Briefträger.*
- *Radovan Karaczic hat als Psychologe den FC Barcelona betreut.*
- *Ein Psychologe der englischen Universität Hertfordshire hat per Internetabstimmung den angeblich lustigsten Witz der Welt ermittelt. Und der geht so: Zwei Jäger gehen durch den Wald. Plötzlich bricht einer von ihnen zusammen. Der andere Jäger ruft den Notarzt an: »Mein Freund ist tot. Was soll ich machen?« Der Notarzt: »Vergewissern Sie sich zuerst, dass er wirklich tot ist.« Daraufhin ertönt ein Schuss. »Okay«, sagt der Jäger zum Notarzt, »und jetzt?«*

Verkäufer(innen)

Der größte Feind für jeden Verkäufer ist der Kunde. Alles potenzielle Ladendiebe oder Menschen, die nicht wissen, was sie wollen und was gut für sie ist. Und am besten kurz vor 8 Uhr noch eine umfassende Beratung erwarten. Mit der Zeit gehen Verkäufer seltsame Symbiosen mit ihrem Geschäft ein, wie man vor allem an den superschicken Boutiquen-Tussis, den fröhlichen Lotto-Annahmestellen-Besitzern und unförmigen Wursttheken-Verkäuferinnen sehen kann. Letztere lassen es sich nicht nehmen, jedem Kleinkind eine Scheibe Gelbwurst aufzuzwingen, damit später mal kein gesunder Vegetarier draus wird. Ihr Lieblingssatz: »Darf's bei Ihnen ein bisschen mehr sein?« Gegen Monatsende, wenn das Umsatzziel auf Biegen und Brechen noch erreicht werden muss, verwandeln sich Verkäufer in echte Servicebienen: »Suchen Sie was Bestimmtes? Kann ich Ihnen behilflich sein?« In diesem Stadium der Verzweiflung bieten Verkäufer sogar an, das Lager nach einer Nummer kleiner für die Bluse der Wahl zu durchsuchen und behaupten, dass das wie ein Kartoffelsack geschnittene Top einem »ganz ausgezeichnet!« stehe. Herzlichen Dank.

Die Fakten für den Stammtisch 

Verkäufer(innen) …
… halten jeden dritten Kunden für einen Ladendieb, weil die Diebstahlsicherung so eingestellt ist, dass sie bei Herzschrittmachern, Hörgeräten und Handys piepst.
… platzieren die Diebstahlsicherung an der Bluse so, dass man sie nur mühsam anprobieren kann und unmöglich erkennen kann, ob sie sitzt.
… müssen wegen Rabatt beim Chef nachfragen.
… können am Telefon perfekt Anrufe beim Chef vortäuschen, um nach Rabatt zu fragen.
… gucken ehrlich zerknirscht, wenn der »Chef am Telefon« den Rabatt leider nicht gewähren will.
… folgen einer Unfreundlichkeitskurve, die von morgens bis abends steigt und kurz vor 8 Uhr abends die Nötigungsschwelle erreicht.

Sätze, die man kennen sollte

»Doch, doch. Das trägt man jetzt so.«
»Passt! Wir lassen einfach die Ärmel etwas kürzen und lassen die Hose ein wenig heraus.«
»Unser Kreditkartenlesegerät ist leider momentan defekt.«
»Die Kollegin übernimmt gleich!«
»Wir schließen leider gleich ...«
»Ich habe heute meinen ersten Tag.«
»Ismeinletzertachheute.«
»Das passt auch gut zu Jeans.«

Hintergrundwissen

- *In Liverpool dürfen Verkäuferinnen nur in einem Tiergeschäft, in dem tropische Fische verkauft werden, oben ohne arbeiten.*
- *Die Modekette Zara benötigt sieben Tage vom Entwurf bis zum Verkauf eines Kleidungsstückes.*
- *Es war illegal, E. T.-Puppen in Frankreich zu verkaufen, weil es verboten war, Puppen ohne menschliche Gesichter zu verkaufen.*
- *In Texas werden Dildos als obszön angesehen und dürfen deshalb in Sexshops nicht verkauft werden. Deshalb gibt es sie in Texas in allen Farben außer hautfarben, und sie werden unter dem Namen »Übungsgerät für die richtige Handhabung eines Kondoms« verkauft.*

Versicherungsvertreter

Tja, da hat man eine tolle Lebensversicherung, aber sterben muss man trotzdem. Eine der zahlreichen Plagen, die über Deutschland kommen, sind Versicherungsvertreter. Diese Menschen in billigen knisternden Anzügen und augenkrebserregenden Krawatten. Dabei sind Versicherungsvertreter die freundlichsten Menschen, die man sich vorstellen kann. Bis man seine Unterschrift unter den telefonbuchdicken Vertrag einer Rundumschutz-Versicherung gesetzt hat. Der Lieblingssatz des Versicherungsvertreters lautet: »Da würde ich lieber kein Risiko eingehen.« Seine tödlichste Waffe ist das Kleingedruckte. Das hätte man mal besser vor der Unterschrift gelesen. Dann hätte man gewusst, dass ein Koffer auf der Urlaubsreise nur dann versichert ist, wenn er bei helllichtem Tag geklaut wird, während man sich an ihn gekettet hat und sieben unabhängige Zeugen mit im Raum waren. Der Inhalt des Koffers ist natürlich in keinem Fall versichert.

Die Fakten für den Stammtisch

... rufen zu den ungelegensten Momenten an und lassen sich nicht abwimmeln.
... tun beim ersten Anruf bereits so, als würde man sich seit Jahren kennen.
... will man eine Versicherung abschließen, sind Versicherungsvertreter immer erreichbar.
... will man einen Versicherungsfall melden, sind Versicherungsvertreter immer krank, rufen wochenlang nicht zurück und sind rotzunhöflich.
... vereinbaren so lange Kündigungsfristen, dass man es jahrelang nicht schafft, die ungeliebte und nutzlose Versicherung zu kündigen.

Was sich Versicherungsvertreter während eines Beratungsgespräches denken

1. Mir doch wurst.
2. Hässliche Schrankwand.
3. Ich muss pupsen.
4. Diesen Quatsch glauben die mir nie.
5. Heute Abend sauf' ich mir die Birne mal richtig voll.

Hintergrundwissen

– *Das seit dem 17. Jahrhundert vor allem im Seemännischen gebräuchliche Fremdwort »Kasko« bedeutet »Schiffsrumpf, Fahrzeug« und ist vor allem als Abgrenzung zur Ladung gemeint. »Casco« ist ein spanisches Wort, das eigentlich so viel bedeutet wie »Schale, Huf oder Fass«, aber auch in der Bedeutung »Schiffsrumpf« wird es benutzt. Eine Kaskoversicherung deckt also Schäden an Transportmitteln, aber nicht an Ladung oder Insassen.*

– *In Schweden gibt es eine Versicherung für Schwarzfahrer. Für einen Beitrag von monatlich 11 Euro übernimmt planka.nu (dt.: Fahr schwarz-jetzt) alle Geldbußen für Fahrten ohne Fahrschein.*

– *Ein Mann aus North Carolina versicherte eine Kiste seltener und sehr teurer Zigarren gegen allerlei Gefahren, unter anderem auch gegen Feuer. Innerhalb eines Monates rauchte er die Kiste leer (24 Zigarren) und stellte anschließend die Forderung an seine Versicherung über die Auszahlung der Versicherungssumme. Seine Zigarren seien in einer Reihe kleiner Feuer verbrannt. Die Versicherung lehnte die Zahlung ab, da die Zigarren gemäß ihrer Bestimmung verbraucht, also geraucht worden seien. Der Mann klagte daraufhin und bekam recht. Der Richter räumte in seiner Urteilsbegründung zwar ein, dass diese Forderung eigentlich unrechtmäßig sei, wies aber die Versicherung auf ein Versäumnis ihrerseits hin, was sie letztendlich dazu verpflichtete, die Versicherungssumme auszuzahlen: Die Versicherung hatte nämlich nicht ins Kleingedruckte geschrieben, dass Schadensfälle durch Feuer von der Leistung ausgeschlossen sind. Die Versicherung ging nicht in die Berufung, sondern zahlte dem Kläger die Versicherungssumme von 15.000 Dollar aus. Daraufhin verklagte ihn die Versicherungsgesellschaft wegen 24 Fällen von vorsätzlicher Brandstiftung. Es wurde ihm nachgewiesen »in 24 Fällen vorsätzlich sein versichertes Eigentum in Brand gesteckt zu haben«. Er wurde schließlich zu einer 24-monatigen Gefängnisstrafe und zusätzlich zu 24.000 Dollar Geldstrafe verurteilt.*

Weihnachtsmann

Kaum jemand erledigt seinen Job in Deutschland so schlecht wie der Weihnachtsmann. Jahr für Jahr wünscht man sich einen Porsche und am Ende wird es doch wieder nur ein Paar Socken. Wer hat den Mann eingestellt? Seine Qualifikationen überprüft? Und warum bekommen Kinder, die das ganze Jahr über ganz bestimmt nicht artig waren, von ihm trotzdem etwas geschenkt?

Die Fakten für den Stammtisch

Weihnachtsmänner …
… tragen gerne Rot und neigen zu übermäßigem Bartwuchs.
… haben folgende Lieblingsätze:
»Warst du auch brav?«
»Kannst du ein Gedicht vortragen?«
»Jaaa, was haben wir denn da im Sack?«
… reden so wie Onkel Erwin.
… haben dieselbe Figur wie Onkel Erwin.
… kommen jedes Jahr im Dezember zu Besuch, bis auf jenes Jahr, als Onkel Erwin im Krankenhaus war.

Was sich Weihnachtsmänner während Ihres Auftritts denken

1. Mir doch wurst.
2. Hässliche Schrankwand.
3. Ich muss pupsen.
4. Diesen Quatsch glauben die mir nie.
5. Heute abend sauf' ich mir die Birne mal richtig voll.
6. Ich glaube, ich verkaufe doch wieder lieber Versicherungen.

Hintergrundwissen

- *Frauen im US-Staat Minnesota können für 30 Tage ins Gefängnis wandern, wenn sie öffentlich als Weihnachtsmann verkleidet auftreten.*
- *Rentiere essen gern Bananen.*
- *In der finnischen Version lebt der Weihnachtsmann im lappländischen Korvatunturi. Neuerdings wird jetzt auch behauptet, dass er aus Rovaniemi kommt, besonders seitdem dort ein Santa Park eröffnet wurde.*
- *Isländer glauben nicht an den Weihnachtsmann, sondern an 13 kleine Weihnachtsmännchen.*
- *In Russland bringt Väterchen Frost die Geschenke – und zwar am 31. Dezember.*
- *Theoretisch müsste der Weihnachtsmann an Heiligabend etwa 380.000.000 Geschenke ausliefern: So viele Kinder christlichen Glaubens gibt es circa weltweit. Da ihm zum Verteilen 24 Stunden zur Verfügung stehen, wären das knapp 4400 Geschenke pro Sekunde.*

Werber

Alles in unserem Land wird ständig teurer. Verantwortlich dafür sind die Werber, deren exorbitantes Honorar sich selbst in einer Tütensuppe verbirgt. Den Instantfraß hat der Werber mal eben zum »Suppentraum« hochgedichtet, obwohl die Plörre riecht und schmeckt wie Katzenpisse. Diese Form der Lüge nennt der Werber Kreativität. Munter erfindet er beim Brainstorming in stundenlangen Meetings Pflanzensorten, die nirgendwo wachsen: die Piemont-Kirsche, die Byzantiner Königsnüsse und die Carmagnola-Minze. Und behauptet frech, dass mit dem »neuen« Super-Mega-Antikalk-Kraftreiniger die Küche ohne Putzen sauber wird. Eine weitere Spezialität des Werbers sind Probleme, die es gar nicht gibt. Etwa den mächtigen Nachnießer, den nur das tolle Tempo-Taschentuch schafft. Marketing ist eben alles im Leben. Die Bevölkerung unterteilt der Werber in Zielgruppen. Wer nicht zu einer Zielgruppe gehört, ist ein Idiot. Um die Zielgruppen gescheit aufs Kreuz zu legen, hat der Werber den Lifestyle und sogenannte Trends erfunden. Da verwandelt sich zum Beispiel der billige Plastikschrott von Alessi schwupps in pfiffige Designhighlights, für die die Zielgruppe an der Kasse willig Hunderte von Euro löhnt. Sind ja schließlich »Must Haves«, die in keinem Haushalt fehlen dürfen. Obwohl er Deutscher ist, denkt der Werber gerne auf Englisch. In seinem Leben ist alles XXCool, totally extreme, voll easy oder extra light. Das größte Problem mit Werbern ist, dass die Menschen ihnen wirklich glauben, wenn die Botschaft nur penetrant genug wiederholt wird. Und dann stehen Millionen Frauen und Männer verzweifelt neben ihren Waschmaschinen und fragen sich, wieso der Grasfleck mit dem neuen Turbo-Waschmittel bei 30 Grad nicht rausgegangen ist.

Die Fakten für den Stammtisch

Werber …
… tragen schwarze Klamotten. Gerne mal einen Rollkragenpullover oder eine gedeckte Krawatte. Im Trend liegen Kurzhaarschnitt und auffällige Brille.
… halten sich für Trendscouts, bloß weil sie mit einem Segway-Elektroroller ins Büro düsen!
… leben in Hamburg oder Düsseldorf.
… haben verrückte Lebensläufe.
… richten ihr Büro mit Designerprodukten ein, hocken auf Sitzbällen und strampeln in der Mittagspause an Fitnessgeräten.
… bilden sich ein, dass es wirklich einen Unterschied zwischen zwei verschiedenen Zigaretten-, Bier-, Mineralwasser- oder Waschmittelsorten gibt.
… träumen von Menschen, die beim Joghurtkauf nur an ihre Darmflora denken, die tierisch auf Kalorien achten und trotzdem mehrmals am Tag eine kleine Mahlzeit zwischendurch verdrücken.
… glauben, dass die Yogurette nicht dick macht und im Kinderriegel gesunde Milch ist.

Mit welchen fünf Sätzen wird man spontan zum erfolgreichen Art Director?

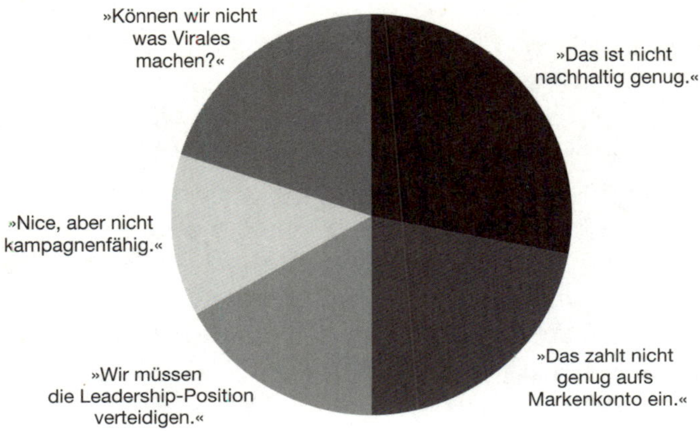

... glauben, dass es die Zuschauer für authentisch halten, wenn eine perfekt geschminkte attraktive Dame von einem Kamerateam scheinbar zufällig am Kühlschrank ihres eigenen Hauses gefragt wird, warum sie Milchschnitte kauft, und sie spontan antwortet: »Weil ich weiß, dass in der Milchschnitte genauso viel wertvolle Ballaststoffe sind wie in sieben Bananen.«
... überlegen sich mindestens zehn Gründe, warum der neue Spot für Becks-Bier unbedingt in der Karibik gedreht werden muss.
... wohnen in einer Altbauwohnung mit Stuckdecke und knallrotem Designer-Kanapee. Die Wände sind in der Trendfarbe Mauve gepinselt.
... vergleichen mit Vorliebe Äpfel mit Birnen. Etwa Kinder-Joghurts mit Steaks und Industrie-Schokoriegel mit Pralinen.
... fahren mintfarbene Porsche-Oldtimer oder einen Audi-Jahreswagen in Anthrazit-Metallic.
... halten es für ungemein pfiffig, wenn sie grammatikalischen Mist zusammendichten wie »Das König unter den Bieren«.
... haben Verbrauchertelefone erfunden, bei denen man sich mit jemandem auch noch um 22 Uhr über seinen Riesenappetit-Schwabentopf unterhalten kann.

... drucken Millionen von Hochglanzbroschüren, auf denen sie für umweltfreundliche Produkte werben.

Hintergrundwissen

- *In den meisten Reklamen stehen die Uhren auf 10.10 Uhr, weil so die Uhr freundlich lächelnd aussieht.*
- *Das Fruchtalarm-Kind aus der Froop-Werbung ist die Enkelin des Melitta-Mannes.*
- *Vor seiner Schaupielerkarriere machte Brad Pitt in einem Hühnerkostüm Werbung für eine Burger-Kette.*
- *Ottmar Hitzfeld blamierte sich bei Werbeaufnahmen für das Schweizer Unternehmen Green.ch. Er posierte mit einem iPhone, darunter eingeblendet heißt es, mit dem Luxus-Handy könne er auch unterwegs das Spieleraufgebot verschicken. Blöd: Hitzfeld hält das iPhone verkehrt herum.*

Englisch-Werbisch-Deutsch

Original	Bedeutung	Was der Deutsche versteht
It's an addiction	Macht süchtig	Es ist ein Süchtiger
Levi's – Live Unbuttoned	Lebe ungezwungen	Leben ohne Knöpfe
Broadcast yourself	Bringe dich selbst groß raus	Mache Deinen Brotkasten selbst
Come in and find out	Tritt ein und entdecke	Komm rein und finde wieder raus
Explore the City Limits	Erkunde die Grenzen der Stadt	Explosionen an der Stadtgrenze
Braun – Sense and simplicity	Sinnvoll und unkompliziert	Sinn und Einfalt

Zahnärzte

Keine andere Berufsgruppe in Deutschland – ausgenommen natürlich Politiker – darf seit Jahren so ungestraft lügen wie Zahnärzte: »Keine Sorge, das tut jetzt überhaupt nicht weh.« Dabei verursacht allein das Geräusch, das der Zahnarztbohrer macht, schlimme Schmerzen. Kontrolliert der Zahnarzt routinemäßig den Zustand der Beißer, gibt es Tadel und er mahnt die Benutzung von Zahnseide an, wohl wissend, dass er arbeitslos wäre, würde man seinen Rat befolgen. Nein, schaut man in die Augen seines Zahnarztes, entdeckt man dort nicht den wachsamen Blick eines um das Gemeinwohl besorgten Mitbürgers. In den Augen eines Zahnarztes sieht man nur eines: Gier.

Die Fakten für den Stammtisch

Zahnärzte ...
... fahren teure Sportwagen.
... haben ein vollautomatisches Wasserbecher-Einschenkgerät neben dem Behandlungsstuhl. Das Gerät erkennt sogar, wie viel man getrunken hat.
... haben Karies-Tabletten, bei denen immer sämtliche Zähne rot werden.
... finden Amalgam plötzlich ganz schlimm. Aber nicht etwa, weil Amalgam gefährlich ist, sondern weil sie 400 Euro pro Kunststoffplombe kassieren.
... haben es geschafft, dass mittlerweile jede Leistung vom Patienten selbst gelöhnt werden muss. Prophylaxe, Zahnreinigung, Kronen – alles kostet extra. Die Krankenkasse zahlt nur noch den Handschlag zur Begrüßung.

Was Zahnärzte eventuell auch können

Wurzeln schlagen
Übel an der Wurzel packen
Zu ihren Wurzeln zurückkehren
Die Wurzel alles Bösen finden

Hintergrundwissen

- *Lavendel lindert die Angst vorm Zahnarzt.*
- *Die Idee für die Entwicklung des Elektrischen Stuhls hatte ein Zahnarzt.*
- *In Tombstone, Arizona, ist es Männern wie Frauen über 18 Jahren gesetzlich untersagt, ihren Mund zu einem Lächeln zu öffnen, wenn dabei mehr als ein fehlender Zahn sichtbar wird.*
- *Mehr Zähne gehen durch Parodontose verloren als durch Karies.*
- *Die alten Hispanier reinigten sich die Zähne oft mit dem eigenen Urin.*
- *Beißt man im US-Bundesstaat Louisiana jemanden mit seinen natürlichen Zähnen, so wird diese Tat lediglich als »einfaches Vergehen« gewertet. Ein Biss mit den dritten Zähnen hingegen gilt als »schweres Vergehen«.*
- *Eine unzufriedene Patientin hat im hessischen Friedrichsdorf ihrem Zahnarzt einen Schneidezahn ausgeschlagen. Während einer Behandlung schlug sie ihm ohne Vorwarnung mit der Faust auf den Mund. Den Polizeibeamten sagte die Frau, sie wollte den Zahnarzt an ihren Zahnschmerzen teilhaben lassen.*
- *Die Zuckerwatte wurde von einem Zahnarzt erfunden.*

Die Schuldigen von nebenan

Deutschland wartet, dass es endlich vorwärtsgeht. Jeden Tag an den Kassen der Supermärkte, wo irgendwelche halbblinden tattrigen Rentner mitten in der Haupteinkaufszeit in ihrer Geldbörse nach einem Cent-Stück fingern. Mitmenschen sind eine Plage. Zum Beispiel die rotnasigen Alkoholiker, die von sich behaupten: »Ich hab das im Griff«. Oder die Nachbarn, die nicht nur laut, sondern auch ziemlich häufig Sex haben. Nicht einmal auf die Intellektuellen ist mehr Verlass. Statt über die Krise nachzudenken, sinnieren sie über ihre Schuld, weil sie als Dreijährige in der Waffen-SS gedient haben. Der deutsche Adel? Ist verarmt. Die Millionäre? Sind irgendwelche Internet-Nerds, die sich für alles interessieren, nur nicht für Geld. Und dann sind da noch die deutschen Eltern. Hoffnungsloser geht es nicht. Vom ersten Tag der Geburt an sind sie mit der Erziehung ihrer Kinder heillos überfordert und lesen Erziehungsratgeber im Dutzend. Aber es wird nicht besser. Das Ergebnis deutscher Erziehungsarbeit sind verzogene Bälger, die ein iPhone in drei Minuten hacken, aber keine Bücher mehr lesen. Dabei ist Erziehung doch so einfach. Man muss einfach nur Nein sagen.

Adlige

Adel verpflichtet. Doch wozu? Seien wir ehrlich, früher hatte der deutsche Adel noch Mumm und Schmiss. Die Führungselite des Landes hatte klare, für jedermann verständliche Regeln aufgestellt und scheute sich nicht, diese auch durchzusetzen. Jemand wilderte im Wald: Kopf ab! Jemand kochte sich einen Erkältungstee aus Kräutern: Auf den Scheiterhaufen mit der Hexe! War das Land zu klein, wurde Krieg geführt. Gerne auch mal hundert Jahre lang. Und heute? Alles nur noch Weicheier, die bei jeder sich bietenden Gelegenheit in Ohnmacht fallen und mit Riechsalz wiederbelebt werden müssen. Wie konnte es nur so weit kommen? Ist der traditionelle Inzest an der Verweichlichung des Adels schuld? Oder liegt es vielleicht daran, dass die Blaublüter nur noch Sportarten betreiben, bei denen sie selbst nicht schwitzen? Windhundrennen zum Beispiel. Das Einzige, was der deutsche Adel heutzutage richtig gut kann, ist verarmen. Und damit das letzte bisschen Restwürde auch noch flöten geht, wird – schwups – ein neureicher Zuhälter adoptiert, der sich fortan von seinen Freunden Messer-Charly und Neger-Kurti hochachtungsvoll mit Freiherr Baron von und zu Welfenstein anreden lässt. Das ganze Elend offenbart sich jedoch, wenn man auf die Beinamen schaut, mit denen seit Jahrhunderten die monströse Aristokraten-Titelage dem Unterschichten-IQ angepasst wird. Hieß die Crème de la Crème des Adels früher noch »Der Große« oder gar »Der Sonnenkönig«, reicht's heute nur noch für ein »der geile Depp« und »Prinz Pipi«.

Die Fakten für den Stammtisch

Adlige …

… lassen die Reporter von *Bunte* zu Hause auf dem Schloss in jede Schublade gucken. Hinterher wird eine schmachtende Homestory gedruckt, wie anstrengend es ist, den Stall mit 80 Pferden in Schuss halten zu lassen oder ein Galadiner für die 200 engsten Freunde der Familie zu organisieren.

… halten Journalisten plötzlich für Paparazzi, wenn sie über ihre Scheidung berichten wollen.

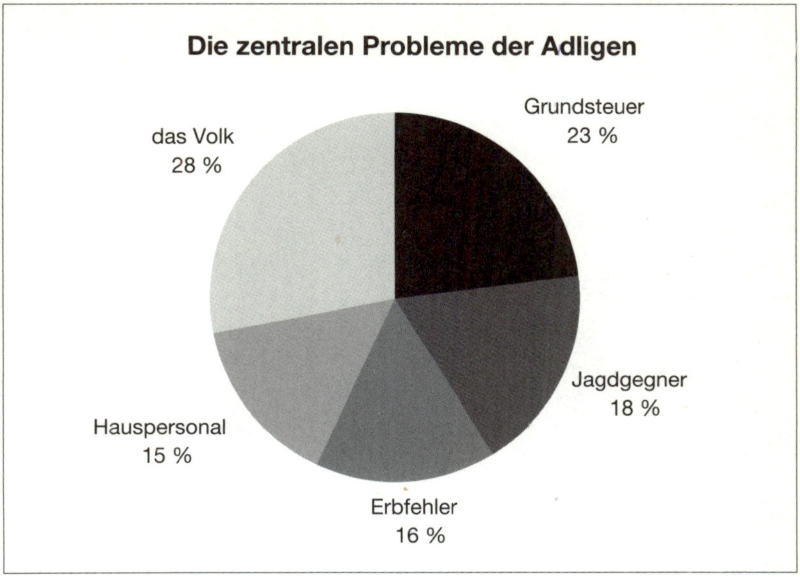

... klagen ständig darüber, wie schwer es ist, heutzutage gutes Personal zu finden.

... haben eine Klimaanlage, benützen aber trotzdem lieber den Fächer.

... vermehren sich inzestuös, das können auch Pelzmäntel, Kosmetika und Chirurgen nicht verbergen. Verlieben sich deshalb immer in Bürgerliche. Dabei geraten sie an Skandalnudeln wie ehemalige Pornodarsteller oder perverse Reitlehrer.

... lassen sich am Morgen vom Butler die Zeitung bügeln.

... brauchen eine Stunde, um zu unterschreiben, weil sie Comtesse von Goisern, dritte Infantin der spanischen Inquisition, Baronin Freifrau von Löffelholz zu Colberg – geborene Gerstenbichler – heißen.

... zerstreiten sich mit ihrem Sohn, weil der eine Bürgerliche heiraten will. Dass der Vater seit Jahren Alimente für vier uneheliche Kinder zahlt, wird dabei gerne vergessen.

... brauchen einen Großteil ihrer intellektuellen Kapazität, um herauszufinden, wie sie andere Adlige ansprechen sollen. »Eure Majestät«, »verehrte Durchlaucht«, »Herr Baron« oder einfach nur »Dieter«.

...haben ein schwarzes Schaf in der Familie, über das sie sich auf Galadiners das Maul zerreißen.
...stellen die Prinzessin der Herzen. Die ist und bleibt Beatrix von Belgien alias Hape Kerkeling.
...müssen ihr Schloss für Touristen rausputzen. Bei Führungen heißt es dann: »Die 8000 Quadratmeter im Westflügel sind nicht zu besichtigen, da wohnt der Baron noch drin.« Noch schlimmer dran ist der Landadel. Der muss in Vorabendserien in Cabriolets herumfahren.

Hintergrundwissen

- *Die Legende, dass der Adel blaublütig sei, hat seinen Ursprung bei den Arabern. Durch die helle Haut der Ritter (meist Adlige) waren die blauen Adern zu sehen. Echtes blaues Blut haben Krebse und Weichtiere. Das Hämocyanin hat im Eiweißkomplex Kupfer anstelle von Eisen und ist im oxigenierten Zustand blau. Mr. Spock hat übrigens grünes Blut.*
- *Adel ist nicht gleich Adel: Der bayerische Adel zum Beispiel war nicht sehr angesehen. Davon zeugt ein Zitat der Mutter des ehemaligen Staatssekretärs Karl Theodor Freiherr von und zu Guttenberg (seines Zeichens Großvater unseres heutigen Verteidigungsministers). Sie antwortete auf die Frage, ob sie nicht gern eine bayerische Gräfin geworden wäre: »Ein fränkischer Freiherr spuckt auf einen bayerischen Grafen.«*

Akademiker

Akademiker bekommen, wenn überhaupt, viel zu spät Kinder, was daran liegt, dass sich Akademiker schon bei der Partnersuche schwerer tun als Nichtakademiker. Während des Studiums wird zunächst nur gefeiert und wenn die Studis dann nach 35 Semestern bereit wären für eine Beziehung, verhindern ihre hohen Ansprüche, dass man den zukünftigen Partner beim Bowling oder in der Skigymnastik kennenlernt. Darum sind alle bei Elitepartner.

Die Fakten für den Stammtisch

Akademiker …

… schreiben »Dr.« auf ihr Klingelschild, obwohl sie in einer Geisteswissenschaft über ein völlig unsinniges Thema promoviert haben.

… versuchen noch zehn Jahre, nachdem sie das Studium beendet haben, mit ihrem alten Studentenausweis im Kino ermäßigte Karten zu bekommen.

… verweisen in Heiratsannoncen als Erstes darauf, dass sie Akademiker sind: Sprich: geringes Einkommen und totale Langweiler.

… finden keine Arbeit, weil sie überqualifiziert sind.

Was deutsche Akademiker studiert haben

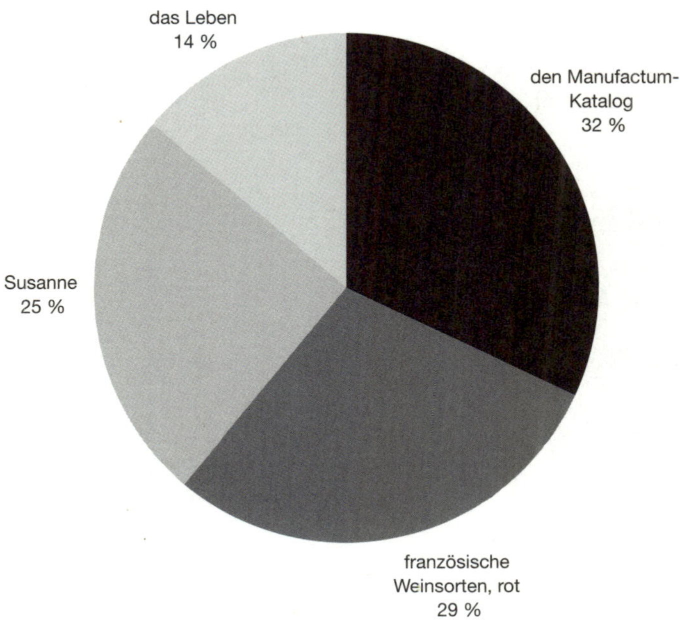

Die Sätze, die man kennen muss

»Na? Ein akademisches Viertel eingelegt?«
»Der Herr Professor.«
»Wehe, wenn die mal eine Glühbirne wechseln müssen.«

Hintergrundwissen

- *Akademiker heißen in Bayern »G'studierte«, was einen leicht negativen Beiklang hat.*
- *Erst im Jahr 1988 wurde nach 446 Jahren ausschließlich männlicher Studentenschaft mit Penelope Bell die erste Studentin zum Studium am Magdalene-College zu Cambridge zugelassen.*
- *26 Prozent der Akademiker trinken zu viel. Unglaublich, aber wahr: Je höher gebildet, desto mehr Alkohol trinken Menschen.*
- *In den USA befinden sich circa 1,6 Millionen Menschen in Gefängnissen. Der amerikanische Staat gibt ein Vielfaches dessen für den Unterhalt dieser Insassen aus, was er für Schulen und Universitäten ausgibt.*

Alkoholiker

Alkoholiker haben stets ein paar unauffällige Flaschen Cola oder Limo in ihrer Nähe, in die sie vorher einen halben Liter Hochprozentiges gemischt haben. Das garantiert ihnen einen kontinuierlichen Alkoholspiegel von 4,2 Promille im Blut, den sie brauchen, um nicht zu zittern anzufangen. Kommen sie in eine Alkoholkontrolle, denken die Polizisten, dass ihr Kontrollgerät kaputt ist. Wenn sie nach drei Jahren bei den Anonymen Alkoholikern den Entzug schaffen (»Ich bin Erwin und ich bin Alkoholiker«, Applaus) dürfen sie ihr ganzes Leben lang kein Mon Cherie mehr anrühren.

Die Fakten für den Stammtisch

Alkoholiker …

… sind rotnasige Choleriker mit grobporigen Nasen und fettigen Haaren. Es gibt sogar eine typische Alkoholikerfrisur: Halblange Haare, die gerade nach hinten gekämmt werden und ohne Fremdpomade halten.

… sind arbeitslos oder verbeamtet, bei der Post, Bundesbahn oder Bundeswehr.

… zittern so, dass sie eine Stunde brauchen, um ihre Tür aufzusperren.

… kaufen am liebsten bei Aldi, weil da der Alkohol gleich hinter dem Eingang rechts steht.

… kaufen 30 Piccolo-Flaschen Sekt, zur Tarnung. Die ganz Harten nehmen gleich eine Kiste Korn.

… trinken morgens vor dem Frühstück einen Schluck von ihrem Aftershave.

Gute Gründe, wieso man schon nachmittags einen Prosecco trinken muss

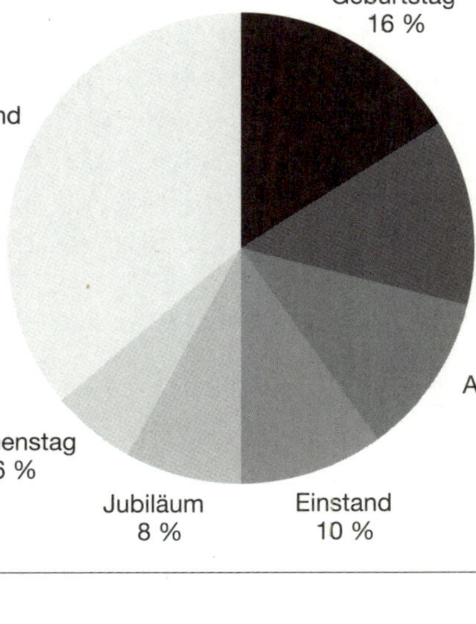

Die Sätze, die man kennen muss

»Ich hab' das im Griff.«
»Ab wann ist man eigentlich Alkoholiker?«
»Kein Alkohol ist auch keine Lösung.«
»Jeden Tag ein Glas Rotwein ist sogar gesund!«
»Jetzt brauch' ich erst mal einen Schnaps.«
»Das ist Medizin.«
»Ganz schlimm finde ich ja das Komasaufen bei Jugendlichen.«
»Ah, ein Feierabendbierchen.«
»Aber Marihuana ist verboten!«

Hintergrundwissen

- *Marilyn Mansons Lieblingsalkoholgetränk ist Absinth.*
- *Römischen Legionären war der Konsum von Wein ausdrücklich vorgeschrieben, da dieser wegen des Alkohols meist weniger Keime als Wasser enthielt.*
- *In Fairbanks, Alaska, wandert man in den Knast, wenn man einem Elch Alkohol gibt.*
- *Bei Studien hat sich gezeigt, dass sich gestresste Mäuse mit Alkohol entspannen. Tiere, die an Alkohol gewohnt waren, steigerten ihren Konsum nach belastenden Erlebnissen.*
- *Man wird betrunken, wenn man in alkoholischen Getränken badet.*
- *Kaum ein Land der Erde kann in seiner Geschichte auf eine so mächtige Alkoholgegner-Lobby verweisen wie Norwegen. Noch heute gibt es ganze Ortschaften und Täler, in denen kein Alkohol verkauft wird, und selbst in Oslo werden um 20 Uhr (sonnabends um 18 Uhr) in den Lebensmittelläden die Bierregale zugedeckt und die Kühltruhen abgeschlossen, auch wenn die Läden bis 23 Uhr geöffnet haben.*

Alleinerziehende

Die Statistiken sprechen für sich: Deutschland schafft die Familie ab. Seit Jahrzehnten ist dieser Trend zu beobachten, inzwischen geht jede zweite Ehe in die Brüche und das Nachsehen haben die Kinder, die nun sehen müssen, wie sie mit den neuen Lebensgefährten von Papa und Mama zurechtkommen. (»Hallo, ich bin der Erwin.«) Jedes zweite Wochenende muss dann der getrennt lebende Elternteil besucht werden, was spätestens zu Beginn der Pubertät kräftigen Widerwillen auslöst. Auf beiden Seiten.

Die Fakten für den Stammtisch 

Alleinerziehende …
… verschweigen, dass sie ein kleines Kind haben. Erst beim dritten Date wird der Partner stutzig: »Du Renate, warum hast du eigentlich so viele Malbücher?«

Die häufigsten Probleme von Alleinerziehenden

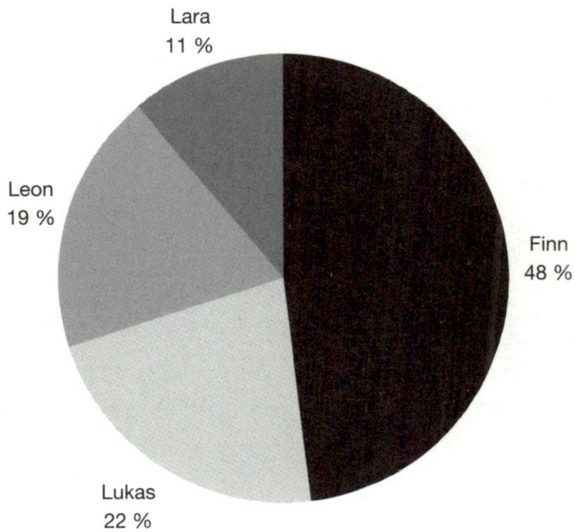

… geben Kontaktanzeigen auf, in denen es heißt: »Paul (2) und seine Mama suchen einen liebevollen Mann fürs Leben.«
… vergessen, ihr Kind abends von der Kita abzuholen.
… haben Kinder, die abends ins Schlafzimmer kommen, wenn Mutti und der potenzielle neue Vati heißen Sex haben wollen. Das Kind heult rum, dass es einen Albtraum hatte, und legt sich ungefragt zwischen beide in die Ritze.

Die Sätze, die man kennen muss

»Du hast mir gar nichts zu sagen, du bist gar nicht mein Papa!«
»Bei Papa darf ich aber … »
»Könnt ihr mal ganz kurz auf Jacqueline aufpassen, es wird auch nicht lange dauern.«

Sätze, die nur Alleinerziehende zu hören bekommen

»Muss ich mir den Onkel merken?«
»Sag dem Onkel, dass ich Lakritze hasse.«
»Sag dem Onkel, dass er nicht mein Papa ist.«
»Sag dem Onkel, dass ich ihn hasse.«
»Wo ist eigentlich der andere, nette Onkel?«

Auswanderer

Unsere Elite verlässt das Land und verzweifelt im portugiesischen Supermercado, weil es nicht mal Crème fraîche gibt. Sie können auch nicht danach fragen, weil sie der festen Überzeugung waren, sie lernen die Sprache am besten vor Ort und nicht im Sprachkurs. Was man nicht im Fernsehen sieht, ist, dass die irgendwann wieder nach Deutschland kommen, und zwar spätestens dann, wenn sie merken, dass der spanische, norwegische oder thailändische Staat an Sozialschmarotzer kein Hartz IV bezahlt.

Die Sätze, die man kennen muss

»Spätestens in einem Jahr sind die wieder da.«
»Die ganze Zeit Sonne wäre nichts für mich. Ich brauche den Wechsel der Jahreszeiten.«
»Auf die werden sie gewartet haben.«
»Am meisten vermisse ich das deutsche Brot.«
»Deutsches Fernsehen muss schon sein.«
»Die Spanier/Australier/Kanadier sind da ja ganz anders.«
»Äh, wie heißt das noch gleich auf Deutsch?«
»Was vermisst du am meisten?«
»Wie ist das Wetter?«
»Schmeckt das spanische/norwegische/thailändische Bier?«
»Träumst du auf Deutsch oder auf Spanisch/Norwegisch/Thailändisch?«
»Bist du bei der WM für Deutschland oder für …?«

Hintergrundwissen

– *Deutsche Auswanderer brachten das Kegelspiel mit in die Vereinigten Staaten. Dort spielte man es schon bald in vielen Wirtshäusern auf eigens gebauten Lattenbahnen. Aber das Spiel auf »alle Neune« wurde schon bald behördlich verboten, weil es dabei zu hohen Wetteinsätzen und Wettbetrug kam. Um das Verbot zu umgehen, erfand ein Engländer das Kegeln mit zehn Kegeln, die sie »Pins« nannten. Das Spiel selbst nannten sie »Bowling«.*

Autofahrer

Preisfrage: Was haben CSU-Wähler und Migrantenkinder gemeinsam vor der Tür? Klare Antwort: einen BMW. Wer jetzt »Mercedes« gedacht hat, hätte in der Schnittmenge »CDU-Wähler« und »Migranteneltern« recht. Es lohnt sich, darauf mal einen Blick zu werfen, wer welches Auto oder welche Marke fährt. Das ist lustig, denn hier trifft man die unterschiedlichsten Käufer beim gleichen Auto. Und viele haben dann noch eine Gemeinsamkeit: Sie lesen zwar sonst so gut wie nichts – aber das ADAC-Blättchen haben sie auch alle. Die Liste erhebt keinen Anspruch auf Vollständigkeit und erst recht nicht auf Richtigkeit oder gar wissenschaftliche Unterstützung.

Die Fakten für den Stammtisch

Autofahrer …
… wundern sich, dass die Regierung die Mineralölsteuer um 6 Cent erhöht, das Benzin aber um 15 Cent teurer wird.
… suchen stundenlang nach einem Parkplatz. Dabei müssen sie feststellen, dass der einzige freie Parkplatz im ganzen Viertel ein Behindertenparkplatz ist. Der war allerdings noch nie besetzt.
… haben ein Bild im Führerschein, das so übel aussieht, dass sie sich ihr ganzes Leben lang dafür schämen.
… begegnen in engen Straßen grundsätzlich einem Müllwagen.
… machen beim Einparken folgenden Uraltwitz: »Habe ich noch Platz? Klar, wenn's kracht, noch einen halben Meter.«
… fahren gerade dann in den Tunnel, wenn im Radio ihr Lieblingslied kommt.

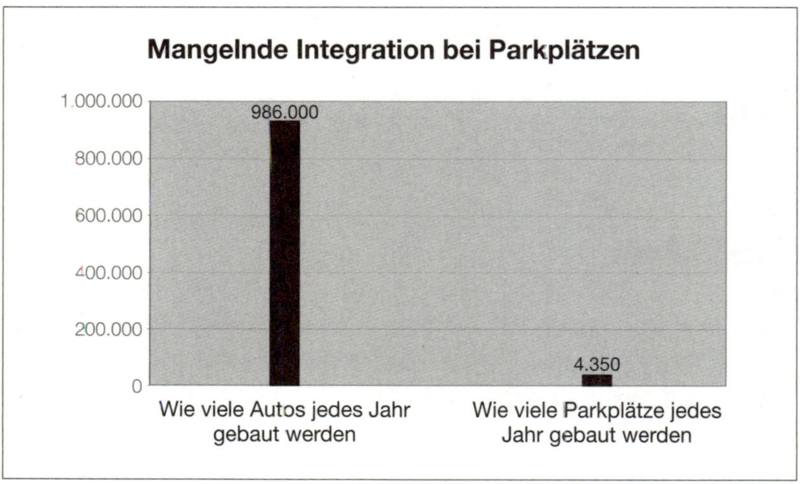

… stehen am Bahnübergang und haben den Eindruck, dass der Güterzug, der vorbeizuckelt, 70 Kilometer lang ist.
… fahren zehn Jahre unfallfrei und entschließen sich deswegen, auf Teilkasko umzusteigen. Die Tinte unter dem Vertrag ist noch nicht trocken, als sie den Wagen beim Einparken in ein Schaufenster setzen.

Wer fährt was?

Alfa Romeo: Pizzabäcker, Grafikdesigner
Audi: Handelsvertreter, Spießer, Pharma-Referenten, Rentner
Aston Martin: Millionäre, Antiquitätenhändler, Modemacher, James Bond, Adlige
Bentley: siehe Aston Martin
BMW: CSU-Wähler, CSU-Politiker, Migrantenkinder, Rapper, gehobener Mittelstand
Bugatti: Superreiche, Stars und superreiche Zuhälter, zahlungskräftige Sammler
Mercedes Benz: Unternehmer, weniger reiche Zuhälter, CDU-Wähler, Migranten, gehobene Mittelschicht, Janis Joplin, Sinti und Roma
Chevrolet, Chrysler, Corvette: Niemand, bis auf Onkel Peter
Citroën: Frankophile, Europa-Freunde
Ferrari: Alle, die es sich irgendwie leisten können
Fiat: Pizzabäckergehilfen, Studenten
Ford: siehe Audi
Jaguar: Werbefritzen, Börsenspekulanten, Immobilienhaie, Kredithaie
Land Rover: Geschäftsführer, Jäger, Schauspieler, Bauern, Schausteller
Mini: Frauen
Opel: Arbeiter, Rentner
Peugeot: Jedermann
Porsche: Werbefritzen, Janis Joplins Kumpels
Renault: junge Frauen, alte Frauen
Seat: Alle, die sich einen neuen VW nicht leisten können
Škoda: Alle, die sich einen Seat nicht leisten können
Smart: Zweit-, Dritt- und Viertautofahrer
Toyota: Wer bremst, verliert alles, außer Geschwindigkeit

Volkswagen: Abgeordnete, Besserverdienende, Handelsvertreter und Reisende
Volvo: Architekten (Ratenzahlung), Lehrer

Die Sätze, die man kennen muss

»Bieg halt endlich ab, du Depp.«
»Grüner wird's nicht!«
»Hat der Tomaten auf den Augen?«
»War mir klar, dass da eine Frau fährt!«
»Ab 60 sollten die Reaktionstests einführen.«
»Wenn du mir noch einmal reinredest, kannst du selber fahren. Oder aussteigen.«
»Alles voller Holländer.«
»Die sollten für die Holländer auch Maut einführen. Und für die Franzosen.«
»Na toll. Immer wenn man das Navi wirklich bräuchte, hat es keinen Empfang.«
»Jetzt hört endlich auf zu streiten oder ich komm hinter.«
»Wie, auf's Klo? Wir waren vor zehn Minuten tanken.«
»Uns ist schlecht.« – »Sind wir bald da?« – »Wann sind wir da?« – »Der ärgert mich immer!«
»Fahr halt mal langsamer!«
»Vertragswerkstätten zocken einen doch nur ab.«
»Heutzutage kann man keine Zündkerze selber wechseln. Ist alles elektronisch.«
»Was bedeutet denn das Warnsignal, das da leuchtet?«

Hintergrundwissen

– *Die schlechtesten Autofahrer Deutschlands sind Bayern, dann kommt lange nichts und dann die Hauptstädter. Laut der jährlichen Regionalklassen-Statistik des Gesamtverbands der Deutschen Versicherungswirtschaft (GDV) wohnen die schlechtesten Auto-*

fahrer der Republik in Kaufbeuren. Auf Platz zwei der Liste mit den teuersten Haftpflicht-Gebieten folgen die Passauer. Erst dann kommt auf Platz drei Berlin.

- *Die Positiv-Liste der »besten« Autofahrer weist die Ossis als die Streber der Nation aus: Elbe-Elster in Brandenburg, Mecklenburg-Strelitz in Meck-Pom und Oberspreewald-Lausitz in Brandenburg belegen die ersten drei Plätze in dieser Reihenfolge.*
- *Nirgendwo in der EU wird so viel mit Alkohol im Blut gefahren wie in der Bundesrepublik Deutschland: von 96.190 überprüften Fahrern hatten 10.647 zu viel getrunken. Das sind 11 Prozent. Der absolute Spitzenreiter in Sachen Drink & Drive ist außerhalb der EU zu finden. In Moldawien fuhren knapp die Hälfte aller kontrollierten Autofahrer betrunken (45 Prozent). In Europa sterben übrigens jährlich 40.000 Menschen bei Verkehrsunfällen, in denen Alkohol eine Rolle spielt.*
- *Senioren fahren sicherer: laut einer Studie verursachen die 60- bis 65-jährigen Autofahrer die wenigsten Unfälle. Erst ab 70 Jahren steigt die Rate an. Die meisten Crashs bauen die Anfänger bis 24 Jahre. Nicht in der Studie sind allerdings all die Unfälle enthalten, die man wegen übervorsichtig herumschleichenden Rentnern baut.*
- *Laut AXA-Verkehrssicherheits-Report 2008 gelten die Deutschen als die besten Autofahrer in Europa. Auf Platz zwei und drei folgen die Briten und die Schweizer.*
- *Lada Nova übersetzt der Spanier »Lada no va«, »Lada« geht nicht. In Puerto Rico wollte niemand einen haben.*

Babys

Kleinkinder stellen stets die aktuellste Stufe der Entwicklung des Menschen dar und sind somit evolutionär hochwertiger als die Elterngeneration. Die alltägliche Beobachtung, dass Eltern von ihren Kindern erzogen werden, geht auf diese Einsicht zurück und ist ihre logische Konsequenz.

Die Fakten für den Stammtisch 

Babys …
… schlafen, schreien, kacken.
… schreien und kacken eigentlich hauptsächlich. Schlafen tun Babys nur, um frische Energie für mehrstündige Kreischattacken zu sammeln.
… machen, dass ihre Väter die Welt mit anderen Augen sehen. »Du hältst das kleine Bündel das erste Mal in den Händen und plötzlich weißt du es.« – »Was?« – »Das kann man nicht sagen, das musst du selbst erleben.«
… sind verknautscht und haben Ausschlag. Die Eltern finden ihr Baby immer schön und fragen: »Sieht er nicht goldig aus?« Sie wollen keine ehrliche Antwort.
… können länger schreien, als ihre Eltern Nerven haben. Kurz bevor die Eltern heulend zusammenbrechen, lächelt das Baby sie aus seinen blauen Augen an und alles ist wieder gut.
… werden von einem Fotoatelier mit Weichzeichner auf einem Eisbärenfell fotografiert.

Die Sätze, die man kennen muss

»Killekillekille.«
»Dass die Leute mit kleinen Kindern immer in dieser Babysprache reden müssen.«
»Guckuck – daaa.«
»Wenn eine Frau nicht stillen will, wird sie behandelt wie ein Schwerverbrecher.«
»Babys kennen die Stimmen ihrer Eltern noch aus dem Bauch.«
»Diese Beschallung mit klassischer Musik und Englisch-Lernkasetten, wenn die Babys noch gar nicht geboren sind, das ist schon übertrieben.«
»Zweisprachig aufwachsen, das wär's, so einfach lernt man eine zweite Sprache nie mehr.«

Der typische Tagesablauf von Babys

Was man denkt, was ein Baby macht

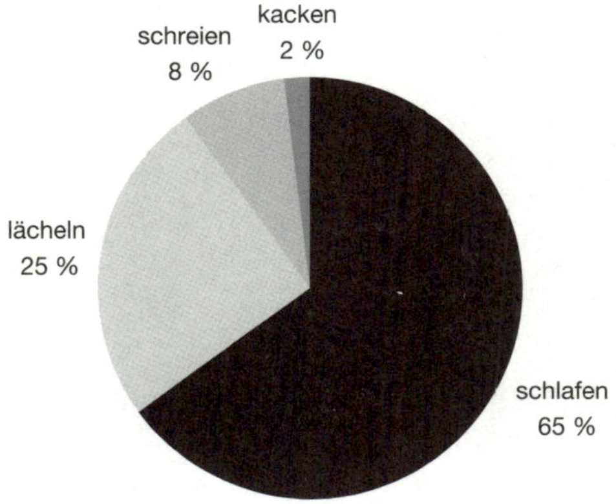

Was das Baby tatsächlich macht

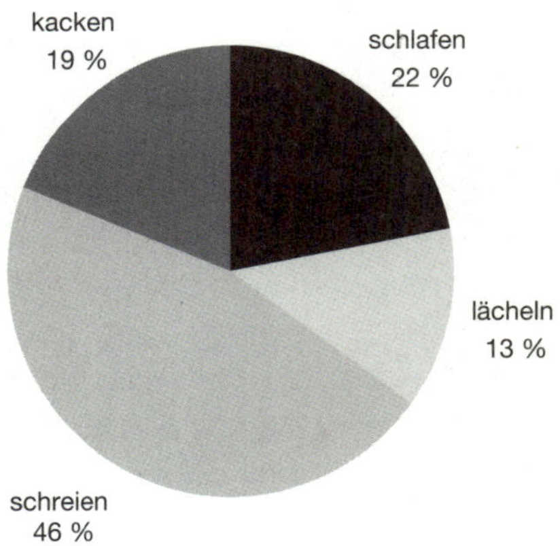

Hintergrundwissen

- *Der Papst hat im Jahr 2006 die Vorhölle abgeschafft, das heißt dass die Seelen ungetaufter toter Babys nun in den Himmel aufsteigen können.*
- *Wie Menschen kommunizieren auch Affen per Babysprache mit ihrem Nachwuchs. Bei einer Gruppe von Rhesusaffen bemerkten Forscher, wie diese die Tonart veränderten, wenn sie sich jungen Äffchen zuwandten.*

Betrüger

Betrug ist eine sehr interessante Alternative zu ehrlicher Arbeit. Betrug kann nämlich durchaus ehrbar sein, hohe Renditen abwerfen und Freude machen. Wenn man zum Beispiel Steuerbetrug im großen Stil vollzieht. Rennfahrer und Promis tun das ziemlich offen, in dem sie einfach ihren Wohnsitz ins steuerlich günstigere Ausland verlegen. Das Einzige, was uns zu diesem Betrug einfällt ist: »Würde ich an seiner Stelle auch machen.« Auch gut: Wirtschaftsverbrechen. Ein leitender Bankangestellter, Vorstands- oder Aufsichtsratsvorsitzender kann jahrzehntelang Anleger, Staat und Gott und die Welt um Millionenbeträge prellen und dabei ein Günstling der Medien bleiben, der Kanzlerin ein Geburtstagsessen spendieren oder groß im Charity-Geschäft einsteigen. Das ist dreist, beneidenswert und unheimlich clever. Die Jungs spielen den ganzen Tag Golf, gehen in sehr gute Restaurants zum Business-Dinner, düsen in ihrem Privatjet durch die Gegend und stellen sich anschließend hin, um all den todmüden Maurern, die daheim vor der Glotze hocken, mitzuteilen, dass sie dafür »ihr Leben lang hart gearbeitet« hätten. In der Kategorie Eierdieb lohnt sich Verbrechen natürlich nicht. Unverhältnismäßig hohe Strafen, schlechte Arbeitsbedingungen, hohes gesundheitliches Risiko. Und das sind noch die kleinsten Übel. Wird man öfter erwischt, muss man sich zu aller Schande auch noch auf seinen fürchterlichen sozialen Hintergrund berufen, aus dem man eben stammt. Und dann geht es richtig los. Schon soll man keine Kinder mehr kriegen, weil man damit den Intelligenzquotienten der Bundesrepublik auf lange Sicht versaut. Oder weil die Kinder dann ihre angeborenen Dispositionen und Verhaltensweisen ausleben, die ja nicht so gut sind, wie man selbst bewiesen hat. Viel besser ist: richtig bescheißen und seinen trotteligen Kindern eine Elite-Uni bezahlen. Das ist dann gut für die kulturelle Evolution.

Die Fakten für den Stammtisch

Betrüger ...
... haben ein »von« in ihrem Namen, fahren mit großen Limousinen vor und versprechen Traumrenditen von garantiert über 40 Prozent.
... bekommen von der Bank ein Darlehen über 800 Millionen Euro, das sie in den Sand setzen. Als Nichtbetrüger muss man der Bank schon für 1000 Euro eine Bürgschaft bieten.
... nehmen Schwachköpfe aus. Die größten Idioten finden sie mit folgender Annonce: »Wer will 12.000 Euro nebenberuflich verdienen – ohne Vorkenntnisse?« Bevor die Interessenten den Job kriegen, müssen sie nur eine relativ kleine Bearbeitungsgebühr von 500 Euro bezahlen.

Die Sätze, die man kennen muss

»Ich bin ja ein ehrlicher Mensch. Aber so was wie Ocean's Eleven würde mich auch reizen.«
»Verbrechen lohnt sich doch.«
»Immobilienmakler/Börsenmakler/Finanzberater/Pharmaunternehmen sind doch alles Gauner.«
»Dem trau ich nicht mal so weit, wie ich ihn werfen könnte.«
»Ehrliche Arbeit lohnt sich doch gar nicht mehr.«
»Brauchen wir eine Rechnung – oder geht das ›so‹?«
»Sind wir ehrlich – ein bisschen bescheißen wir doch alle.«
»Meld' das halt einfach deiner Haftpflichtversicherung.«
»Wozu hab ich eigentlich eine Versicherung?«
»Ich hab' schon so viel Beiträge an die Versicherung bezahlt, da können die auch mal was für mich tun.«

»Was heißt da, die Kaufhäuser sind dagegen versichert? Wenn die Assos was klauen, zahlen wir das durch höhere Preise mit!«
»Betrug würde ich das nicht nennen. Das bisschen Druckerpapier wird meine Firma schon nicht in den Ruin treiben.«
»Die müssen sich nur selbst anzeigen, ein paar Steuern nachzahlen – und kommen dann ungeschoren davon. Das ist schon der Hammer.«

Hintergrundwissen

- *Nur 1 Prozent aller überführten Betrüger ist weiblichen Geschlechts.*
- *Nach einer aktuellen Statistik der Arbeitsagentur wurden im Jahr 2009 nur 1,9 Prozent der Hartz-IV-Empfänger wegen einer Gesetzesverletzung durch Missbrauch sanktioniert.*
- *Nur 13.000 von 6,5 Millionen Hartz-IV-Empfängern wurden wegen Schwarzarbeit angezeigt. Das ist ein Anteil von lediglich 0,2 Prozent.*
- *Nirgends in Deutschland wird so viel betrogen wie in Düsseldorf. Mit 79.864 Straftaten führt es die Bundesrepublik an.*
- *Frauen sind blöd, Männer sind blöder: 1,67 : 1 ist der Trottel-Index zwischen Männern und Frauen. Das amerikanische Internet Crime Complaint Center (IC3) ermittelte, dass für jeden Dollar, um den sich Frauen im Internet prellen lassen, Männer im Durchschnitt 1,67 Dollar verlieren.*

Drogenkonsumenten

Der Stolz der deutschen Drogenkonsumenten hat einen dramatischen Wandel erfahren: Das klare Ja zu Drogen mit all seinen Konsequenzen ist durch die Verweichlichung zu einem »Ja, aber…« pervertiert. Der stringenten Kette von Drogensucht – Beschaffungskriminalität/Prostitution – Tod sieht sich so manches Weichei nicht mehr gewachsen. Der Drogenkonsum soll dank Methadon und Therapie mit einem geregelten Job und der Partnerschaft in Einklang gebracht werden, ein Unterfangen, was selbstverständlich zum Scheitern verdammt ist und stellvertretend für unser Land steht.

Die Fakten für den Stammtisch

Drogenkonsumenten …
… sind gerne mal etwas nachlässig gekleidet.
… haben Augen, als hätten sie den ganzen Tag im Chlorwasser geplanscht.
… fahren nach Amsterdam in den Urlaub.

Lassen sich in folgende Gruppen unterscheiden

Kokain-Schnupfer sind neureiche Schicki-Mickis, die Papis Millionenerbe verkoksen und sich nebenbei mit Edelnutten vergnügen.

Heroin-Abhängige sind verwanzte Gestalten, die an Bahnhofstoiletten herumstehen und palettenweise Hustensaft saufen.

Hasch-Raucher sind langhaarige Hippies, die mit glasigem Blick Janis-Joplin-Gekreische lauschen und über die dümmsten Kalauer lachen bis die Backen schmerzen.

Fliegenpilz-Schlucker sind durchgeknallte Öko-Esoteriker, die keine Dealer kennen und trotzdem mal stoned sein wollen. Leider wird ihnen nur speiübel.

Ecstasy-Konsumenten sind gepiercte Techno-Freaks, die vier Tage lang durchtanzen und anschließend 96 Tage lang totalen Mist reden.

Die Sätze, die man kennen muss

»Ich hab' das im Griff.«
»Ich habe auch alles probiert, bis auf Heroin.«
»Alkohol ist ja viel schädlicher als Marihuana.«

Hintergrundwissen

- *Coca-Cola sollte ursprünglich als Medizin dienen und enthielt in seiner ersten Rezeptur Kokain.*
- *97 Prozent aller Euroscheine enthalten Rückstände von Kokain.*
- *Heroin und Aspirin wurden 1887 von Felix Hoffmann bei den Bayer-Werken entwickelt. Als Arzneimittel wurde Heroin gegen Husten, Schmerzen, Depression, Bronchitis, Asthma, Halluzinationen, Epilepsie, Nymphomanie, Masturbationszwang und Magenkrebs eingesetzt. Eine Nebenwirkung des Heroins ist Verstopfung, eventuell auch Benommenheit und Schwindel. Heroin hat ein sehr geringes Suchtpotenzial, wenn es oral aufgenommen wird, da es nur langsam ins Gehirn gelangt. Der auf Injektion folgende »Flash« bleibt aus.*
- *Im August 2010 entdeckten kanadische Polizisten eine Cannabis-Plantage, die von Bären, Waschbären und Schweinen bewacht wurde. Die wilden Tiere waren allerdings nicht sehr angsteinflößend. Sogar die sonst unberechenbaren Schwarzbären verhielten sich außerordentlich ruhig. Sie waren nämlich bekifft. Die Polizei geht davon aus, dass den Tieren Cannabis ins Futter gemischt wurde, um sie zahmer zu machen.*
- *Der älteste bekannte mutmaßliche Kiffer der Welt war ein Chinese: In einem Grab am Rand des Tianshan-Gebirges fanden Forscher 2700 Jahre altes Marihuana. In der Grabkammer lag knapp ein Kilogramm davon in einem Gefäß aus Holz.*
- *Laut* Times of India *war es in Indien eine Weile populär, sich am Gift von Skorpionen zu berauschen. Fahrende Händler, so schrieb die Zeitung, böten die Droge im Bundesstaat Gujarat an. Ein Skorpionstich, der zu einem tranceartigen Zustand führe, koste 4 Euro.*

Eltern

Wenn jemand Schuld hat, dann sind es die Eltern. Schuld, Schuld, Schuld. Sie sind die Totalversager der Nation. Sie schieben die Fäulnisprozesse an, verzehren die gesellschaftliche Substanz, unterwandern die kulturelle Evolution. Sie setzen dumme Kinder in die Welt, erziehen ihre dummen Jasons, Kevins, Dustins, Chantals und Yvonnes nicht ordentlich und die setzen dann noch dümmere Kinder in die Welt, die dann wiederum saudumme Kinder bekommen, und die pflanzen sich dann so lange fort, bis sie wieder auf Bäumen hocken und Angst vor Feuer haben. Das gilt jetzt aber nur für Eltern aus sozial schwächeren, bildungsfernen Haushalten. Gebildete Eltern sind noch schlimmere Rohrkrepierer. Weil sie eben nur die Karriere im Kopf haben und maximal einen Leon oder eine Paula bekommen. Der Leon mag aber die Chantal überhaupt nicht, wenn er mal groß ist. Der Leon, das ist wirklich traurig, stirbt also aus. Und Chantal – na ja, die hat wenigstens viel Spaß auf den Bäumen.

Die Fakten für den Stammtisch 

Eltern …

… predigen, dass die Kinder alles aufessen sollen, was auf dem Teller ist, bis sie merken, dass für den kleinen Fettwanst eine Diät angebracht wäre.

… streiten sich die gesamte Dauer der Schwangerschaft, wie das Kind heißen soll. Am Ende entscheidet (wie immer) die Frau.

… nehmen Spucke, um ihren Kinder die Backe sauber zu machen.

… gleichen sich intellektuell ihrem Baby an: »Ja, wo issi Entilein? Wo hassu denn dein Handi?« Oder sie sprechen mit dem Baby, als wäre es ein Intellektueller.

… müssen feststellen, dass ihr Kind keinem Elternteil ähnlich sieht.

… behaupten, dass ihre Kinder schon im Alter von drei Monaten durchgeschlafen haben, mit sieben Monaten sauber waren und mit neun Monaten laufen können. Was alles gelogen ist.

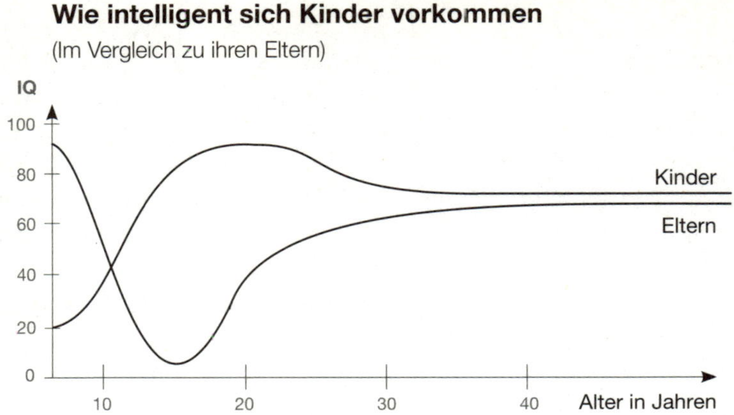

…werden von ihren Kindern angebettelt, ob sie ihnen nicht einen Hund als Haustier schenken. Sie müssen dann jahrelang mit dem blöden Köter Gassi gehen.

…verbieten ihren Kindern fernzusehen, während sie im Theater sind. Nach der Vorstellung kommen sie nach Hause und prüfen als Erstes, ob der Fernseher noch warm ist. Er ist warm. Beim nächsten Mal verstecken die Eltern das Kabel vom Fernseher im Kleiderschrank unter der Bettwäsche. Der Fernseher ist wieder warm. Schließlich nehmen sie das Kabel mit ins Theater.

…prahlen vor ihren Freunden damit, wie toll ihr Kind mit zwei Jahren schon sprechen kann. »Komm mal her, Leon. Sag doch mal der Tante und dem Onkel, was du heute gemacht hast.« Leon steht völlig verstört im Wohnzimmer und bringt keinen Ton hervor.

…kriegen tierisch Ärger mit ihren Kindern, wenn sie statt Nutella eine andere Nuss-Nougat-Creme anschleppen.

…schimpfen ihr Kind, wenn es das Wort »Scheiße« in den Mund nimmt. Fragen ihr Kind: »Wo hast du denn das aufgeschnappt?« Das Kind traut sich nicht zu sagen: von Papi beim Fußballschauen.

…erzählen ihren Kindern von Karies und Baktus, die sehr böse zu den Zähnen sind, und legen ihnen deshalb jeden Morgen ekelhafte Graubrotschnitten und mehlige Äpfel in die Schultasche.

… füttern ihre Kinder, wenn sie nicht essen wollen, indem sie ihnen Ehrenlöffel auf Verwandte in den Mund stopfen: »Ein Löffelchen für Onkel Erwin, ein Löffelchen für Tante Martha … «
… können ihren Kindern ab der siebten Klasse nicht mehr bei den Mathehausaufgaben helfen.
… wollen ihre Kinder im Alter von 14 Jahren nicht alleine in den Urlaub fahren lassen. Sie selbst wollten mit 14 Jahren genau dasselbe und wissen nur zu gut, was alles in diesem Urlaub passiert ist.
… möchten, dass ihr Kind Violine spielen lernt oder sonst irgendein Instrument. Das bereuen sie anschließend jeden Nachmittag.
… haben Streit mit ihren Kindern, die sich etwas unbedingt wünschen. Auf das Argument: »Alle anderen Kinder haben das auch,« antworten sie: »Wenn alle anderen Kinder aus dem Fenster springen, springst du dann hinterher?«
… fahren jedes Jahr zusammen mit allen anderen Eltern einen Tag nach Ferienbeginn in den Urlaub. Die erste Urlaubswoche verbringen sie deshalb im Stau. Nach zwei Wochen Ferien fahren alle wieder gemeinsam nach Hause.
… wundern sich, dass ihre Kinder heutzutage immer noch mit einem Jojo spielen. Oder mit Seifenblasen.

Die Sätze, die man kennen muss

»Der hat jetzt zu viel Zucker gegessen, deswegen beruhigt er sich nicht.«
»Magst du noch ein Arnika-Globuli?«
»Dann bring' ich den Kollegen mal ins Bett.«
»Wir verfolgen da einen ganzheitlichen Erziehungsansatz.«
»Zu Hause macht der das nie.«
»Der ist jetzt halt ein wenig aufgedreht. Er hat heute Mittag nicht schlafen wollen.«
»Das kannst du mit deiner Mutter machen, mit mir nicht!«
»Leon! Zu Hause haben wir das aber anders gelernt.«

Hintergrundwissen

- *Deutsche Pärchen heiraten immer später. Bei Männern stieg das Durchschnittsalter von 29,8 Jahren im Jahr 1985 auf 36,5 im Jahr 2006. Bei ihren Bräuten im gleichen Zeitraum von 26,7 auf 33,3.**
- *Der häufigste Bildungsabschluss der Eltern von Gymnasiasten ist die Fachhochschul- oder Hochschulreife (58,4 Prozent). Bei Realschülern waren hingegen die meisten Eltern auch auf dieser Schule – genauso wie bei Hauptschülern.*

Zwar gibt es keine amtliche deutsche Vornamenstatistik, aber es gibt Beliebte-Vornamen.de. Hier ist das vorläufige Ergebnis einer Zwischenauswertung vom 1. Juli 2010 auf Basis von 65.885 Geburtsmeldungen aus 299 deutschen Städten:

Mädchen	Jungs
Mia	Leon
Lea / Leah	Lucas / Lukas
Emma	Jonas
Hannah / Hanna	Paul
Lena	Finn / Fynn
Anna	Ben
Lilli / Lilly	Luca / Luka
Leonie	Maximilian
Laura	Louis / Luis
Emily / Emilie	Tim

* Quelle: Statistisches Bundesamt Deutschland

Feen

Man möchte doch annehmen, dass Feen, die euphemistisch auch »gute Feen« genannt werden, eine positive Wirkung auf die Gemeinschaft haben. Dass sie der Bevölkerung Wohlstand, Gesundheit und Frieden bringen, so wie es seit Jahrhunderten überliefert ist. Dies geben wir sogar an unsere Kinder weiter, künftige Generationen übernehmen durch jahrelange Gutenachtgeschichten-Penetration in der Prägephase die positiv verklärte Sicht auf Feen und ihre Funktion in der Gesellschaft. Die ungeschönte Wahrheit über Feen zu sagen mag unpopulär sein und man wird in eine Ecke mit den Wölfen und bösen Stiefmüttern gestellt, zu übersehen ist sie jedoch nicht. Es ist doch immer das Gleiche: die ätherischen Wesen treten an einen heran, machen ein Mordsgetue und stürzen den Bürger schließlich mit dem scheinbar altruistischen Versprechen auf die Erfüllung von drei Wünschen in die totale Verwirrung. Es braucht einen nicht weiter verwundern, dass sich aus dieser Position heraus noch niemand das Nächstliegende gewünscht hat: unzählige neue Wunscherfüllungen.

Die Fakten für den Stammtisch

Feen …
… gewähren nur drei Wünsche.
… lassen den Wunsch nach mehr Wünschen nicht gelten.
… tragen Rosa und besitzen einen Zauberstab.
… kollaborieren mit den Armen und Unterdrückten.

Liste der Wünsche, die erfahrene Feen grundsätzlich ablehnen

Genuschelte Wünsche
Fang- und Trickwünsche
Anzügliche Wünsche
Glückwünsche
Musikwünsche
Mathematische Lösungswege
Poolreinigungswünsche

Was Feen über Feen denken

1. Blöde Gans
2. Dicke Kuh
3. Zicke
4. Die war doch mal ein Faun
5. Dumme Wunschpute

Feministinnen

Was haben uns die Feministinnen in der Vergangenheit nicht für triumphale Momente beschert. Lagerfeuer aus BHs, Alice Schwarzers Podiumsdiskussionen, die Farbe Lila. Große Erfolge und starke Kämpferinnen sorgten für eine Reformation des Bewusstseins im Staat, unvergessen ist bis heute die Titelseite des *Sterns* aus dem Jahr 1971, in dem prominente Frauen sich mit Foto bekannten: »Wir haben abgetrieben!« Ein kurzer Blick auf die weiblichen Einflussträgerinnen von heute offenbart die Richtung, in die nachkommende Generationen von Frauen und Mädchen blicken: nach hinten. Reichlich zurechtgeputzte Fernsehhühner erlangen Ansehen durch falsches Deutsch, ein scheinbar verjüngter Feminismus fußt auf der erbärmlichen Behauptung, dass die Doofheit nur gespielt sei. Symptomatisch für diese Entwicklung verhelfen sie den Frauen denn auch nicht zu mehr Rechten, Gleichberechtigung oder Anerkennung, sondern zum besseren Behalten der Nummer 11880. Und Alice Schwarzer? Die schreibt für *BILD*.

Die Fakten für den Stammtisch

Feministinnen …
… sind leicht am Doppelnamen zu erkennen.
… sind leicht mit Lesben zu verwechseln.
… bekämpften die himmelschreiende Ungerechtigkeit, dass Tiefdruckgebiete immer einen weiblichen Namen bekamen.
… empfinden es als weitere Ungerechtigkeit, dass sie ständig auf Frauenklos warten müssen, während die Männertoiletten frei sind.

... erkennen periodisch wiederkehrend eine brutale sexuelle Ausbeutung in der Unterwäschewerbung von H&M.
... finden es sexistisch, dass auf dem Verkehrsschild, das Radwege kennzeichnet, ausschließlich ein Herrenfahrrad abgebildet ist.
... verleugnen den vaginalen Orgasmus.
... hassen Männer.
... sagen »Salzstreuerin«.

Die Sätze, die man kennen muss

»Das ist doch heute nicht mehr nötig.«
»Wir haben doch eine Kanzlerin, reicht das nicht?«
»Ich liebe Frauenbewegungen, solange sie rhythmisch sind.«

Hintergrundwissen

- *In China sind 70 Prozent aller Autoverkäufer Frauen.*
- *Neuseeland ist das einzige Land der Welt, in dem die vier höchsten Staatsämter von Frauen besetzt und 20 Prozent der Abgeordneten Frauen sind.*
- *In der Türkei ist es den Frauen gesetzlich verboten, Hosen am Arbeitsplatz zu tragen.*
- *Zwei Frauen haben die beiden höchsten IQs, die je nach Standardtests ermittelt wurden.*
- *Frauenfußball wurde bis 1970 vom DFB verboten.*
- *Die New Yorker Verkehrsbehörde hat entschieden, das auch Frauen »oben ohne« U-Bahn fahren dürfen. Ein New Yorker Gesetz besagt, dass, wenn sich ein Mann irgendwo mit freiem Oberkörper zeigen darf, einer Frau dasselbe Recht zugestanden werden müsse.*
- *In Indonesien müssen sich Frauen, die in die Armee eintreten wollen, einem Jungfräulichkeitstest unterziehen.*
- *44 Prozent der Männer mögen behaarte Frauenbeine nicht.*
- *63 Prozent der Frauen rasieren sich die Beine. 49 Prozent der Frauen mögen behaarte Männerrücken nicht. 5 Prozent der Männer enthaaren sich den Rücken.*

Frauen

Frauen tragen keine Teilschuld an der sinkenden Intelligenz der Deutschen. Sie tragen die alleinige Schuld. Sie haben einfach die wichtigsten Regeln des Darwinismus außer Kraft gesetzt. Sie versagen als Sozialingenieure der evolutionären Wirkungszusammenhänge. Selbst Affenweibchen haben da mehr auf dem Kasten als deutsche Frauen. Deren einfache Regel heißt: Nur die stärksten und cleversten Affen bekommen Sex. Der Rest hängt als Deko in den Bäumen herum und spannt. Nur die besten Gene setzen sich durch. Bei uns sah es früher ganz ähnlich aus, sogar in Bayern: Junge Frauen beurteilten ihre zukünftigen Partner nach deren Eignung als Väter, Ernährer, Versorger und Entertainer. War alles bingo, wurde eine Familie gegründet. Die Zeiten sind vorbei. Heute können Frauen ihre Kinder selbst ernähren, versorgen und entertainen, was oberflächlich betrachtet super ist. Das heißt aber auch Folgendes: Sie können es sich erlauben, ihr Genmaterial mit dem eines kompletten Vollpfosten zu mixen. Was im Hinblick auf den Sozialdarwinismus gar nicht gut ist. Da läuft etwas komplett schief – und wir sehen es fast täglich mit eigenen Augen: »Schau an. Die größten Deppen bekommen immer die besten Frauen ab.«

Die Fakten für den Stammtisch

Frauen …

… sitzen in der Haltung einer Gottesanbeterin hinter dem Lenkrad.

… kaufen sich Frauenzeitschriften, um zu sehen, was sie dieses Jahr alles mit ihrer Figur wieder mal nicht tragen können.

… duschen so heiß, dass es im Badezimmer eine halbe Stunde neblig ist.

… heben sich Miniröcke auf, weil sie glauben, die würden mal wieder in Mode kommen. Dann sind sie aber zu eng.

… misshandeln stundenlang das Essiggurkenglas. Wenn sie es dann irgendwann verzweifelt ihrem Mann geben, geht es ohne Probleme auf.

… föhnen sich im Bad, bis es nach verbrannten Haaren riecht.

… haben Lippenstift auf den Zähnen.

… wollen am Frühstückstisch unbedingt einen wahnsinnig spannenden Traum erzählen, können sich dann aber nicht mehr daran erinnern.
… halten es für ganz normal, dass Bikinis, die aus 3 Quadratzentimetern Stoff bestehen, 90 Euro kosten.
… gehen auf Partys gemeinsam auf die Toilette.
… schreien vor Schmerzen und wenn man ihnen dann zu Hilfe springt, erklären sie, dass sie sich die Beine epilieren und man sofort aus dem Bad verschwinden soll.
… machen beim Einparken die Tür auf, um besser nach hinten zu sehen.
… bitten den Beifahrer, sie in die Parklücke hineinzuwinken.
… halten einen abgebrochenen Fingernagel für eine ernsthafte Verletzung.
… probieren in der Boutique zuerst Größe 36, obwohl die ihnen noch nie gepasst hat.
… verlieben sich in die größten Idioten. Ist ein Mann höflich und aufgeschlossen, finden sie ihn uninteressant.
… können sogar ohne Handtuch einen nassen Bikini gegen einen trockenen Bikini wechseln, ohne dass etwas zu sehen ist.
… kommen kaum hinterher und schimpfen ihren Mann: »Renn doch nicht so!«
… können keinen Stadtplan lesen. Haben außerdem eine Rechts-links-Schwäche und sind somit als Beifahrer völlig unbrauchbar.
… müssen dringend auf die Toilette, sobald man auf die Autobahn fährt.
… kaufen sich titanbeschichtete Profi-Sprint-Rennschuhe mit Neon-Argon-Sohlenpolsterung von Nike für 200 Euro, um damit in die Disco zu gehen.
… machen Diät, obwohl sie gar nicht dick sind.
… glauben, dass Yogurette nicht dick macht.
… haben nie Lust auf Sex, es sei denn, im Fernsehen läuft Fußball.
… behaupten, dass sie beim Mann nicht zuerst auf den Po oder die Brieftasche schauen, sondern auf die Hände.
… haben eine beste Freundin, mit der sie drei Stunden am Tag telefonieren.
… schimpfen ihren Mann, weil er die Fernbedienung nicht hergeben will und auf jedes Fußballspiel besteht.
… treffen sich abends mit Männern, die angeblich schwul sind.

… rufen samstags zwischen 18 und 20 Uhr an und merken nicht, dass sie stören.
… achten beim Autokauf zuerst darauf, ob sich auch hinter der Sonnenblende auf dem Fahrersitz ein Schminkspiegel befindet.
… kaufen sich Unterwäsche, die unheimlich sexy aussieht, die aber kein Mann zu öffnen imstande ist.
… können einen ganzen Abend schlecht gelaunt sein, weil sie bemerkt haben, dass es zu spät ist, um Clark Gable zu heiraten.
… werden wütend, wenn auf einer Party eine andere Frau das gleiche Kleid trägt.
… glauben, dass Diäten funktionieren, bei denen man abnimmt, ohne weniger zu essen.
… klagen über zu dünne Haare.
… klagen über Haarausfall.
… behaupten dennoch, dass es die Haare des Mannes sind, die den Abfluss verstopfen.
… fahren auf der Autobahn dauerhaft auf der Mittelspur.
… glauben, sie könnten Männer ändern.
… glauben, dass Männer sie zum Abendessen einladen, weil sie mit ihnen zu Abend essen wollen.
… fragen: »Hörst du mir überhaupt zu?« Antwortet der Mann »Selbstverständlich, Schatz«, legen sie nach: »Und was habe ich gerade gesagt?«
… essen Nutella mit dem Löffel.
… fangen spätabends Diskussionen über Beziehungsprobleme an, wenn er todmüde ist und sich nicht wehren kann.
… wünschen sich jedes Jahr Schmuck und legen ihn dann doch nur in die Schatulle.
… sagen: »Ich bin in einer Minute fertig«, und meinen: »Es dauert noch mindestens eine halbe Stunde.«
… bestellen Salat mit kalorienfreiem Dressing und naschen die Pommes frites mit Mayonnaise vom Teller ihres Freundes.
… finden ihren Freund eine Woche lang unausstehlich und zwar genau während ihrer Tage.
… gehen in Boutiquen zielstrebig aufs teuerste Kleid zu und verlieben sich in es.

… fragen nach dem Sternzeichen.
… sagen: »Wir brauchen«, und meinen: »Ich will.«
… gehen in die Stadt, um sich Unterwäsche zu kaufen, und kommen mit einem Abendkleid samt Schuhe und Hut nach Hause. Beklagen sich, dass sie nicht mehr genug Geld für Unterwäsche haben.
… bringen Edgar-Postkarten mit, wenn sie in der Kneipe von der Toilette kommen.
… schreiben sich bei den nichtigsten Anlässen ellenlange Mails.
… fragen: »Können wir nicht einfach Freunde sein?«, und meinen: »Niemals wird ein Körperteil von dir ein Körperteil von mir berühren.«
… legen sich, um schöner zu werden, Quark-Gurken-Masken auf das Gesicht, bei deren Anblick selbst Marsianer erschrecken.
… quengeln seit einem halben Jahr, dass der Mann versprochen habe, die quietschende Tür vom Küchenschrank zu reparieren.
… drücken ihren Männern gerne Pickel aus.
… täuschen den Orgasmus vor.
… haben schiefe Zehen von den engen Schuhen, in die sie sich immer quetschen.
… haben Angst vor Spinnen. Sie trauen sich nicht, die Spinne mit einem Besen totzuschlagen. Deshalb saugen sie die Spinne mit dem Staubsauger weg, haben aber tagelang Angst, dass sie wieder rauskriechen könnte.

Wie die meisten Sätze beginnen, die Frauen an ihren Mann/Freund richten

»Hast du schon …«
»Hast du eigentlich schon …«
»Hast du endlich …«
»Du könntest mal …«
»Wenn du mal Zeit hast …«
»Weißt du, was schön wäre: …?«
»Wir könnten doch mal …«
»Ich habe mir überlegt, dass du …«
»Hast du gerade Zeit? Dann könntest du …«

Hintergrundwissen

- *Manche Frauen können ein Vielfaches mehr an Farben unterscheiden als Männer: Statt nur drei Farbzäpfchen haben sie ein viertes.*
- *Im finsteren Mittelalter stellten Frauen höheren Ranges einen Vogelkäfig ans Fenster, um ihrem Lover zu signalisieren, dass die Luft rein ist.*
- *Frauen träumen weniger von Sex als Männer. Dafür können sie (die Frauen) sich an ihre Träume besser erinnern.*

Frauen in den Wechseljahren

Die gesellschaftliche Entwicklung macht auch vor dem Klimakterium nicht halt. Über Generationen hinweg war die Zeit des Klimakteriums jene Zeit, in der sich eine Frau von ihren besten Jahren langsam in Richtung Oma wandelte, mit 60 war diese Verwandlung abgeschlossen und vermittelte ein klar umrissenes Rollenbild und somit Stabilität. Diese von der Biologie vorgegebene Entwicklung will die Frau in den Wechseljahren in ihr Gegenteil verkehren. Kaum überschreitet sie die 50, kleidet sie sich bei Pimkie ein und verschickt Freundschaftsanfragen über Facebook. Die Damenkränzchen sind Weiberabenden gewichen und in der Disco trifft so manch überraschte Tochter auf ihre entfesselte Mutter. Die natürliche Ordnung ist ins Wanken geraten, seit Enkel ihre Oma nicht mehr mit »Oma« anreden, sondern mit »Susanne«.

Die Fakten für den Stammtisch

Frauen in den Wechseljahren …
… sind eine Teilmenge der Esoterikerinnen.
… ärgern sich darüber, dass das Medikament gegen Altern und Falten erst erfunden wird, wenn sie schon 80 sind.

…schwitzen ständig.
…lassen weiterhin Tampon-Schachteln in der Toilette herumliegen, weil es ihnen peinlich ist, dass sie das Klimakterium bereits hinter sich haben.
…finden es schrecklich, dass sie keine Kinder mehr bekommen können. Die 50 Jahre davor waren sie überglücklich, dass sie von den Quälgeistern verschont geblieben sind.
…lesen unzählige Selbsthilfebücher und glauben, sie hätten ihnen tatsächlich geholfen. Laufen deshalb dümmlich lächelnd durch die Gegend.
…kleiden sich wieder wie Teenager.

Die Sätze, die man kennen muss

»Ist es nicht schrecklich heiß hier drinnen?«
»Die Frauen in Asien haben lang nicht so große Probleme während der Menopause. – Das liegt am Soja.«
»Man ist so alt, wie man sich fühlt.«

Hintergrundwissen

- *Europäische Forscher haben erstmals Symptome für männliche Wechseljahre entdeckt. Wie eine in dem Fachmagazin* New England Journal of Medicine *veröffentlichte Studie ergab, kann die sogenannte Andropause durch eine niedrigere Testosteronproduktion bei alternden Männern auftreten.*
- *Linkshändige Frauen kommen früher in die Wechseljahre als Rechtshänderinnen.*

Fußballfans

Sagen wir es geradeheraus und schnörkellos: Eine Gemeinschaft, deren männliche Mitglieder aus Leuten besteht, die ohne zu zögern sagen können, in welcher Minute die Torchance im WM-Spiel 1972 gegen Costa Rica vergeben wurde, aber auf die Frage, wie viele Bundesländer Deutschland hat, »Ungefähr elf?« antworten, ist zum Scheitern verurteilt. Eine Nation von Glückssockenträgern hat das unter Umständen nicht anders verdient.

Die Fakten für den Stammtisch

Fussballfans …
… haben lange Haare und unreine Haut. Besonders unattraktiv sind weibliche Fußballfans.
… tragen eine Jeansjacke, die randvoll mit Fan-Aufklebern bedruckt ist. Außerdem tragen sie einen Fan-Schal, eine Fan-Mütze und Glückssocken. Nachts schlafen sie in einer Fan-Bettwäsche und morgens trinken sie ihren Kaffee aus einer Fan-Kaffeetasse.
… trinken nur Bier und essen Bockwürste mit Senf. Davon bekommen sie auch die unreine Haut.
… haben in jeder Fankurve einen Vorsinger. Das ist derjenige, der den Schiri als erster Scheiße findet.
… finden den Schiri schwul.
… haben einen »Bitte nicht hupen … der Fahrer träumt vom … «-Aufkleber auf ihrem Auto. Hupt man trotzdem, kurbeln sie das Fenster herunter und erklären in bester Fußballfan-Manier: »Hey, du blödes Arschloch, verpiss dich oder ich hau' dir eine auf die Schnauze.«
… reisen jedes zweite Wochenende mit dem Zug zum Auswärtsspiel, wo sie sich schon im Bus so vollsaufen, dass sie sich mit letzter Kraft ins Stadion schleppen und keine Sekunde vom Spiel mitkriegen.
… finden es als ausreichenden Grund sich zu schlägern, dass der Gegner der Fan eines anderen Fußballvereins ist.
… haben einen Lieblingsspieler, den sie verehren und in dessen Trikot sie nachts schlafen.
… wissen, wo das Auto des Schiedsrichters steht.
… weinen drei Wochen lang, wenn ihr Team absteigt.
… merken beim Torjubel nicht, dass sie einen vollen Becher Bier in der Hand halten. Nach dem Jubeln ist der Becher leer. Gerne machen sie mit einem knallvollen Bierbecher auch die Welle mit.

… haben ein fest umrissenes Weltbild. Schalke-Fans verzichten auf eine Spenderniere, wenn sie von einem Dortmund-Fan kommt. Dortmund-Fans sitzen stundenlang vor ihrem gerade geborenen Kind, das sie im Freudenrausch nach dem Sieg der Champions League gezeugt haben: »Sag mal Borussia, Bo-rus-sia!«

Die Sätze, die man kennen muss

»Diese Hooligans. Das hat doch mit Fußball nichts mehr zu tun.«
»Klar gibt das mal Stress im oder vor dem Stadion. Aber deswegen bin ich noch lange kein Hooligan. Ich lass mir eben auch nicht alles gefallen.«
»Du, sorry, aber gleich kommt die Sportschau …«
»Ja nö, klar finde ich Frauenfußball super. Aber ich guck mir eben lieber Fußball an.«

Hintergrundwissen

- *Die meisten nordkoreanischen Fans, die bei der WM 2010 in Südafrika für Nordkorea jubelten, waren bezahlte Chinesen.*
- *93 Prozent der deutschen Fußballfans geben an, bei einem Fußballspiel im Stadion schon mal einen wildfremden Menschen umarmt oder geküsst zu haben.*
- *74 Prozent der Fans mussten bei einem Spiel schon mal weinen.*
- *Nur 38 Prozent deutscher Fußballfans hätten lieber zu Hause Sex, anstatt ins Stadion zu gehen.*
- *Die Antwort auf die Frage, ob jetzt eine Gospelshow oder eine WM-Übertragung im Wohnzimmer angeguckt wird, musste ein 61-Jähriger Südafrikaner mit seinem Leben bezahlen.*
- *Britische Wissenschaftler haben bei einer Studie herausgefunden, dass sich australische Baumhopfe wie Fußballfans verhalten. Auch diese Vögel muntern sich durch Anfeuerungen bei einer Auseinandersetzung auf.*

Hippies

Hippies tun eigentlich keinem was. Hippies tun nämlich gar nichts. Nichts Produktives zumindest. Sie finden zu sich selbst, machen Yoga und basteln lachhaft hässlichen Schmuck, den keiner haben will. Sie träumen von einem autarken Leben. Wenn sie ihren Traum realisieren und mit Hippiekollegen eine Agrikultur-Kommune bilden, zerstreiten sie sich wegen Kleinigkeiten schneller, als die erste Joghurtkultur fermentiert ist. Dann beschimpfen sie sich gegenseitig als »Spießer und Fascho, ey«, geraten dadurch in eine furchtbar schlimme Krise, die sie nur überwinden, indem sie wieder zu sich selbst finden, Yoga machen und ihren beschissenen Schmuck basteln.

Die Fakten für den Stammtisch 

Hippies …

… sind langhaarige, dünne, ungekämmte Gestalten mit gelben Zähnen und Fingern. Ihre Kleidung kaufen sie in Designer-Läden für 70er-Jahre-Trendbekleidung. Besonders schlimm sind Schlaghosen, Plateauschuhe, Rüschenhemden und Stirnbänder in psychedelischen Farben.

… sind umso cooler, je größere Joints sie bauen können.

… haben einen alten VW-Bus, den sie lustig anmalen und mit dem sie jeden Sommer nach Spanien fahren. Selbst innerhalb der EU werden sie von Zöllnern herausgewunken und müssen sich von Drogenfahndern in den Hintern leuchten lassen.

… hören »The Köln Concert« von Keith Jarrett, liegen auf einer Flokati-Decke und erzählen sich gegenseitig, wie unheimlich stoned sie sind: »Oh, Mann bin ich breit!«

… machen tierisch auf Gemeinschaft. Doch wenn der Joint vorbeikommt, dann saugen sie ihn so heiß, dass er den anderen nicht mehr schmeckt.

… haben in Parks immer einen dabei, der Didgeridoo spielt, und zwei, die trommeln. Der Rest tanzt enthemmt oder jongliert.

… ungeschriebene Hippiegesetze erlauben es nicht, irgendwelche Körperhaare in Form zu bringen oder gar abzuschneiden. Hippie-

frauen finden ihre Hobbitbeine, Akopatze und Schnurrbärte sehr natürlich und schön.
... behaupten, dass sie keinerlei Persönlichkeitsveränderung durch den dauerhaften Drogenkonsum davongetragen haben. Behaupten, dass sie keinerlei Persönlichkeitsveränderungen durch den dauerhaften Drogenkonsum davongetragen haben. Behaupten, dass sie ...
... lebten früher nach dem Motto: »Wer zweimal mit der Gleichen pennt, gehört schon zum Establishment.« Heute treten Hippies sexuell auch oft auf der Stelle.
... haben eine Haschpflanze auf dem Balkon, die der Nachbar entdeckt und sie bei der Polizei anzeigt. Vor Gericht geben sie an, die Hanfpflanze müsse wohl aus dem Vogelfutter gesprießt sein.
... haben alle Filme von Cheech and Chong zu Hause.

Die Sätze, die man kennen muss

»Ich versteh' mich mehr so als freier Streetworker«
»Sorry, haste mal Papers?«
»Find' ich richtig gut, was du da machst. Wär' für mich aber zu kommerziell.«

Hintergrundwissen

- *Ältere Hippies geben gerne damit an, dass sie Woodstock selbst erlebt haben. Wären alle, die dies behaupten, auf dem Festival gewesen, hätten 37 Millionen Leute da sein müssen.*

Hypochonder

Für die Arztpraxis ist ein Hypochonder das, was für die Motorradwerkstatt eine alte Moto Guzzi ist. Hypochonder polarisieren: Sind sie privat versichert, werden sie von Ärzten geliebt. Sind sie es nicht, schlägt ihnen blanker Hass entgegen. Darunter leiden diese Weicheier natürlich auch noch. Was nicht schlimm ist, denn sie leiden sowieso ständig.

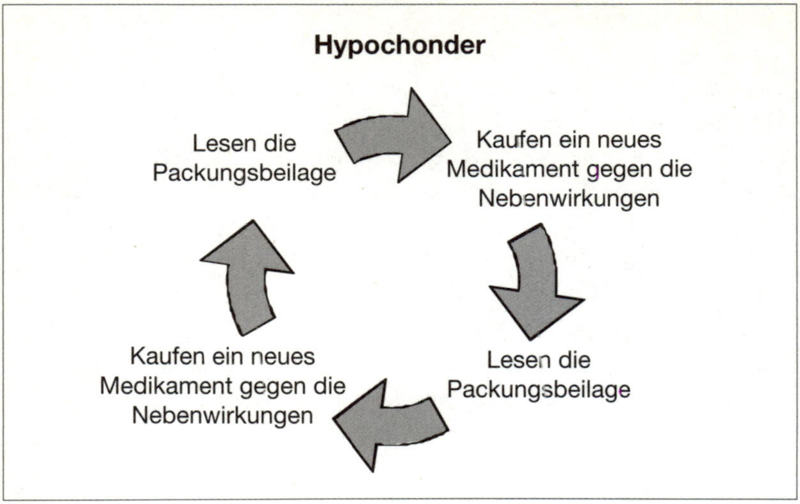

Auch unter Ratschlägen von Laien: »Reiß dich doch ein bisschen zusammen.« Das ist ein bisschen so, wie wenn wir zu Menschen mit Adipositas sagen: »Dann iss halt nicht so viel«, oder zu Freunden, die unter Neurodermitis leiden: »Kratz dich halt nicht.«

Die Fakten für den Stammtisch 

Hypochonder …
… verlangen bei jedem Schnupfen gleich nach einer Computertomografie.
… sagen dreimal am Tag: »Lang mal an meine Stirn. Findest du nicht auch, das ich leicht erhöhte Temperatur habe?«

Die Sätze, die man kennen muss

»Das sieht aber gar nicht gut aus.«
»Warst du damit schon mal beim Arzt?«
»Wie fühlst du dich?«

Intellektuelle

Das Land der Dichter und Denker – darauf hat sich dieses Land zu lange ausgeruht. Seit Jahren hört man nichts von den deutschen Intellektuellen, zumindest nichts Interessantes. War es einst im Sinne großer Geister, soziale und politische Vorgänge kritisch zu analysieren und zu hinterfragen, scheint es heute von größerer Wichtigkeit, weltlichen Ruhm und materielle Reichtümer anzuhäufen und in Talkshows herumzusitzen. Ein Intellektueller ist mehr und mehr zu einer abfälligen Bezeichnung für rollkragentragende und bebrillte Menschen geworden, die ihre Energie darauf verwenden, sich eine Bücherwand zuzulegen, in deren Regalen dann doch nur die Sonderausgabe der Klassik-Edition der *Zeit* steht.

Die Fakten für den Stammtisch 

Intellektuelle …
… kauen am Bügel ihrer Brille und legen ihre Stirn in Falten.
… sind protestantische SPD-Wähler.
… streiten sich darüber, ob das Sein das Bewusstsein oder das Bewusstsein das Sein bestimmt.
… finden, dass gute Gespräche für eine Beziehung wichtiger sind als Sex.
… lachen nur über Woody Allen.
… warten auf Godot.
… sind schlimme Geschmackspolizisten.

Die Sätze, die man kennen muss

»Aneignungen neurophysiologischer, kognitionspsychologischer oder evolutionsbiologischer Konzepte, die sich tendenziell auf eine universale Konstanz der Natur berufen, stehen kulturalistische Positionen gegenüber, die auf differenzierte Vielfalt, prinzipielle Kontingenz und historischen Wandel kultureller Phänomene insistieren.«
»Also, wie kann man sich nur amerikanische Actionfilme anschauen. Da fehlt mir die Subtilität.«

»Wie kann man es nur toll finden, wenn 22 Leute einem Ball hinterherrennen?«
»Ich lehne den Preis ab.«
»Kann ich noch etwas von dem Roten haben?«
»Du, Renate, findest du eigentlich auch, dass Norbert in letzter Zeit sehr nihilistisch geworden ist?«

Kinder

Unsere Kinder sind, mit Verlaub, saublöd. Gesehen haben wir das mal wieder an der PISA-Studie. Das war der größte Schock. Unsere Kinder sind sogar noch blöder als die Österreicher. Und noch viel blöder als die Skandinavier. Die Finnen etwa machen schon mit elf Jahren Abitur und können bereits als 64-zellige Embryos besser rechnen als Berliner Hauptschüler in der neunten Klasse. Eine realistische Einschätzung dieser Tatsachen zeigt, dass es drastische Mittel braucht, um dieser Verzerrung ein Ende zu setzen: Mit sofortiger Wirkung werden die Hauptschulen in Realschulen umbenannt, »Kommunion« heißt »Abitur« und der Kindergarten gilt als Diplomstudiengang für Informatik, Jura und Kunst. Damit wären wir wieder die klügste Nation der Welt. Da müssen sich die Finnen ganz warm anziehen.

Die Fakten für den Stammtisch 

Kinder …
… pinkeln in den Pool.
… essen am liebsten Fischstäbchen oder Schnitzel, und zwar mit Pommes und Ketchup.
… hassen Spinat.
… klingeln, wenn man gerade gemütlich im Bad liegt. Hat man sich an die Tür gekämpft, kichern sie und rennen weg.
… finden jede noch so blöde Modeerscheinung aus Amerika großartig.
… wollen das haben, was die anderen Kinder in der Klasse auch haben.

… fragen kurz nachdem man losgefahren ist: »Wann sind wir denn endlich da?«
… klettern nachts ins Bett der Eltern und geben vor, einen Albtraum gehabt zu haben.
…halten Lillifee für eine gute Erfindung.
… haben – nach eigenen Angaben – keine Hausaufgaben bekommen oder sind mit den Hausaufgaben schon nach fünf Minuten fertig und wollen deshalb nach draußen zum Spielen gehen.
… machen Furzgeräusche mit ihren Armbeugen.
… können Ortsfremden nie erklären, wo eine Straße liegt, selbst wenn sie in unmittelbarer Nachbarschaft wohnen.
… freuen sich nicht über geschenkte Kleidungsstücke.
… machen mit ihren Eltern den »Schau mal, was da hinten steht«-Trick, während sie ihnen etwas vom Teller klauen.
… haben ein Lieblings-T-Shirt, das sie tragen, bis es nur noch ein Fetzen ist.
… wollen nur einschlafen, wenn sie eine Geschichte vorgelesen bekommen. Darauf bestehen sie besonders dann, wenn die Eltern todmüde sind.
… lassen sich DVDs mit Walt-Disney-Zeichentrickfilmen schenken, die sie sich jeweils 250 Mal anschauen, bis sie jeden Dialog auswendig können.
… leiden als kleine Kinder, wenn sich in der Schule die älteren Jungs am Pausenkiosk vordrängen, und schwören, so etwas nie zu tun. Bis sie selber groß sind.
… zünden Ameisen mit einem Brennglas an, reißen Käfern die Beine und Fliegen die Flügel aus.
… nennen ihre Oma nach der Kleinstadt, in der sie lebt: Oma Samsdorf, Oma Lüneburg oder Oma Moosach.
… nennen jede Frau über 30 Jahre »Tante« und über 50 Jahre »Oma«.
… fürchten sich nachts vor dem Schatten der Kleidung am Bügel.
… fangen im Supermarkt an zu weinen, wenn Mutti sich weigert, einen Schokoriegel zu kaufen.
… treten auf der Wiese barfuß in eine Biene.
… legen aus Neugier Geldstücke auf die Trambahnschiene.

Die Sätze, die man kennen muss

»Ach Manno!«
»Wenn ich nicht fernsehen darf, bist du nicht mehr meine Mutter.«
»Ich kann nicht einschlafen!«

Hintergrundwissen

- *Über die Behauptung, man hätte »bløde Kinder« sollte man sich freuen, wenn sie von einem Dänen kommt: Der Däne lobt damit »zarte Wangen«.*
- *Sogar Aristoteles, der berühmte griechische Philosoph, empfahl es als geeignete Maßnahme der Familienplanung, überzählige Kinder einfach auszusetzen.*
- *In Entenhausen gibt es keine Kinder im Sinne von Söhnen und Töchtern. Nur Neffen und Enkel etc.*
- *Prügelknabe war in der feudalen Zeit ein Kinderjob: junge Edelleute durften nicht geschlagen werden. Aber sie mussten dabei zusehen, wie ein Kind an ihrer Stelle vertrimmt wurde.*

Männer

Männer sind die Ursache fast allen Übels. Männer führen Kriege, Männer verschmutzen die Umwelt und es war ein Mann, der diese kleinen Milchdöschen erfunden hat, die entweder nicht aufgehen oder einem die Hose versauen. Was ist schon von Leuten zu halten, die zwar in Afghanistan einmarschieren, aber sich davor drücken, ihrer Freundin Slipeinlagen aus dem Drogeriemarkt mitzubringen? Sehen wir den Tatsachen ins Auge: Männer sind dem Wandel der Zeit nicht gewachsen.

Die Fakten für den Stammtisch 

Männer …
… halten sich für die besseren Bundestrainer.
… pinkeln daneben.

... bestreiten, dass sie sich beim Pinkeln nicht hingesetzt haben.
... denken alle fünf Sekunden an Sex (Durchschnittswert einschließlich der Schlafperioden)
... gehen fremd.
... riechen an ihren Hemden, wenn sie auswählen, welches sie heute anziehen. Die Farbe spielt bei der Entscheidung kaum eine Rolle.
... schneiden sich die Fußnägel im Wohnzimmer, die daraufhin überall herumliegen.
... halten ein Geschenk für ausreichend verpackt, wenn es in Zeitungspapier gewickelt ist.
... gehen mit ihrer alten Jeans in den Laden und sagen: »Ich hätte gerne dasselbe Modell in derselben Größe.«
... haben Angst vor dem Finanzamt.
... lieben ihre Mutti.
... wissen, dass sie Frauen nicht ändern können.
... glauben, wenn Frauen zum Abendessen kommen, dass sie dann auch mit ihnen schlafen wollen.

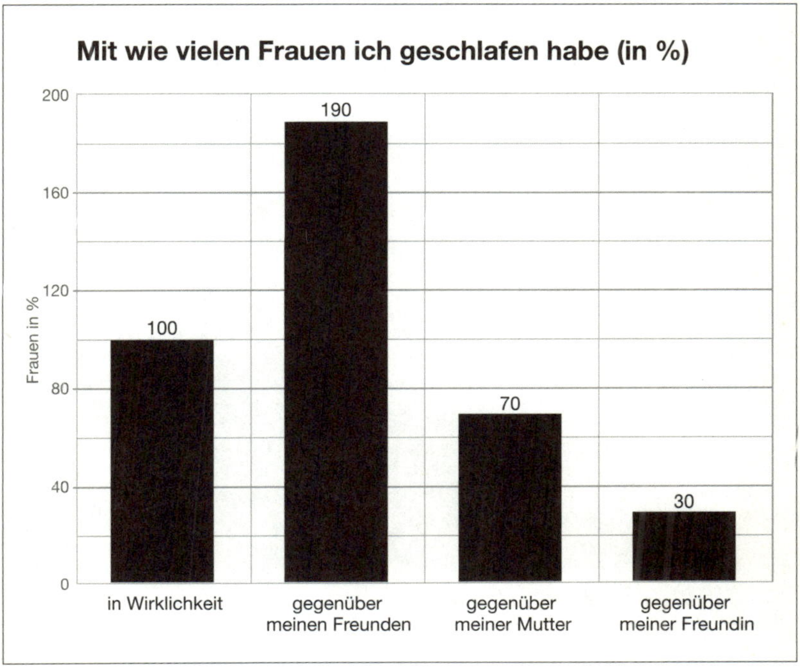

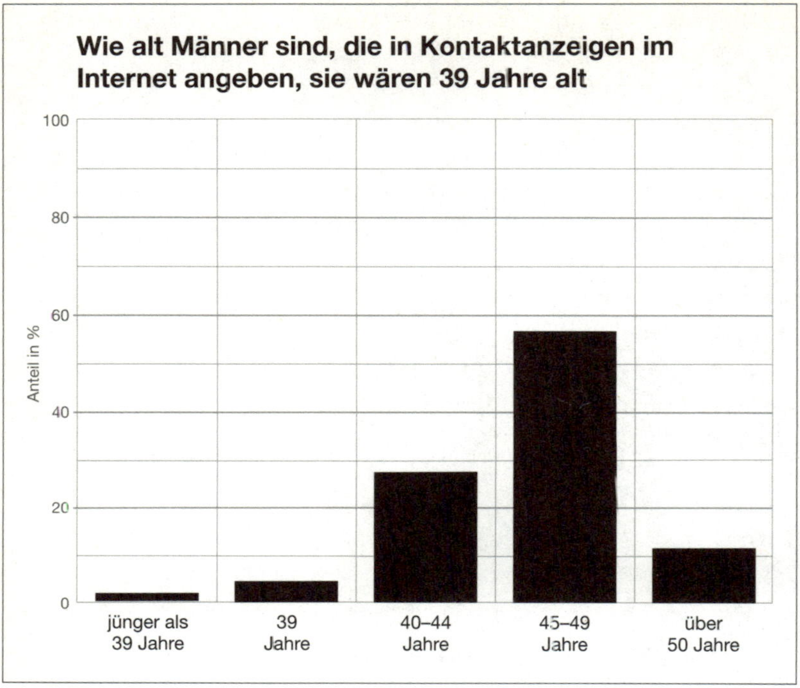

… saufen so viel, dass sie sich am nächsten Morgen nicht mehr daran erinnern können.
… können sich nicht abgewöhnen, eine Floskel loszulassen, bevor sie am Tisch den ersten Bissen nehmen. Beliebt sind »Na denn« oder »Sodele, Nudele«.
… dürfen im Restaurant probieren, ob der Wein korkt, auch wenn sich die Frauen am Tisch wesentlich besser mit Wein auskennen.
… sind Hypochonder. Rennen bei der kleinsten Erkältung in die Apotheke und verlangen Antibiotika. Bleiben bei Kopfschmerzen im Bett liegen und wollen umsorgt werden.
… sagen: »Lass uns einen romantischen Abend verbringen« und meinen: »Lass uns miteinander Sex haben.«
… sagen: »Lass uns reden.«, und meinen: »Ich möchte sensibel und feinfühlig erscheinen, dann willst du vielleicht später mit mir Sex haben.«
… vergessen das Preisschild auf Geschenken.

... kaufen die Weihnachtsgeschenke am 24. Dezember vormittags.
... waschen samstags ihr Auto.
... sagen: »Ich habe Hunger«, und meinen: »Ich habe Hunger.«
... können den ganzen Tag vor dem Fernseher versumpfen.
... geben ihrem Genital Kosenamen wie »Schniedelwutz« oder »Johannes«.
... überschätzen die Länge ihres Genitals.
... überschätzen die Bedeutung ihres Genitals.
... haben Kondome für den Ernstfall dabei, der allerdings leider nie eintritt.
... können keine Geschenke einpacken. Sind Frauen beim Geschenkeeinpacken nur in einem nützlich: »Komm, leg mal deinen Finger hier auf den Knoten.«
... glauben, dass sie den kaputten Staubsauger selber reparieren können. Fahren ihn anschließend zum Sperrmüll.
... gehen seit ihrer Jugend zur selben Friseuse, die ihnen für 17 Euro in zehn Minuten immer denselben Haarschnitt schneidet.
... vergessen den Hochzeitstag.
... sind, wenn Besuch kommt, charmant und kultiviert. Kaum sind die Gäste gegangen, rülpsen und furzen sie.
... entdecken Gemeinsamkeiten zwischen Autofahren und Sex:
Die Frau sitzt lethargisch daneben und ruft immer: »Nicht so schnell, nicht so schnell!«
... schenken ihren Kindern zu Weihnachten eine elektrische Eisenbahn, mit der sie dann selber spielen.
... sagen vor der Geburt ihres Kindes: »Mir ist es egal, ob es ein Junge oder ein Mädchen wird. Hauptsache, er ist gesund!«
... sagen »Ach so« und »Aha«, auch wenn sie überhaupt nicht zugehört haben.
... heiraten wegen der Steuer.
... können sich nicht merken, wo die Teller nach dem Abwaschen hinkommen.
... nutzen die Tatsache, dass Frauen schwache Blasen haben, abends auf dem Sofa vor dem Fernseher schamlos aus. »Du Schatz, wo du doch schon mal stehst, kannst du mir noch ein Bier aus der Küche mitbringen?«

…ziehen Socken noch an, selbst wenn diese bereits faustgroße Löcher haben.
…gehen zu einer Prostituierten, nur um mit ihr zu reden. Überlegen es sich dann aber doch noch anders.
…können ihren Namen in den Schnee pinkeln.
…haben eine Morgenlatte.
…kaufen Frauen aus dem Versandhauskatalog, die kein Wort Deutsch sprechen. Behaupten, sie hätten sich bei einem Thailand-Besuch unsterblich ineinander verliebt.
…kratzen sich in der Öffentlichkeit am Genital. Diese Neigung nimmt mit jedem Breitengrad in Richtung Süden zu.
…riechen vor dem Zu-Bett-Gehen an ihren Socken und legen sie anschließend über die Stuhllehne.
…pinkeln auf einer öffentlichen Toilette ohne mit der Wimper zu zucken in ein verstopftes Becken, das bereits überläuft.
…singen in der Badewanne und im Fußballstadion.
…erfreuen sich nicht an Blumen.
…verlieren zunehmend Haare auf dem Kopf, die dafür in der Nase und an den Füßen nachwachsen.

… werden erregt, wenn Frauen beim Sex ihre Schuhe anbehalten. Männer lassen hingegen ohne Rücksicht auf die Frauen ihre Socken an.
… finden, dass Verhütung Frauensache ist.
… gucken sich ihre Nasenpopel an, bevor sie sie essen.
… wissen nicht, wie sie eine weinende Frau trösten sollen. Mit ihr können sie schließlich nicht einfach einen saufen gehen.

Die Sätze, die man kennen muss

»Ich dachte, wir wollten uns dieses Jahr nichts schenken?«
»Hast du was?«
»Lass mich mal sehen, vielleicht kann ich das dreifach verdrechselte, hoch komplizierte Hydrauliksteuergerät reparieren. «
»Kannst du nicht schneller fahren?«
»Wie war ich?«
»Schon wieder neue Schuhe?«
»Wieso kommen uns Ute und Timo denn schon wieder besuchen?«

Hintergrundwissen

- *Es ist wissenschaftlich bewiesen, dass Frauen Männer mit Narben im Gesicht bevorzugen.*
- *Wenn Männer längere Zeit heiß baden, sind sie kurze Zeit danach unfruchtbar beziehungsweise die Spermien können das Ei nicht befruchten.*
- *Auf Korfu heißen über 50 Prozent aller Männer Spiro.*
- *90 Prozent aller Fälle von »Mann über Bord« sind Männer, die betrunken vom Heck pinkeln und dabei von Bord fallen.*
- *Männer fallen häufiger aus dem Bett als Frauen.*
- *In Gefängnissen aller Länder sitzen durchschnittlich 30-mal so viele Männer wie Frauen.*
- *Geschiedene Männer schlafen in Doppelbetten meist auf jener Seite, auf der früher mal die Ehefrau geschlafen hat.*
- *Männern ist es in Miami verboten, sich in der Öffentlichkeit in einem Morgenmantel ohne Gürtel sehen zu lassen.*

Männer in der Midlife-Crisis

Ein Heer von männlichen Bürgern dieses Landes steckt mitten in der Nostalgiefalle. Unzufriedenheit mit dem Leben und die Angst vor dem Tod verklären die eigene Jugend, auch wenn die aus nichts bestand, außer in Diskotheken am Rand der Tanzfläche zu stehen und ein Bier in Brusthöhe vor sich zu halten. Der fehlende Realitätssinn gaukelt diesen Männern eine goldene Vergangenheit vor, weswegen sie immer noch Kalauer aus ihrer Schulzeit zum Besten geben und ein melancholisches Ziehen in der Magengegend verspüren, sobald »ihr« alter Schlager-Rock-Freiheits-Song im Radio gespielt wird. Wen mag es wundern, dass Deutschland abschlafft, besteht unsere Führungsriege doch zu 99 Prozent aus just jenen Mitgliedern der Gesellschaft, die nachts davon träumen, auf einer Harley quer durch Amerika zu fahren. Doch andererseits sollte man sich fragen: Was genau hat Harley-Fahren, Mit-jungen-Blondinen-Rummachen und Sein-ganzes-Geld-für-Dinge-ausgeben-die-einem-Spaß-machen eigentlich mit der Krise zu tun?

Die Fakten für den Stammtisch

Männer in der Midlife Crisis …
… schneiden sich die grauen Haare ab, bis sie Haarlöcher haben.
… kaufen sich ein Motorrad, das sie »Bike« nennen, und eine Lederausrüstung und knattern am Wochenende Bergstraßen rauf und runter.
… stehen plötzlich wieder in Diskotheken herum und tragen dabei Klamotten, die schon vor 30 Jahren out waren.
… suchen sich eine junge Geliebte, die sie für viel Geld ausführen und mit teuren Geschenken überhäufen. Werden aber trotzdem bei der erstbesten Gelegenheit für einen jungen Schönling verlassen.
… wollen reumütig zu ihrer Frau zurückkehren. Die hat sich aber einen neuen Freund gesucht hat und lässt sich scheiden. Der Mann muss finanziell so bluten, dass er sich fortan weder Motorrad noch Geliebte leisten kann.
… sind deprimiert, weil die Kerzen nicht mehr auf den Geburtstagskuchen passen und weil sie die Kerzen nicht mehr selber auspusten können, ohne einen Schwächeanfall zu bekommen.

Die Sätze, die man kennen muss

»Findest du, ich sehe alt aus?«
»Ich habe keine Midlife-Crisis, ich finde Lederjacken mit Fransen einfach so schön.«
»Ich wollte schon immer ein Tattoo haben!«

Liste der Alternativen, die sich einigermaßen vernünftige Männer statt einer Midlife-Crisis wünschen

Eine Kiste Bier
Ein großes Schnitzel (oder ein schönes Steak)
The Big Lebowski mit Kumpels ansehen und White Russian trinken
Rodeln
Das alte Hawaii-Hemd zurückbekommen
Funktionierende Bauch-weg-Gürtel
Eine Vollhaar-Frisur
Fix-und-Foxi-Hefte

Millionäre

Früher waren Millionäre alte Säcke in Cordhosen oder altmodischen Anzügen. Sie hingen mit dem Adel und der Wirtschaftselite ab, ließen und sich ab und zu bei einem inszenierten Skandal ablichten oder einen ihrer Sprösslinge aus Jux entführen. Milliardäre achteten penibel darauf, möglichst unsympathisch herüberzukommen. Klares Feindbild, feine Sache. Heute sind Millionäre eine heterogene Angelegenheit. Da sind sogar viele, die jünger sind als man selbst. Sie sind unglaublich hip, clever, cool, nett und sogar sehr sozial eingestellt. Haben ihr Vermögen irgendwie »mit dem Internet« gemacht oder sonst wie. Die tun einfach so, als wäre eine Million auch nichts anderes als, sagen wir: Plattfüße. Hat man halt, was soll man machen. Ist kein großes Ding, oder? Die versauen einem den ganzen Hass auf die Kapitalistenschweine. Und, sind wir ehrlich, wenn ich eine Million hätte, wäre ich auch hip, cool und könnte es mir leisten, sozial eingestellt zu sein.

Die Fakten für den Stammtisch

Millionäre …
… waren alt und hässlich und hatten trotzdem hübsche Freundinnen. Heute sind sie jung und gut aussehend und haben weiterhin hübsche Freundinnen.
… gehen an Weihnachten zum Juwelier und suchen zwei schöne Ringe aus. Einen einfachen für die Freundin und einen teuren für die Geliebte.
… starben früher beim Sex mit einer blutjungen Blondine. Heute machen sie ihre ersten sexuellen Erfahrungen mit einem blonden Vamp.
… enterbten früher die Familie. Nach ihrem Tod gab es einen fürchterlichen Erbkrieg zwischen der blutjungen Geliebten und den Kindern. Die Frau bekam nichts. Heut verjuxen sie die ganze Kohle, bevor sie ableben, oder gründen eine obskure Stiftung.
… hatten früher vier Häuser, eine Jacht, drei Sportautos und waren trotzdem unglücklich.
… haben heute vier Häuser, eine Jacht, drei Sportautos und machen sich nicht viel daraus.

Die Sätze, die man kennen muss

»Geld allein macht auch nicht glücklich.«
»Wahre Freunde kann man sich nicht kaufen.«
»Ach komm, die steht doch nur auf seine Kohle.«

Hintergrundwissen

- *In Deutschland leben zurzeit etwa 861.500 Millionäre. Jeder hundertste Deutsche gehört zu diesem Club. Dem entgegen stehen 1,25 Millionen Menschen, die von Armut bedroht sind.*
- *Der 25-jährige Albert von Thurn und Taxis, auf Platz 29 der Forbes-Liste, ist der jüngste Milliardär der Welt. Er wird seit seinem achten Lebensjahr im Ranking geführt.*

- *Die Folgen der Finanzkrise sind für die Reichen Deutschlands vorüber. Nach einer Untersuchung des Deutschen Instituts für Wirtschaftsforschung (DIW) ist der Verlust von insgesamt etwa 140 Milliarden Euro mehr als ausgeglichen. Bereits im ersten Quartal 2010 erreichte das Vermögen der Reichen mit fast 4,8 Billionen Euro ein neues Hoch.*
- *Deutsche Lotto-Toto-Blocks generieren jährlich 100 neue Millionäre.*
- *10 Prozent der reichsten Deutschen teilen sich zwei Drittel des gesamten Einkommens in Deutschland. Andersherum verfügen zwei Drittel der Deutschen über kein oder ein nur sehr geringes Vermögen.*

Mütter

Es muss endlich mal jemand aufstehen und den Müttern von heute den Latte-macchiato-vernebelten Kopf zurechtrücken. Die Generation von Gebärenden, die sich mit ihren ultramodernen Kinderwägen in Mutter-Kind-Cafés zusammenrotten, um Alexander-Ole nicht alleine ertragen zu müssen, destablilisieren die Familie. Alexander-Ole wird später nicht sagen: »Meine Mutter macht den besten Schweinebraten der Welt.« Nein, er wird so etwas sagen wie: »In der ›Rappelkiste‹ machen sie die besten Ingwerschnitten der Welt.« Was soll aus Kindern werden, die groß werden in dem Glauben, die Welt bestehe aus Bioläden, Weinhandlungen, Cafétischchen und gestylten Müttern?

Die Fakten für den Stammtisch 

Mütter …
… geben ihren Kindern alberne Namen.
… schieben Marken-Kinderwagen oder einen alten mit Speichenrädern vom Flohmarkt.
… diskutieren mit ihrem dreijährigen Alexander-Ole über den Ernährungsplan.
… überlassen Alexander-Ole die Entscheidung.

… fragen Alexander-Ole bei der Wohnungsbesichtigung nach seiner Meinung.
… stellen Alexander-Ole beim Bäcker auf den Tresen, um das Roggen-Schrot-Brot mit Amaranth-Grünkern-Mongo-Füllung zu bestellen.
… haben einen coolen Offroader in der Garage stehen, mit dem sie einmal die Woche Eier vom Bauernhof holen.
… passen kurz nach der Geburt schon wieder in die engen Jeans.

Hintergrundwissen

- *Walt Disney nannte Mickey Mouse nach dem Schauspieler Mickey Rooney, mit dessen Mutter er eine Zeit lang ein Verhältnis hatte.*
- *Milch von Menschen ist süßer als Milch von Rindern. Muttermilch enthält ungefähr 7,0 Prozent Milchzucker, Kuhmilch hingegen nur 4,7 Prozent. Rentiermilch enthält sogar nur 2,8 Prozent Milchzucker.*
- *Gemäß einem Gesetz in Nebraska darf eine Mutter ihrer Tochter ohne eine staatliche Lizenz keine Dauerwelle machen.*
- *In Wichita, Kansas, wird die Misshandlung eines Mannes durch seine Schwiegermutter nicht als Scheidungsgrund anerkannt.*
- *In einigen amerikanischen Bedienungsanleitungen für Kinderwagen steht Folgendes: »Please remove your child before folding.« Zu Deutsch: »Vor dem Zusammenklappen bitte das Kind entfernen.«*
- *Der Text des in Deutschland häufig an Baustellen angebrachten Hinweisschildes »Eltern haften für ihre Kinder«, entspricht nicht den tatsächlichen juristischen Gegebenheiten. In Deutschland haftet man nur für das, was man auch selbst anrichtet.*
- *Busch-Pygmäen benennen ihre Kinder nach dem Baum, unter dem diese geboren wurden.*

Mütter früher

… machten sich fürchterliche Sorgen.
… hatten keinen Sex, zumindest kann man sich das als Kind nicht vorstellen.

… machten ihren Kindern mit ihrer Spucke Flecken von der Backe weg.
… hatten folgende Lieblingssätze: »Komm nicht so spät nach Hause.« – »Zieh dich warm an.« – »Sei vorsichtig.«
… glaubten irrtümlicherweise, dass rektale Thermometer besser fürs Kind seien als orale.
… beenden Diskussionen mit den Worten: »Weil ich das so sage.«
… durchsuchten heimlich die Taschen ihrer Kinder nach Drogen. Dabei entdeckten sie einen alten Radiergummi und machten sich fürchterliche Sorgen.
… legten dem Kind bei Grippe kalte Wadenwickel aus Kohlblättern an, obwohl das Kind schon vom Kohlgeruch sterbenskrank wurde.
… machten ihren Söhnen die Wäsche, auch wenn die bereits 45 Jahre alt waren.
… erzählten ihren Kindern, dass man vom Lesen unter der Bettdecke mit einer Taschenlampe schlechte Augen bekäme.
… pusteten den Schmerz, wenn sich ihr Kind das Knie aufgeschlagen hatte, einfach weg.
… erzählten ihren Kindern: »Pass auf, sonst bleibt's dir«, wenn ihr Kind eine Grimasse schnitt oder absichtlich schielte.

Die Sätze, die man kennen muss

»Wenn du einen Kaugummi verschluckst, verklebt dein Magen.«
»Wer nicht hören will, muss fühlen.«
»Kleine Sünden straft der liebe Gott sofort.«
»Wenn du schielst, bleiben die Augen irgendwann so stehen.«
»Wenn der Kuchen spricht, haben die Krümel zu schweigen.«
»Du wirst dich noch an meine Worte erinnern, Fräulein!«

Nachbarn

Gefühlte 0,01 Prozent aller Deutschen haben wirklich nette Nachbarn. Der Rest sieht sich vor Gericht. Oder wirft sich gegenseitig Abfall über den Zaun. Warum, ist klar: Selbst mit seinen besten Freunden streitet man sich mal. Oder mit dem eigenen Partner – und den oder die hat man sich sorgfältig ausgesucht. Die Nachbarn nicht. Die muss man einfach hinnehmen. Da ist der Ärger vorprogrammiert. Schuld am Ärger ist der Nachbar. Das geht schon damit los, wie der Depp frühmorgens supergut gelaunt das Haus verlässt und mit seinem Mountainbike wegradelt, obwohl ein nagelneuer Volvo in seiner Garage steht. Das macht der nur, um mir damit zu sagen: »Na, wie gefällt dir das, du unsportlicher, übergewichtiger Opelfahrer?« Oder er lädt einen zu seinen Feiern ein. Ausschließlich deswegen, weil er mit seinen reichen Freunden aus der Werbebranche protzen muss. Wenn er dann hackedicht ist, trinkt er bierselig lallend mit dir auf die supergute Nachbarschaft. Mal sehen, wie ihm das schmeckt, wenn ich am Montag früh vor der Arbeit joggen gehe.

Die Fakten für den Stammtisch

Nachbarn…
…klauen die Zeitung aus dem Briefkasten.
…grillen bei jeder Gelegenheit auf dem Balkon und räuchern dabei das ganze Haus ein.
…schlürfen und stapfen frühmorgens tierisch laut durch die Wohnung.
…haben selbst getöpferte Namensschilder an der Tür hängen, auf der steht: Hier wohnen Stefan, Paola, Christian, Lisa, Leon und Kater Felix. Von dem hängt auch noch ein Polaroidfoto daneben.
…üben nachts Step-Dance.
…haben sonntags immer zur selben Uhrzeit Sex.
…lassen beim Sex das Fenster offen.
…haben beachtlich lange Sex.
…haben eine Frau, die beim Sex stöhnt.
…haben dämliche Bekannte, die immer versehentlich an der falschen Tür klingeln.
…haben schreiende Kinder.
…borgen sich Eier.
…streiten sich laut.

… kommen gnadenlos zur Geburtstagsfeier, obwohl man nur aus Anstand auf den Zettel im Flur geschrieben hat: »Alle Hausbewohner sind herzlich eingeladen.«
… haben einen Hund, der jeden anfällt, der nicht zur Familie gehört.
… haben hässliche blinkende Weihnachtssterne im Fenster hängen.
… haben kein Verständnis dafür, dass man sich für die Muttertagsblumen bei ihnen im Vorgarten bedient.
… machen blitzschnell die Tür zu, wenn man die Treppe hochkommt.
… putzen die Treppe nicht ordentlich.
… bekommen täglich ein Paket und sind nie da, um es entgegenzunehmen.

Die Sätze, die man kennen muss

»Na, alles klar, Herr Nachbar?«
»Normal sind die da drüben nicht, oder?«
»Ich geh' gleich hoch und geig dem mal die Meinung.«
»Vorne rum tun die immer so freundlich.«
»Und wenn wir das Päckchen einfach behalten, hihi?«

Hintergrundwissen

- *Neue Nachbarn bekommt man in Montreal, Kanada, nur an einem einzigen Tag im Jahr. Am 1. Juli, weil daran sämtliche Mietverträge gebunden sind. An diesem Tag stockt im gesamten Bezirk der Verkehr, weil Tausende Ungeübte mit einem Transporter oder Anhänger die Straßen verstopfen.*
- *Der bekannteste Nachbarschaftsstreit Deutschlands ging um einen Knallerbsenstrauch, der in einen Maschendrahtzaun hineinwuchs, und machte Auerbach im Vogtland berühmt. Tausende »Fans« aus ganz Deutschland pilgerten nach Auerbach und feierten dort Grillpartys auf der Straße.*
- *Das statistische Bundesamt registriert mehr als 15.000 Nachbarschaftssachen, die jährlich vor Gericht landen. Die häufigsten Gründe für Nachbarschaftsstreitigkeiten sind Lärm- und Geruchsbelästigung.*
- *Das Bayerische Oberlandesgericht legte fest, dass man höchstens fünf Mal im Jahr grillen darf. Vorausgesetzt, der Nachbar stört sich daran.*

Omas

So harmlos das Heer der Omas auch aussieht mit seinen aquarellfarbenen Dauerwellen – die Wahrheit ist: Das sind ausgebuffte Luder, die die Gemeinschaft mehr schädigen als ein Bus voller Hooligans. Unter Gutmenschen mag dies eine Welle der Entrüstung hervorrufen, aber das lässt sich nicht leugnen: Es sind die Omas, die den Flow der arbeitenden Gesellschaft stören, wenn sie zu den ungünstigsten Zeiten einkaufen, obwohl sie den ganzen Tag nichts zu tun haben. Es sind Omas, die sich in Warteschlangen vordrängeln. Eine geübte Oma schafft 15 Meter Schlange in unter zehn Sekunden. Und ebenfalls Omas sind es, die mit einem Stock bewaffnet durch die Straßen ziehen und nicht davor zurückschrecken, diesen zu benutzen. Zum

Beispiel gegen Skateboardfahrer. Damit repräsentieren sie auf beispielhafte Art und Weise, was schiefläuft in diesem Land: Der Staat zahlt monatlich für eine Bande gewaltbereiter Leute, die die Ordnung mit Füßen treten.

Die Fakten für den Stammtisch

Omas …
… heißen: Adele, Anna, Anneliese, Brunhilde, Cecilia, Elisabeth oder Rosamund.
… kramen an der Kasse den Betrag für Katzenstreu, Wellensittich-Kekse und *Frau mit Herz* stundenlang mit zittriger Hand zusammen, bis selbst der Geduldigste in der Schlange den Generationenvertrag zerreißen will.
… erkämpfen sich die Sitzplätze in der Straßenbahn mit Stock und ausgefahrenem Ellbogen. Auch wenn in der Trambahn sämtliche Sitzplätze frei sind, wollen sie sich genau da hinsetzen, wo ein junger Mensch sitzt. Selbst wenn der Platz in Sekunden geräumt ist, beklagen sie sich lautstark über die Rücksichtslosigkeit der Jugend.
… werden von jungen Menschen oft für Nazis gehalten, ungeachtet der Tatsache, dass eine heute 68-Jährige bei Kriegsende noch nicht einmal in der Pubertät war.
… schauen sich stundenlang – tierisch laut – die Fernsehübertragung des Ostersegens vom Papst in 72 Sprachen an, obwohl sie nicht einmal Englisch sprechen.
… lesen am liebsten Illustrierte wie *Frau mit Herz*, *Die Aktuelle* oder *Goldenes Blatt*. Sie finden das Sexualleben von Königen und Prinzessinnen grundsätzlich ausschweifend und geschmacklos.
… kommen nicht über den Tod von Lady Diana hinweg. Sie glauben an eine Verschwörung des israelischen Geheimdiensts.
… stecken ihren Enkelkindern, bevor sie gehen, noch einen Geldschein zu.
… backen die besten Plätzchen. Besonders Vanillekipferl oder die mit Marmelade in der Mitte. Sie haben mindestens zwölf Tupperware-Dosen mit Keksen im Schrank.

…lösen den ganzen Tag Kreuzworträtsel. Sie kennen jeden Fluss in der Ukraine mit sechs Buchstaben und den Schutzheiligen der Spargelbauern mit elf Buchstaben, haben aber keine Ahnung, wie der deutsche Verteidigungsminister heißt.

…kochen immer starken Kaffee von Dallmayr, den sie im Blümchenporzellan auftischen.

…bekommen von ihren Enkelkindern selbst gepflückte Blumen aus dem Nachbargarten geschenkt.

…treffen sich nachmittags mit ihren Freundinnen. Dabei geht es um folgende Gesprächsthemen: Darmträgheit, Gallensteine, Gehirntumore, Magengeschwüre, die unhöfliche Sprechstundenhilfe von Doktor Beierlein, der Papst sieht krank aus, der Pfarrer sieht krank aus und: Der neue Zivildienstleistende sieht ungepflegt aus.

…haben ihren Ehemann in der Tanzschule kennengelernt. Er hat bei ihren Eltern um ihre Hand angehalten.

…sind seit 58 Jahren verheiratet.

…sind ihrem Ehemann treu geblieben. Bis auf einmal: während ihrer Kur in Bad Birnbach, wo sie sich einen Kurschatten zugelegt haben.

…behandeln Opas Rheuma, indem sie ihn mit Franzbranntwein einschmieren. Hinterher genehmigen sie sich davon ein Gläschen.

…fahren jeden Sonntagnachmittag mit der Trambahn zum Friedhof und jäten Unkraut.

…sind umso ekelhafter, je mehr Geld sie zu vererben haben. Engelsgleiche Omis sind arm.

…halten Ohrringe, Rockmusik, Tätowierungen und lange Haare für Teufelszeug.

…spielen Lotto und tippen dabei die Geburtstage ihrer Enkel.

…verirren sich gelegentlich, lassen sich das aber nicht anmerken.

…haben ihr Geld zwischen dem Mieder versteckt. Banken vertrauen sie nicht.

…lieben Volksmusiksendungen und wünschen sich einen Schwiegersohn, der aussieht wie Patrick Lindner.

…haben einen Pudel, dem sie ein selbst gehäkeltes Kleid überziehen, sobald es kühler wird.

... färben sich die Haare braun und nehmen nachts ihre dritten Zähne heraus (Opa setzt sich mindestens einmal rein).
... weigern sich, ein Testament zu machen.
... behaupten, dass früher alles besser war. Obwohl sie sich sonst an nichts mehr erinnern können.
... haben Hunderte Marmeladengläser im Vorratsraum. Ihre Marmelade schmeckt besser als gekaufte.
... stricken monatelang liebevoll an einem Pullover als Weihnachtsgeschenk. Der kratzt allerdings so sehr, dass man ihn nie anzieht.
... haben tolle Hausrezepte gegen Grippe entwickelt, die zwar nicht wirken, einen aber tierisch aus dem Mund nach Knoblauch stinken lassen.
... waren schon seit 30 Jahren in keinem Möbelgeschäft mehr.
... haben sich gerade einen riesigen Fernseher gekauft. Wissen aber nicht, wie man die Kanäle programmiert oder in den Videotext kommt.
... schwärmen von ihrem Fußpfleger.
... fallen auf Trickdiebe herein. »Ich komme von den Stadtwerken, wir kontrollieren die Bargeldbestände in diesem Viertel.«
... starren einen die ganze Zeit mit dem Das-geschieht-dir-recht-früher-hätte-es-das-nicht-gegeben-Blick an, wenn man beim Schwarzfahren erwischt wird.
... machen bei allen möglichen Preisausschreiben mit. Gewinnen dabei billige Wasserbälle und T-Shirts mit Werbeaufdruck.

Die Sätze, die man kennen muss

»Haben Sie noch eine Probepackung, Herr Apotheker?«
»Aber kauf dir keine Süßigkeiten.«
»Ich merk's in der Hüfte: Das Wetter ändert sich.«
»Deine Mutter war da auch nicht besser.«

Die größten Wünsche der Omas

- Mehr Eierlikör
- Ein Küsschen von André Rieu
- Dass Lifta schnellere Treppenlifte baut
- Dass Patrick Lindner nicht schwul ist
- Dass die Kruste vom Schweinebraten schön weich ist, damit sie die mit den Dritten zuzeln können
- Einen Rollator mit Regenschutz
- Dass Opa die Viagra-Pillen sein lässt

Opas

Opas sind, vom soziobiologischen Aspekt her gesehen, der Untergang unserer Gesellschaft. Sie arbeiten nicht, blockieren die Autobahnen und erhalten Lodenmäntel am Leben. Sagen wir es ehrlich: Opas sind nicht wie in der Werthers-Echte-Werbung. Sie sind Kamikaze-Opas. Mit drei Zentimeter dicken Brillengläsern und der Stirn an der Windschutzscheibe gefährden unsere Senioren die freiheitliche Grundordnung.

Die Fakten für den Stammtisch

Opas …
… können sich erst einen Sportwagen leisten, wenn sie so taub sind, dass sie es nicht merken, dass der Notarztwagen mit Sirene seit einer halben Stunde vergeblich versucht, an ihnen vorbeizufahren.
… finden, dass Hitler gar nicht so schlecht war, weil er doch die Autobahnen gebaut hat.
… kaufen sich ein Toupet, bekommen aber von Oma verboten, es zu tragen.

... blinken im Auto schon zehn Kilometer bevor sie abbiegen wollen.
... lehnen sich den ganzen Tag auf ein Kissen gestützt aus dem Fenster und bewachen die Mülltonnen, damit die Kinder aus dem Haus nicht darin spielen.
... können dank Viagra endlich wieder Sex haben. Nur Oma macht nicht mehr mit.

Die Sätze, die man kennen muss

»Wir haben davon damals nichts mitbekommen.«
»Was hast du gesagt?«
»Und dann – ach, das habe ich schon mal erzählt?«

Was sich Opas wünschen

- Dass Oma mal mehr als ein Gläschen Schnaps erlaubt
- Das Bundesverdienstkreuz
- Stammhalter

Patienten

Klar, Ärzte gehören zu den großen Abzockern im Land. Aber das wäre ja wohl nicht der Fall, wenn die Leute nicht ständig krank werden würden. Stundenlang hockt die dahinsiechende Mischpoke im Wartezimmer und hustet und prustet sich gegenseitig Viren und Bakterien ins Gesicht. Im schlechtesten Fall hat die kranke Bagage vorher bereits versucht, sich eine Woche lang auf eigene Faust zu kurieren. Mit Kräuterempfehlungen von Hildegard von Bingen oder einer ihrer homöopathischen Nachkommen. Deswegen ist die Krankheit mittlerweile so weit fortgeschritten, dass sie nur noch mit den ganz teuren Medikamenten behandelt werden kann.

Die Fakten für den Stammtisch

Patienten …
… sind Simulanten, die nur von der Arbeit blaumachen wollen.
… informieren sich, bevor sie zum Arzt gehen, im Internet über ihre Krankheit, um mit dem Arzt die geeignete Behandlungsmethode diskutieren zu können.
… liegen zu sechst auf einem Zimmer. Einer wimmert ständig vor Schmerzen, sodass die anderen nicht einschlafen können.
… wachen während der Operation auf und müssen hören, wie sich der Doktor bei seinem Assistenzarzt über sein Golfhandikap beklagt.
… wollen unbedingt vom Chefarzt operiert werden, obwohl der von moderner Medizin in der Klinik am allerwenigsten Ahnung hat.
… wandern mit ihrem Tropf in der Hand auf die Toilette, weil sie nicht in die Bettpfanne pinkeln wollen.

Slogans, mit denen die Pharmaindustrie versucht, Patienten für Krankheiten zu begeistern

Meine Allergie: Immer volles Tempo voraus.
Hämorrhoiden. Dazu stehe ich!
Meine Altersflecken – Mein Plus an Punkten.
Bluthochdruck. Red is beautiful!
Glaukom. Mein Star ohne Allüren.
Asperger-Syndrom. Think different!
Flatulenz. Der Duft, der Frauen provoziert.
Dyslexie. Wir können alles. Außer schreiben.
Cellulite. Seperates the women from the girls.
Osteoporose. Knackiger Spaß mit Glas.
Nichts bewegt Sie wie ein Parkinson.
Kreisrunder Haarausfall – die Frisur hält.
Kleptomanie. 3 … 2 … 1 … meins.
Gürtelrose. Color your life.
Inkontinenz. Das gewisse Tröpfchen etwas.
Tourette. We love to entertain you.

Hintergrundwissen

- *Jeder sechste Internist in Deutschland wurde schon mal von Patienten verprügelt.*
- *Die Selbstmordrate bei Psychiatern ist doppelt so hoch wie bei ihren Patienten.*
- *1980 wurden in einem Hospital in Las Vegas mehrere Angestellte entlassen, welche auf den Tod von Patienten gewettet hatten.*

Pessimisten

Kaum hat mal jemand eine gute Idee, wie man die Probleme in unserem Land lösen könnte, kommt ein Pessimist daher und behauptet, dass sich eh nichts ändere und man es besser bleiben lassen solle. Akribisch sammelt der Pessimist Bedenken, warum etwas nicht funktionieren kann und wird. Die einzige Freude in seinem Leben ist es, mit seinem Unken recht zu behalten. Und vergnügt stellt er dann fest: »Ich hab's euch doch schon immer gesagt!«

Die Fakten für den Stammtisch

Pessimisten …
… zünden sich eine Zigarette an, damit der Bus kommt.
… finden, dass das Glas halb leer ist.
… haben aber eh keinen Durst.
… nehmen ab 30 Prozent Regenwahrscheinlichkeit einen Regenschirm mit, wenn sie aus dem Haus gehen.
… kennen die Statistiken von Unfällen mit Todesfolge auswendig. Jedes Mal, wenn sie heil aus der Trambahn ausgestiegen sind, wissen sie, dass die Wahrscheinlichkeit, dass es sie beim nächsten Mal erwischt, wieder ein kleines bisschen größer geworden ist.
… denken sehr oft darüber nach, dass die Sonne in 5 Milliarden Jahren explodiert. Finden, dass deshalb alles irgendwie keinen Sinn mehr macht.

Die Sätze, die man kennen muss

»Ich weiß nicht so recht.«
»Da bin ich mir nicht so sicher.«
»Das wäre gut gewesen.«

Berühmte Pessimisten

Marvin, der depressive Roboter
Berlin Mitte
Nostradamus
Panther Baghira
Cree-Indianer
Sisters of Mercy
Bernd, das Brot

Proleten

Früher waren Proleten die Stütze unserer Gesellschaft. Doch seit die einzigen Ketten, die der gemeine Proletarier zu sprengen hat, aus Blattgold bestehen, ist's Essig mit der Tüchtigkeit. Statt acht Stunden am Fließband steht der Prolet acht Stunden lang am Spielautomaten in der Kneipe. Hoch konzentriert. Denn er spürt: »Heute ist der Kasten reif.« Sein Geld verdient der Prolet mit ehrlicher Arbeit: Fußballwetten. Jedes Wochenende tippt er in der türkischen Sportkneipe nebenan einen Schein für 200 Euro, bei dem er 27 von 28 Tipps richtig haben muss. An Wochenenden, an denen FC Bayern zu Hause gegen Mainz verliert, sollte man dem Proleten daher besser nicht begegnen. Sein bestes Stück ist sein Auto. Das muss tiefergelegt sein und den gleichen Co_2-Footprint haben wie das Bayerwerk in Wuppertal. Als Zentrum ihres Lebens entscheiden sich Proleten daher gerne für einen VW Golf GTI, einen VW Scirocco oder irgendeinen Opel mit 16 Ventilen. Sobald der Prolet ein Auto sieht, kommt die Tine Wittler in ihm durch. Die Scheiben werden abgedunkelt und verspiegelt, wahlweise »Pioneer« oder »Kenwood«-Aufkleber auf die Rückscheibe geklebt oder ein Fuchsschwanz an die Antenne geknotet. Außerdem wird der Wagen mit Rallyestreifen, Breitreifen, Spoiler, Rennsitzen mit Sportgurten, Lufthutzenattrappe und Sportauspuff dekoriert. Obligatorisch ist der Duftbaum und ein Golfball als Schaltknauf. Da in 100 Jahren das Öl alle ist und der Prolet sich eher seinen Gasfuß abhackt, als in ein Elektroauto zu steigen, wird sich der Prolet noch eher abschaffen als der Deutsche an sich.

Die Fakten für den Stammtisch

Proleten …
… tragen rituell als Frisur vorne kurz und hinten lang (»Vokuhila«). Sie wird gerne mit Dauerwellen und Schnauzbart kombiniert.
… arbeiten als Automechaniker oder sonstige Handwerker. Frauen sind Friseusen oder Sekretärinnen.
… tragen Ohrringe und selbst gemachte Tätowierungen. Dabei haben sie mit Zirkel und Tinte den Namen ihrer Lieblingsprostituierten in den Oberarm geschrieben (gerne auch einen Anker, ein Herz oder einen Teufel). Die Proletinnen, auch Tussis genannt, achten auf ausreichend Schminke (hellblauen Lidschatten und blaue Wimpertusche), eine MCM-Handtasche (die Abkürzung steht für Muschi-Club München) und modernste Dekolleté-Technologie.
… tragen T-Shirts von »Planet Hollywood« oder vom »Hardrock Café«. Dabei gilt es als umso cooler, je weiter die Cafés weg waren. In der Fußgängerzone von Dingolfing gilt man mit »Sydney«-T-Shirt als Chef. Auch im Urlaub besucht der Prolet nur Hardrock Cafés, weil er große Angst vor Durchfall hat und gerne Songs von Led Zeppelin hört.
… haben T-Shirts mit lustigen Aufdrucken, die sogar noch die Aufkleber auf ihren Stoßstangen übertreffen: »Ich bin über 30 – helfen Sie mir bitte über die Straße.« – »Gehen wir zu dir oder zu mir?« oder: »Bier formte diesen wunderschönen Körper.«
… wählen als Beinkleid entweder Leder- oder Jogginghosen. Darunter tragen sie Cowboystiefel.
… knöpfen das Hemd mindestens fünf Knöpfe auf. Schließlich sollen die Frauen ruhig sehen, dass sie kein Brusthaartoupet brauchen.

… verbringen das Wochenende im Auto-Club, wobei sie ein »gepflegtes Bier« oder ein Rüscherl trinken, über Radarmeldegeräte fachsimpeln und anschließend Wettrennen über rote Ampeln fahren.
… lieben das Geräusch des Auspuffs, der so laut knattern muss wie ein Düsenjet beim Landeanflug.
… müssen alle drei Monate die Reifen wechseln, weil sie andauernd mit angezogener Handbremse und durchgetretenem Gas anfahren. Wer die längste Gummispur auf die Straße legt, gilt als Meister.
… fahren den ganzen Tag mit tierisch lauter Technomusik und heruntergekurbelten Fenstern vor Straßencafés auf und ab und halten derlei Gebären für cool. In Sachen Auto-HiFi gelten 68 Boxen und 25.000 Watt als Standard. Dabei gilt es als Kunst, die Lautstärke gerade so zu justieren, dass die Vibration noch nicht die Scheiben eindrückt.
… kurbeln an der Ampel das Fenster herunter und schütten den Inhalt ihres vollen Aschenbechers auf den Grünstreifen.
… leben im Umland von Großstädten, wo sie im Alter von 16 Jahren beginnen, mit geklauten Autos in Vorstadtdiskotheken zu rasen. Anhand der Kreuze am Straßenrand lässt sich die regionale Proletendichte leicht hochrechnen.
… akzeptieren Frauenfußball nur unter der Bedingung des Trikottausches.
… lieben die spannenden Reportagen auf RTL 2. Nirgendwo lernt man so viel über die auswärtige Prostituiertenszene. Außerdem kann es immer gut sein, dass man gute Kumpels entdeckt, die gerade im Ballermann über einen Eimer Sangria gebeugt hocken. Und nebenbei kann man sich bei den Oben-ohne-Szenen gleich noch einen runterholen.
… besuchen nur Diskotheken, die jeden Abend Stripshows oder Wet-T-Shirt-Wettbewerbe veranstalten, wo Proletinnen erst mit Rüscherl gefügig gemacht werden und dann mit feuchten Leibchen abschleppbereit stehen. Auch in der Disco gilt es als besonders schicklich, durch den regelmäßigen Griff in den Schritt die Paarungsbereitschaft zu signalisieren.
… stehen unheimlich auf amerikanische Actionfilme. Warum sollten Schauspieler reden, wenn sie auch rumballern können? Und am Ende wird immer alles gut.

... kauen laut schmatzend Kaugummi, den sie alle halbe Stunde durch die Gegend spucken oder unter den Tisch kleben, an dem sie gerade sitzen.
... schauen ins Taschentuch, nachdem sie sich die Nase geputzt haben.
... waren noch nie in ihrem Leben im Theater oder in der Oper. Dafür schon zweimal in einem tollen Musical.
... kaufen sich den *Playboy* und behaupten, sie würden es wegen der anspruchsvollen Artikel und der Witze tun.
... verwenden Flirt-Sprüche, die sie sich aus Titten-Heftchen merken. Folgende Anmachtexte sind besonders beliebt: »Deine Beine gefallen mir. Über meinen Schultern würden sie mir noch besser gefallen.« – »Du trägst ein wunderschönes Kleid. Darf ich dir heraushelfen?« Oder: »Sumsen find' ich buper«.
... besuchen nachmittags eine Talkshow, wo sie ihre Exfreundin als fette Schlampe beschimpfen, weil sie mit einem Zuhälter durchgebrannt ist.
... beweisen ihre Männlichkeit, indem sie Silvesterknaller in der Hand behalten.
... kaufen sich von ihrem Millionen-Lottogewinn als Erstes einen Lamborghini.

Die Sätze, die man kennen muss

»Hast du was gegen meine Mutter gesagt?«
»Was guggst du? Willst du fiesen?«
»Das kann doch nicht Warstein.«
»Hey, wie krass heftisch geile Stränschen du hast!«
»Dagegen bin ich algerisch!«

Agenda 2015 für artgerechte Massen-Proletenhaltung

Freilaufende Kinderhaltung
Erlebnissaufparks
Transparente Schlägereien
Flexible Sofazeiten

Proletenwürdiges Chipsangebot
Raucherweiden
Ausreichend Gelegenheiten zum Pöbeln

Proleten, ausländische

Auch das Ausland hat Proleten hervorgebracht, die sich bei uns wie zu Hause fühlen, obwohl sie es nicht sind. Sie kommen aus der Türkei oder dem ehemaligen Jugoslawien und leben nun in Plattenbau-Siedlungen draußen in der Peripherie. Sie sind in Banden organisiert, die sich jeden Abend an U-Bahnhöfen und auf Parkbänken treffen. Sie fragen jeden, der vorbeiläuft: »Ey, Alter, was guckst du so. Willst du Stress, oder was?« Sobald ihnen ein Polizeibeamter begegnet, sprechen sie schlagartig kein Wort Deutsch mehr.

Die Fakten für den Stammtisch 

Ausländische Proleten …
… tragen weite Trainingsanzüge und Turnschuhe mit dicken Sohlen. Das Geld für die Kleidung haben sie sich zusammengespart – aus den Schutzgeldzahlungen, die die anderen Jugendlichen des Viertels bei ihnen zahlen müssen.
… spülen im Pissoir, bevor sie pinkeln.
… haben immer ein Autoradio zu verchecken, das angeblich jemand aus der Clique gefunden hat, nachdem es vom Laster gefallen ist.
… schicken ihren kleinen Bruder vor. Gibt es Ärger, kommt die ganze Gang zum Schlägern um die Ecke.
… legen unheimlichen Wert auf die Familienehre. Wird ein Familienmitglied beleidigt, kommt gleich der ganze Clan mit Baseballschlägern vorbei.
… sprechen einen eigenen Prolo-Slang. Jeder Satz endet mit »Ich schwör«. Außerdem ist alles »krass«, wenn nicht »fett krass« oder gar »krassomat«.

… werden im Alter von 15 Jahren um ein Haar abgeschoben – nach ihrer 187. Verurteilung wegen Raubes, schwerer Körperverletzung und Sachbeschädigung.

Maßnahmen zur Integration ausländischer Proleten mit inländischen Proleten

Mensch-ärgere-dich-Spiele
Gemeinsame Ausfahrten in Autokorsos
Sitzkreise mit dem Austausch gemeinsamer Feindbilder
Zwei machen Krawall bei Kallwass
Fortbildungsreisen zum Kölner Karneval
Testosteronfahrt zum Oktoberfest

Geografische Ortsnamen, die ausländische Proleten beleidigen oder provozieren könnten

Laber
Braunschweig
Hassloch
Oman
Fidschi
Kleindingharting
Niger
Mongolei

Raucher

Das ist typisch deutsch: Milliarden durch die Tabaksteuer einnehmen, aber das Rauchen überall verbieten. Mittlerweile werden Raucher in Deutschland härter rangenommen als Selbstmordattentäter aus Afghanistan. Recht so, schließlich stirbt der Bomben-Knilch auch schneller, statt unserem Gesundheitssystem jahrelang auf der Tasche zu liegen. Raucherbein und Lungenkrebs belasten unsere Sozialkassen. Dass der Raucher viel zu lange lebt, liegt an der Light-Zigarette. In der ist leider kaum noch Teer und anderes todbringendes Gift drin. Nur einen Nachteil hat die Tatsache, dass in Deutschland immer weniger geraucht wird: Wie sollen sich die Leute bitte kennenlernen, wenn niemand mehr da ist, den man nach Feuer fragen kann?

Die Fakten für den Stammtisch

Raucher …
… glauben, dass sie keinen Lungenkrebs bekommen.
… halten sich nicht für süchtig.
… husten in der Früh beängstigend und behaupten, sie hätten sich nur ein wenig erkältet.
… glauben, sie könnten ihre Zigarettenmarke am Geschmack erkennen.
… haben schon 20 Mal vergeblich versucht, das Rauchen aufzugeben.
… zünden sich eine Zigarette an und fragen dann: »Stört es Sie, wenn ich rauche?«
… fragen: »Stört es Sie, wenn ich rauche?«, und zünden sich dann eine 30-Zentimeter Havanna an.
… werden unmittelbar, nachdem sie zu rauchen aufgehört haben, zu militanten Nichtraucher-Nervensägen.
… dürfen in Gebäuden nicht rauchen, weil sie sonst die Sprinkleranlage auslösen, was vermutlich ein gemeiner Schwindel von Nichtrauchern ist.
… stehen einsam vor Gaststätten und saugen gierig das Nikotin in ihre Lungen. Währenddessen freut sich der Raucher seines Lebens, weil er weiß, dass 100 Prozent aller Nichtraucher auch sterben werden.

Die Raucher-Typen

Light-Raucher: Frauen, die auch ins Fitnesscenter gehen und neben dem Salatverzehr gerne noch eine nikotinreduzierte Zigarette verdrücken. Sie schmecken dabei überhaupt nichts, sondern qualmen nur, weil sie der Werbung glauben, dass es zur modernen Karrierefrau gehört zu rauchen. Sie behaupten auch, dass ihnen Lätta-Margarine und koffeinfreier Kaffee schmecken.

Selbstdreher: Ungepflegte armselige Studenten mit fettigen Haaren, die mit zittrigen Fingern Papiere zum Mund führen, unappetitlich bespeicheln und schließlich drehen, weil sie es für wahnsinnig männlich halten. Eigentlich stehen sie aber nur auf Tabak, weil es Schnorrer abhält.

Seltene-Marken-Raucher: Spießige werbehörige Normalos, die es für besonders cool und individualistisch halten, wenn sie eine etwas seltenere Marke rauchen (z. B. Players Navy Cut, Salem oder Nil). Dies ist dieselbe Gruppe, die auch Sol-Bier mit Zitrone trinkt und auch sonst immer etwas bestellt, was alle anderen am Tisch nicht bestellt haben.

Prolo-Raucher: Auf dem Bau, wo man noch stolz ist auf seine gelben Finger und wo eine Zigarette, die etwas taugt, im Hals kratzen muss wie Omis alter Strickpulli, da sind »Ernte 23«, »HB« und »Rothhändle« zu Hause.

Zigarren-Raucher: Besonders schlimme neureiche Poser, die dem letzten Trend hinterherrennen. Verlangen in Havanna-Bars nach gekühlten Zigarren, qualmen sie bei kubanischer Trendmusik und beim Trendcocktail Caipirinha weg.

Pfeifen-Raucher: Lehrer sitzen bei klassischer Musik im Ohrensessel und saugen an ihrer Pfeife, die sie anschließend stundenlang mit Ohrenstäbchen putzen.

Urlaubsmarken-Raucher: Kroatien, Rumänien, Tunesien, Indien haben jeweils mindestens eine ekelerregende Kippen-Marke, die im schlimmsten Fall in Zeitungspapier gewickelt ist und das Aroma unrentabler Kohlekraftwerke verströmt. Der geizige Urlauber aber kauft sich stangenweise Billigkippen und trägt sie monatelang stolz umher, in der Hoffnung, irgendjemand nimmt ihm ab, dass sie tatsächlich gut schmecken.

Sätze, die man kennen sollte

»Und was wird als Nächstes verboten? Fettes Essen? Alkohol?«
»Inzwischen sterben doch viel mehr Raucher an der Lungenentzündung, die sie sich auf zugigen Balkons holen.«
»Weil wir den Amis immer alles nachmachen müssen.«
»Mich wundert es wirklich, dass das Rauchverbot in Italien eingehalten wird. Die haben das Rauchen doch erfunden.«
»Und in Irland erst recht.«
»Wie ist das eigentlich in Frankreich und Spanien? Dürfen die noch rauchen?«

Hintergrundwissen

- *Lucky Luke hat 1982 mit dem Rauchen aufgehört.*
- *Im Iran rauchen lediglich 2 Prozent der Bevölkerung.*
- *Die ersten Marlboro-Zigaretten hatten einen rosafarbenen Filter – damit Lippenstift nicht darauf zu sehen war.*
- *In South Bend, Indiana, ist es Affen gesetzlich verboten zu rauchen.*
- *Die Weltgesundheitsorganisation WHO sieht im Rauchen eine der drei bisher größten und tödlichsten Epidemien der Welt.*
- *Nikotinabhängigkeit ist definiert ab 20 Zigaretten pro Tag.*
- *Schauspieler in Filmen von Quentin Tarantino rauchen die von ihm erfundene fiktive Zigarettenmarke »Red Apple«.*

Rocker

Der Rocker ist ein mysteriöses Wesen. Immer ernst und nie zu Scherzen aufgelegt. Am meisten hasst er andere Rocker. Da er allein nicht lange überleben würde, schließt sich der Rocker einer Clique an. Die liefert sich alle drei Monate mit einer anderen rivalisierenden Bande eine wilde Messerstecherei. Dabei kommt ein Rocker ums Leben, weil er versucht hat, sich an einen seiner Gegner von hinten anzuschleichen. Leider hat ihn das Knarzen seiner Lederkluft verraten. Seine

Kumpels schwören Rache und geben nach und nach ebenfalls den Löffel ab. Sprechen kann der Rocker nicht. Freiheit fühlt er nur auf dem Sitz seines Motorades, wenn ihm der Fahrtwind um die Nase pustet. Kein Mensch weiß, was Rocker eigentlich wollen. Vermutlich nicht einmal die Rocker selbst.

Die Fakten für den Stammtisch

Rocker …
… tragen Lederhose und -jacke mit Nieten, haben lange Haare, um die sie sich grauschwarze Putzlumpen wickeln, und einen Ion-Tiriac-Bart.
… arbeiten hauptberuflich als Lkw-Fahrer, Türsteher oder Ein-Mann-Klaviertransportunternehmen.
… wiegen in etwa so viel wie ein VW Golf. Das einzige Motorrad, das ihre Masse bewegen kann, ist eine Harley Davidson mit 1200-ccm-Motor.
… sind stolz auf ihre Narben. Sie können zu jeder Narbe eine Geschichte erzählen.
… lassen sich im Suff ein Tattoo stechen. Leider ist der Tätowierer auch besoffen. Jetzt steht statt »Schmerz« nur »Scherz« auf Rockers Oberarm.
… brechen jedem die Knochen, der es wagt, sie auf ihr Tattoo anzusprechen.
… fahren jedes Wochenende zu einem Motorradtreffen, wo sie strippende Frauen beäugen, endlos saufen und die Zillertaler Schürzenjäger bejubeln.
… wünschen sich, dass bei ihrer Beerdigung »Stairway to heaven« gespielt wird.

Womit Rocker meistens Bierflaschen öffnen

Mit einem Messer
Mit einem andern Bier
Mit einem Mofa
Mit einem Mofafahrer

Mit Abneigung (Weizenbier)
Mit einem Kater
Mit Durst

Hintergrundwissen

- *Die Bandmitglieder von Rammstein haben folgende Berufe gelernt: Bautischler/Korbmacher (Till Lindemann), Kassierer/Koch (Richard Kruspe), Funk- und Fernsehmechaniker/Heizer (Paul Landers), Stuckateur (Oliver Riedel), Werkzeugmacher (Christian »Flake« Lorenz). Christoph Schneiders Beruf ist unbekannt – soll aber was mit Strom gewesen sein.*
- *Das schwerste Motorrad der Welt wiegt 4,7 Tonnen und hat einen 800-PS-Panzermotor.*
- *Termiten fressen sich doppelt so schnell durch einen Baum, wenn sie Rockmusik hören.*

Schwule

Schwule sind die einzigen Männer, die Frauen verstehen. Doch das nützt weder den Schwulen noch den Frauen. Und dem aussterbenden Deutschland schon mal gar nichts. Denn während Heteros die Verantwortung für die Zukunft der Menschheit ständig in ihrer Hose mit sich tragen, verteilen Schwule die reichen Gaben ihres Schwanzes ungeniert und ohne Zeugungsstress. Ihr Fimmel für Buntes reicht den Schwulen, um in der sonst so grauen deutschen Gesellschaft als hyperkreativ zu gelten.

Die Fakten für den Stammtisch

Schwule …
… heißen Detlev, Sven oder Elmar. Werden die schwul wegen ihres Namens oder ahnten die Eltern schon, dass sie schwul werden?

... sind gut gekleidet, tragen eine modische Kurzhaarfrisur und einen Ohrring links.
... werden von Beruf Friseur, Kellner oder Schlagersänger.
... nehmen den Stewardessen die Arbeit weg.
... haben bei ihren Partnerschaften einen männlichen Typen mit Schnurrbart und Handschellen in der Lederhose und eine geföhnte Tunte, die nasal redet.
... spreizen beim Rauchen oder Teetrinken den kleinen Finger ab.
... singen Lieder von Marianne Rosenberg beim Duschen.
... treffen sich auf örtlichen Toiletten oder in Parks, wo sie ohne viel Aufhebens miteinander Sex haben. Da kann man erkennen, wie auch heterosexuelle Männer gerne Sex hätten, wäre da nicht der Bremsklotz Frau.
... gehen in die Oper. Eine Oper ist erst vorbei, wenn der letzte Heterosexuelle eingeschlafen ist.
... finden es schade, dass der Trikotausziehjubel beim Fußball verboten worden ist.
... würden es gerne mal mit David Beckham treiben.
... veranstalten Olympiaden in den Disziplinen Handtaschenweitwurf, Sackhüpfen und Eierlauf.
... rufen abends bei »Domian« an, um ihm zu erzählen, dass sie am liebsten Sex mit Hackfleisch haben.

Im Jahr 2010 haben Schwule ...

... in insgesamt 93.201 Lofts gewohnt.
... mehr als 376 Kilo Camouflage-Make-up über Bartstoppeln verteilt.
... sich insgesamt 88.746 Cargo-Hosen und das passende Muscle-Shirt gekauft.
... 23.121 teure Bildbände auf Kaffeetischchen ausgerichtet.
... 890.783 Mal Lieder von Marianne Rosenberg, Gloria Gaynor oder ABBA downgeloaded.
... 987 Millionen Stunden dazu getanzt.
... 1,3 Milliarden »Käffchen« getrunken.
... 2,6 Milliarden Mal »Schätzchen« zu einer ungeliebten Person gesagt.

Hintergrundwissen

- *Jedes dritte Seepferdchen ist schwul.*
- *Es gibt homosexuelle Delfine.*
- *Gegenstände, die Chirurgen des Hamburger Universitätsklinikums über die Jahre aus ihren Patienten befördert haben: Zwei Sektflaschen, eine Cola-Flasche, drei Massagestäbe, eine Bocciakugel, drei Spraydosen, ein Staubsaugeransatzteil, zwei Hartgummistäbe, einen Tischtennisball, eine Kerze; des Weiteren einen Spatenstiel (19 Zentimeter), ein Stuhlbein (27 Zentimeter) und die zusammengerollte Ausgabe einer Wochenendzeitung* (Bild am Sonntag).

Singles

Die Nettoreproduktionsrate in Deutschland entwickelt sich derzeit genauso prächtig wie der Aktienkurs von BP. Hauptschuld daran tragen die deutschen Singles. Statt beizuschlafen und neun Monate später die Dividende an die Gesellschaft auszuschütten, stehen Singles Sonntag für Sonntag einsam an irgendwelchen Brücken herum und schauen verträumt ins Wasser, in der Hoffnung, dass sich jemand zu ihnen stellt und den Rest des Lebens mit ihnen aufs Wasser starrt. Oder sie gehen auf Single-Partys, die »Fisch sucht Fahrrad« heißen und deren Gäste auch so aussehen. Je älter ein Single wird, umso größer seine Verzweiflung. Dass Singles nicht unter die Haube kommen, liegt auch an ihrem fehlerhaften Flirtverhalten. So dauert es bei einem Single zwei Tage, bis er realisiert hat, dass das scharfe Mädchen in der U-Bahn ihm hoffnungsvoll zugelächelt hat, weil es etwas von ihm wollte. Die Aufrufe im Radio und die an der U-Bahnstation angeklebten Suchzettel »Du – braune Haare, süßer Blick – hast mich – groß, blond, schlanke Figur – vor zwei Tagen in der U-Bahn angelächelt. Bitte melde dich!« bleiben ohne Erfolg. Und Deutschlands Geburtenrate im Keller.

Die Fakten für den Stammtisch 

Singles …
… betonen bei jeder Gelegenheit, dass sie gerne Single sind. Weil sie quer im Bett schlafen können, die Wohnung sauberer ist, sie über das Fernsehprogramm bestimmen dürfen und öfter mal ein Buch lesen können.
… hassen Sonntage.
… lesen jeden Dating-Ratgeber, den es zu kaufen gibt.
… investieren Unsummen in Flirt-Workshops und Infield-Seminare, in denen sie lernen, zu einer Frau »Hallo« zu sagen.
… haben endlich niemanden mehr, der eifersüchtig wird, wenn sie sich in eine Affäre stürzen. Nur finden sie leider niemanden, der sich mit ihnen in eine Affären stürzen will.
… ärgern sich, dass ihnen der Animateur im Robinson-Club schon wieder das schönste Mädchen weggeschnappt hat.

Partnerwahl ist schwierig

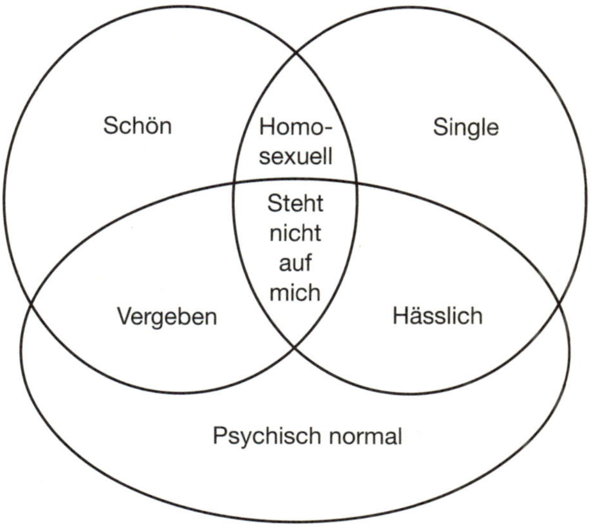

Die Sätze, die man kennen muss

»Immer so allein, also das könnt' ich nicht.«

Liste der Dinge, die Singles ins Grübeln bringen

Tandem
Federball-Set
Fischplatte für zwei Personen
Karaoke-Set
Wippen
Mau-Mau

Sozialpädagogen

Sozialpädagogen sind die größten Verharmloser, wenn es um die Probleme in Deutschland geht, glauben sie doch tatsächlich, dass man alle Probleme in unserem Land lösen kann, indem man darüber redet. Genau das tut der Sozialpädagoge auch den ganzen Tag. Vielleicht wäre es gar keine schlechte Idee, mal einen Trupp Sozialpädagogen nach Afghanistan zu schicken. Um die Taliban totzuquatschen. Die Hoffnung stirbt beim Sozialpädagogen bekanntlich zuletzt. Er glaubt, selbst Schwerbrecher auf den Pfad der Tugend zurückführen zu können, wenn er nur mit ihnen zwei Wochen lang in ein Camp in die Wildnis fahren kann. Dort lernen die Knackis vom Sozialpädagogen, wie man Holz fürs Feuer sammelt und Bäume umarmt.

Die Fakten für den Stammtisch 

Sozialpädagogen ...
... tragen selbst gestrickte Pullis, Latzhosen und violette Halstücher.
... Batiken gerne selbst.
... heißen: Jens, Julian oder Lothar.
... haben folgenden Lieblingssatz: »Das klingt jetzt vielleicht blöd, aber ... «

... haben ein seliges Lächeln im Gesicht, das sie ein wenig einfältig erscheinen lässt.
... nehmen den Namen ihrer Frau an.
... gehen in eine Männergruppe, wo sie sich gegenseitig beichten, dass sie Probleme dabei haben, mit anderen Menschen darüber zu reden.
... gehen zur Orgasmusberatung.
... besonders die Männer sind im Geschlechterkampf sehr engagiert und auf der Seite der Emanzipation. Dies findet seinen Ausdruck hauptsächlich darin, dass sie sich beim Pinkeln hinsetzen.
... sind natürlich allesamt Kriegsdienstverweigerer. Die Frauen leisten ein soziales Jahr.

Was sich Sozialpädagogen wünschen

Ein bisschen Friede, ein bisschen Freude und dass die Menschen nicht so oft weinen ...
Mehr Theater-AGs
Mal was richtig Versautes tun, zum Beispiel die Super Nanny poppen
Ein bisschen Verständnis
Anerkennung
Geld mit ihrer Arbeit zu verdienen
Ein neues Diskussionsdeckchen

Die unglaubwürdigsten und seltensten Gerüchte, die über Sozialpädagogen kursieren

Sozialpädagogen haben von Geburt an mehr Rhythmusgefühl.
Sozialpädagogen fehlt ein Enzym; sie können deswegen keinen Käse essen.
Sozialpädagogen gurgeln morgens mit Whiskey.
Sozialpädagogen zerlegen Hotelzimmer nur aus PR-Gründen.
Sozialpädagoginnen können sich in längerer Gefangenschaft selbst befruchten.

Spießer

Neben kleinen Kopftuchmädchen, Empfängern von Grundsicherung und gewaltbereiten Moslems sorgt vor allem die erschreckend große Zahl an Spießern dafür, dass das Leben in Deutschland keinen Spaß macht. Was gut und böse ist, weiß der Spießer ohne nachzudenken. Der Höhepunkt seines Lebens ist die Hochzeit mit Anfang 20 in einem Landgasthof. Für Stimmung sorgt eine unglaublich schlechte Zwei-Mann-Band, die uralte Schlager verhunzt. Dazu tanzen die Frischvermählten ungelenk. Punkt 23 Uhr kommt ein Onkel, der die Braut entführt. Dann muss sie der Ehemann suchen, was unheimlich aufregend ist, weil sowieso jeder weiß, dass die Ehefrau im nächsten Landgasthof sitzt. Gegen 1 Uhr nachts verabschieden sich dann die 60 Gäste. So schön hatte sich der Spießer das Heiraten in seinen kühnsten Träumen nicht vorgestellt. Trautes Heim, Glück allein, weiß der Spießer und hat sein Reihenhaus mit modernsten Alarmanlagen gesichert. An der Balkontür ist ein Fliegengitter angebracht. Das Flusensieb der Waschmaschine wird wöchentlich gereinigt. Seine Stereoanlage erwirbt er im Komplettsystem. Darauf hört er am liebsten Lieder von Céline Dion, Joe Cocker und Phil Collins. Seine Unterwäsche wechselt der Spießer täglich. Seine Kaffeesorte dagegen nie im Leben. Wenn der Spießer etwas hasst, dann ist es Verschwendungssucht. Auf Toilette reichen ihm zwei Blatt Klopapier. Fürs große Geschäft. Falls er mal außerhalb der eigenen vier Wände muss, trägt der Spießer stets eine Papierhülle für den fremden Klodeckel bei sich. Im Kofferraum seines Opels führt er immer auch einen Aidshandschuh mit sich, dessen Haltbarkeitsdatum noch nicht abgelaufen ist. Auf der Radltour am Wochenende hat der Spießer Flickzeug und Luftpumpe dabei. Damit er nicht zur spät zur Arbeit kommt, stellt sich der Spießer einen Ersatzwecker. Am frühen Morgen steht er gern und fröhlich auf. Schließlich hat er ja gestern schon die Urlaubsreise gebucht, die er in acht Monaten mit Frau und Kindern machen wird, und hat etwas, über das er sich den lieben öden Tag lang freuen kann.

Die Fakten für den Stammtisch

Spießer …
… essen Hähnchen mit Messer und Gabel.
… schrauben ihr Druckerkabel fest.
… trinken nur, wenn sie durstig sind.
… sind Vorsitzende der Elterninitiative. Dabei sorgen sie dafür, dass durch ein Bürgerbegehren der drei Kilometer entfernte Zigarettenautomat entfernt wird und das Singen von Bob-Dylan-Liedern im Musikunterricht wegen Drogenverherrlichung verboten wird.
… sammeln Gartenzwerge.
…behandeln ihre Gartenzwerge liebevoller als ihre Nachbarn.
… hassen Handys.
… lesen jeden Tag das Horoskop, behaupten aber, dass sie die Voraussagen nicht glauben.
… rauchen nicht im Wald.
… spenden jedes Jahr vor Weihnachten für einen guten Zweck.
… sagen, sie glauben zwar nicht an den Gott, aber daran, dass es »jemanden« geben müsse, der unsere Erde erschaffen hat.
… haben Klodeckelschützer aus Plüsch. Vor der Schüssel liegt eine Plüschmatte in den Farben Mauve, Bleu oder Lileu.
… verdrücken sich Rülpser.
… schließen eine Reiseversicherung ab, ehe sie ins Ausland fahren. Dabei wird ihnen natürlich nichts geklaut, weil sie nachts im Schichtverfahren Wache vor den Koffern schieben.
… pumpen in regelmäßigen Abständen ihr Reserverad auf.
… finden es wichtig, dass das Essen auf dem Teller komplett aufgegessen wird.
… jammern an Weihnachten: »Renate, der Baum nadelt.«
… waschen die Teller ab, bevor sie sie in die Spülmaschine stellen.
… rufen die Polizei, weil ein vermeintlich verdächtiges Auto bei ihnen vor der Tür steht.
… wischen im Biergarten die Bank ab, bevor sie sich hinsetzen.
… haben im Wohnzimmer eine Vitrine mit Kristallglas oder teurem Porzellan. Auf dem Tisch liegt immer ein Trockengesteck aus Tannenzapfen, das mit Goldspray veredelt wurde.

…stehen bei Schneefall morgens um 6 Uhr auf, um den Gehweg zu schippen.

Was inzwischen alles spießig ist

Mittagessen
Tulpen
Rechtshänder sein
Thymian
Das Schlemmerfilet
Pinkelpausen

Dinge, die Spießer »richtig verrückt« finden

Mal nachts Nudeln essen
Einfach so die Waschmaschine abschalten.
Regentropfen mit dem Mund auffangen
Sich gegenseitig (unauffällig) Schnaps ins Bier kippen
Auf einer Bierbank stehen
Zu Phil Collins' Musik tanzen
Möglichst lange ohne anzuhalten Auto fahren

Stars

Fragt man Kinder und Jugendliche in Deutschland heutzutage, was sie später einmal werden wollen, antworten die meisten: »Ein Star.« Schließlich ist das ein Beruf, in dem man nicht viel arbeiten muss und trotzdem viel Kohle verdient. Nur zwei Dinge muss der Star beherrschen: Immer schön zickig sein und seine Umgebung mit extravaganten Marotten tyrannisieren. Ist doch nicht so schwer. Da besteht man auf Kaffee, der aus norwegischem Gletscherwasser gekocht wird, und im Hotelzimmer darf keines der Fenster nach Nordosten zeigen. In der Presse beschwert man sich als Star, wie anstrengend es ist, berühmt zu sein und überall erkannt zu werden. Gerät der Star dann in Vergessenheit, legt er sich eine Drogensucht zu, damit der Boulevard mal wieder was zu klatschen hat. Oder man frisst sich ein paar Kilo drauf, damit die Paparazzi über eine Schwangerschaft spekulieren können. Bevor die Karriere vollkommen zu Ende geht, lässt man sich halt aus Versehen ein privates Sexvideo stehlen, mit dem man genug Geld für die Rente verdient. Star zu sein bedarf es wenig.

Die Fakten für den Stammtisch 

Stars …
… treten immer vor dem besten Publikum der Welt auf.
… sind mit einem Star-Kollegen zusammen. Die Beziehung scheitert aber daran, dass beide sich wegen ihres Berufs so selten sehen.
… verlieben sich deswegen in den Bodyguard.
… schreiben mit 21 bereits eine Autobiografie, weil sie Angst haben, dass sie mit 22 kein Aas mehr kennt.
… geben 100 Euro, obwohl sie im Café nur einen Cappuccino hatten.
… setzen sich dicke schwarze Sonnenbrillen auf, bevor sie zum Einkaufen aus dem Haus gehen. Jeder erkennt sie daran sofort.
… saufen und feiern auf Spendengalas für den guten Zweck.

Was man an Neil Armstrong bewundert

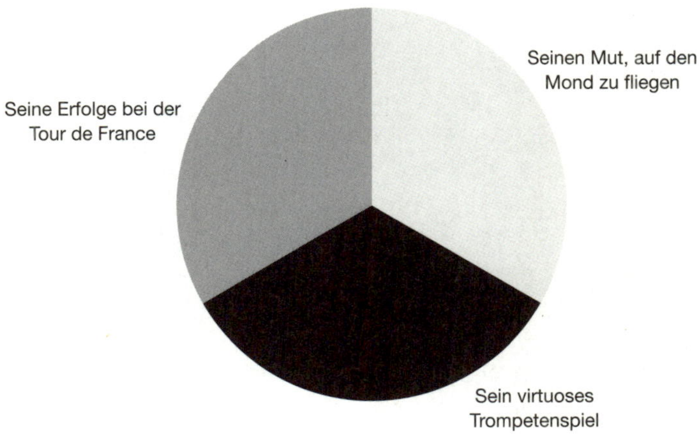

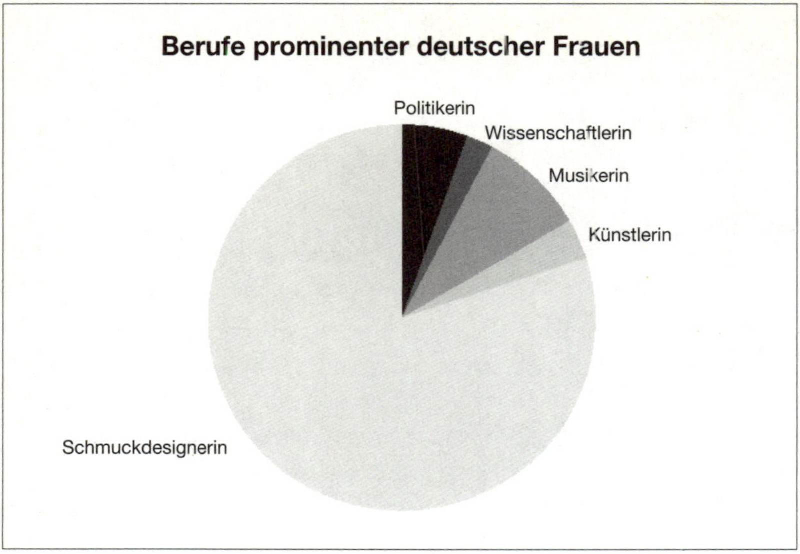

Was Stars denken, wenn sie endlich alleine sind

Ah.
Uff.
Hmmm.
Al-ter Schwe-de.
Hihi.
Nichts.

Hintergrundwissen

- *Madonna ließ auf ihrer Tour 2008 in Nizza alle Toiletten, Duschen und Waschbecken im Backstage-Bereich ausbauen, reinigen und wieder einbauen. Die Sängerin kann den Gedanken an Bakterien und Schmutz nicht ertragen.*
- *Mary J. Blidge verlangt auf Tour ihre eigene Toilette mit neuem Toilettensitz. Außerdem trinkt sie nur Wasser der Marke Fiji.*

- *Rapper P. Diddy hat einen persönlichen Schirmhalter, der ihn vor zu viel UV-Licht schützt.*
- *Mariah Carey trinkt nur Wasser von Evian. Ihren Tee lässt sie hingegen mit Poland Springs Water aufgießen. Für einen Werbetermin in einem Shoppingcenter im November 2009 in London verlangte die US-Amerikanerin 20 weiße Kätzchen und 100 weiße Tauben. Die Tiere sollten die Diva umrahmen, während sie die Lichter eines Weihnachtsbaums anknipst. Ein Rolls-Royce sollte den Weltstar zum Einkaufszentrum fahren. Das Auto wurde laut Bericht für diesen Termin sechsmal gewechselt – seit Tagen gab es Probleme, welches Auto das richtige sein könne: Sie weigerte sich, in eine andere Luxuslimousine als ihren eingeflogenen Maybach einzusteigen.*
- *Jennifer Lopez legt Wert auf weiße Lilien, weiße Kerzen und eine weiße Couch in ihrer Garderobe, wenn sie auf Tour ist. Bei den World Music Awards in Monaco 2010 musste die Fahrt nach Monaco so bequem wie möglich gestaltet werden. Sie wurde in einem Speed-Boot chauffiert, das Sitze aus Kunstleder und einen Champagner-Kühlschrank bereithalten musste, zudem mit Diamanten verzierte Kopfhörer (Wert: circa 5000 Euro), um die Sängerin vom Bootslärm abzuschirmen. Ein Hubschrauber musste zudem die ganze Zeit bereitstehen, für den Fall der Fälle. Außerdem verlangte J. Lo eine Masseurin sowie ein zwölfköpfiges Haar- und Make-up-Team.*
- *Snoop Dogg steht auf Ice. Und damit ist nicht sein Schmuck gemeint: Ohne Vanilleeis und Pfirsiche geht der Rapper nicht auf Tournee.*
- *Karl Lagerfeld reist gerne mit seinen 40 (!) iPods im Gepäck. Die verbergen sich in einem eigens angefertigten Kofferset von Louis Vuitton.*
- *Rod Stewart wünscht, dass sein Hotelzimmer total abgedunkelt wird. Ein Team klebt alle Ritzen, durch die Licht eindringen könnte, in seiner Suite ab.*

Studenten

Jedes Jahr versorgt Vater Staat die deutschen Universitäten mit Milliarden, damit Studenten dort Dinge lernen können, die sie im späteren Berufsleben nicht gebrauchen können. Die Folge: Deutschland wird immer dümmer, führt aber die Statistik »Taxifahrer mit Universitätsabschluss« weltweit an. 26 Semester lungern Studenten in der Cafeteria herum und schmachten Mädchen an. Die ganz Verzweifelten versuchen mit einem Buch von Elfriede Jelinek gleichsam sensibel wie intellektuell zu wirken. Manchmal schlafen Frauen schließlich auch aus Mitleid mit einem. In überfüllten Hörsälen lauschen Studenten den kryptischen Ausführungen eines verwirrten und greisen Professors. Danach geht's ab in die Studentenkneipe, wo die Studenten sich darüber austauschen, wie sie die Welt verbessern können. Durch das Töten Tausender Gehirnzellen mittels Alkohol gehen die dabei gefundenen guten Ideen gleich wieder verloren. Am nächsten Tag wacht der Student gegen Mittag in seiner unaufgeräumt schmuddeligen Wohngemeinschaft auf und ist verkatert. Weshalb er nicht zur Vorlesung kann. Die restlichen Vorlesungen fallen aus wegen Streiks. Wofür der Student streikt, ist ihm egal, Hauptsache, er kann irgendwo herumlungern, Kippen rauchen und Konversationen in verschwurbelter Soziologen-Sprache führen. Das einzige Positive ist, dass die deutsche Regierung wegen des Studentenpacks die Arbeitslosenstatistik nicht weiter fälschen muss. Denn obwohl Studenten das gleiche faule Leben wie Hartz-IV-Empfänger führen, werden sie in der Statistik nicht mitgezählt.

Die Fakten für den Stammtisch 

Studenten …

… essen in der Mensa, wo sie für 2,50 Euro ein großes Schnitzel einheimsen.

… glauben, dass das Schnitzel in der Mensa aus Fleisch besteht.

… verlieren die Plastikmarken von der Mensa, ohne die sie ihre 2 Euro Becherpfand nicht zurückbekommen.

… machen sich gegenseitig verrückt mit der Frage: »Und wie viel hast du schon auf die Klausur gelernt?«

... vergessen, ihren Studentenwerksbeitrag rechtzeitig zu bezahlen.
... nehmen sich vor, ihn das nächsten Mal gleich zu bezahlen, wenn der neue Studentenausweis mit dem Überweisungsauftrag in der Post liegt.
... vergessen den Studentenbeitrag wieder.
... fangen in aller Ruhe mit ihrer Magisterarbeit an. Wenige Tage vor dem Abgabetermin merken sie, dass sie sich gewaltig im Zeitmanagement verschätzt haben. Anschließend arbeiten sie 24 Stunden am Tag mit zwei kurzen Pinkelpausen durch. Am letzten Tag stürzt der Computer ab und die letzten drei Tage Verbesserungen sind weg. Mitten im letzten Ausdruck geht der Drucker kaputt.
... rufen am 20. jeden Monats ihre Eltern an, weil ihnen das Geld ausgegangen ist.
... schämen sich nach zehn Semestern das erste Mal, in der Bibliothek zu fragen, wie das denn mit der Wochenendausleihe funktioniere.
... verstecken die Bücher in der Bibliothek an einem anderen Platz, damit sie kein anderer für das Wochenende ausleihen kann.
... bräuchten ein Fach, in dem sie lernen, wie man Arbeitslosenhilfe oder Wohngeld richtig beantragt.

Die wichtigsten Studenten-Typen

Jurastudenten: Sie tragen Anzug und Bundfaltenhose und lernen alles auswendig, was sie in die Hände bekommen.
Physikstudenten: Sie sind bleiche Gestalten, die mit Männerhandtaschen und ungewaschenen Topffrisuren herumlaufen. In Diskotheken versauern sie beim Weißbier in der Ecke.
Pädagogikstudenten: Sie sitzen heftig häkelnd und komplett in violettes Tuch gehüllt im Hörsaal und erörtern das neue Buch von Peter Sloterdijk, das jeder gelesen, aber keiner verstanden hat. Nicht einmal Peter Sloterdijk selbst.
Sportstudenten: Sie lesen hingegen nie. Sie müssen bei der Diplomprüfung mit nacktem Oberkörper durch die Halle laufen und ein paar Gymnastikübungen vorführen. Den Rest seiner Zeit verführen sie junge Studentinnen oder stehen auf dem Surfbrett.

Welchen Tätigkeiten sich Studenten während ihres Studiums widmen (in Prozent)

Mit einem Fuß wippen (53)
Sich googeln (49)
Doch nicht mehr Taxi fahren und weiter Germanistik studieren (48)
Eine hübsche Kommilitonin googeln (21)
Einen Prof googeln (11)
Was aus dem Web saugen (10)
Lernen (3)
Alles hinschmeißen (2)
Sich absichtlich auf den Kopf fallen lassen (0,1)

Hintergrundwissen

- *An der Universität Kyoto übertrumpften Schimpansen Studenten im Umgang mit Zahlen. Die Tiere sollten die Ziffern 1 bis 9, die wild durcheinander auf einem Bildschirm erschienen, in der richtigen Reihenfolge antippen.*
- *Der Swoosh, das Logo von Nike, wurde von der Grafikdesign-Studentin Carolyn Davidson für 35 US-Dollar entworfen.*
- *Immanuel Kant finanzierte sein Studium mit der Teilnahme an Billardturnieren.*
- *Brad Pitt schmiss sein Journalismusstudium zwei Wochen vor dem Abschluss und ging nach Hollywood.*
- *Als Elihu Yale 2500 Dollar für die Collegiate School spendete, änderte diese ihren Namen in »Yale University«. John Harvard brachte 3500 Dollar und eine kleine Bibliothek auf, woraufhin das Cambridge College seinen Namen in »Harvard University« änderte.*
- *George W. Bush war in seiner Studienzeit an der Yale University männlicher Cheerleader.*

Teenager

Der Weg zur wahren Coolness führt leider immer auch durch die Pubertät. Und nicht selten tragen Teenager von dieser anstrengenden Zeit Schäden davon, die sie ein Leben lang begleiten. Anstatt sich von den Eltern das Leben und den ganzen Rest in aller Ruhe erklären zu lassen, schmeißen Teenager jede freie Minute zum Fenster raus, um ihre eigenen Erfahrungen zu machen. Und das sind meistens schlechte. In die Schule gehen Teenager nur noch bewaffnet. Damit ihnen die fiese Gang, die die ganze Schule terrorisiert, nicht die Jacke »abzieht«, bezahlen sie Schutzgeld. Beziehungen zum anderen Geschlecht dauern nie länger als drei Wochen. Ist doch zufällig mal erst nach einem Monat Schluss, ist das Geheule groß, handelte es sich hierbei doch um die große Liebe. Ihr gesamtes Geld geben Teenager für teure Markenklamotten aus, die eine Woche später schon wieder out sind. Anstatt zu lernen, schreiben Teenager lieber Spickzettel oder versuchen ihr Handy aufs Schulklo zu schmuggeln, um bei Wikipedia die Lösung für den Deutschaufsatz nachzuschlagen. Überhaupt fällt Schule den Teenagern ziemlich schwer, da sie die meiste Zeit nicht an Algebra und Thermodynamik, sondern an Sex denken. Während weibliche Teenager jahrelang ihrer Brust beim Wachsen zuschauen, versuchen männliche Teenager sich mit aller Macht einen Bart wachsen zu lasen. Leider reicht es bei den meisten jedoch nur zu einem peinlichen Oberlippenflaum. Statt Hausaufgaben zu machen, gehen Teenager lieber ins Kino, um im Dunkeln ungestört zu knutschen. Ist die Pubertät dann endlich vorbei, haben Teenager in der Schule nichts gelernt und bei der aktuellen PISA-Studie mal wieder nur hintere Plätze belegt. Dafür aber können sie küssen wie Hochleistungs-Vakuumstaubsauger.

Die Fakten für den Stammtisch

Teenager …
… gehen jeden zweiten Samstag im Monat in den Partyraum der Kirchengemeinde, um bis um 22 Uhr bei Spezi und Menthol-Zigaretten Engtanz zu üben. Dabei drehen sie sich mit einer Umdrehung pro Stunde zu Uralt-Klassikern von den Scorpions und Chicago.

Beim zweiten Lied beginnen sie rumzuknutschen. Beim dritten Lied versucht er, an ihre Brüste zu greifen. Nur sind seine Arme leider nicht lang genug. Anschließend sitzen sie knutschend auf den Bänken, bis sich der Speichel wie Käsefäden auf der Pizza zieht. Der Höhepunkt des Abends ist die rituelle Frage: »Willst du mit mir gehen?«

... leben in Cliquen zusammen. In jeder Clique gibt es einen Streber, einen Dicken, einen Lustigen und einen Coolen, auf den immer alle Mädchen stehen. In einer Clique tragen immer alle grundsätzlich dasselbe und stehen auf dieselbe Musik.

... streiten mit ihren Eltern, ob McDonald's oder Burger King und Coke oder Pepsi besser sind. Außerdem teilen sich Teenager in zwei grundsätzliche Lebensphilosophien: Entweder man gehört der Geha- oder der Pelikan-Füller-Fraktion an.

... hören nicht auf ihre Eltern, weil sie sie wegen der lauten Musik nicht verstehen.

... haben ihren ersten Sex, wenn die Eltern in der Oper sind.

... gewinnen ihren ersten Kuss beim Flaschendrehen auf der Geburtstagsparty ihres besten Freundes.

... zerschießen beim Fußballspielen im Hof die Scheiben der Nachbarn.

... bekommen zu wenig Taschengeld.

... weinen, wenn die Eltern das falsche Auto kaufen. Die Eltern kaufen immer total uncoole Autos, etwa einen Opel oder einen Toyota.

... brechen sich den Arm und lassen auf dem Gips all ihre Freunde unterschreiben.

... essen so lange Kirschen, bis sie eine blaue Zunge haben und ihnen schlecht wird.

... entwickeln zusammen mit dem besten Freund eine Geheimsprache.

... bekommen beim Lügen rote Ohren.

... wünschen sich zum Geburtstag ein Teleskop, »um die Sterne zu beobachten«. Der einzige Stern, den sie dann damit beobachten, ist die hübsche Nachbarstochter beim Oben-ohne-Sonnenbaden.

... schlagen an Horrorfilmabenden bei jeder schaurigen Stelle die Hände vor das Gesicht und fragen anschließend, ob es schon vorbei sei.

Hintergrundwissen

- *Pierce Brosnan jobbte als Teenager als Feuerschlucker im Zirkus.*
- *Jugendliche sind im Schnitt nur noch 7 Minuten aufmerksam.*
- *Ende 2001 schlug ein Ratsmitglied aus Cleveland, Ohio, vor, die bei Jugendlichen beliebten tief hängenden »Baggy-Hosen« gesetzlich verbieten zu lassen. Träger solcher Hosen sollten mit einer spürbaren Geldstrafe bestraft werden.*
- *In Florida dürfen Kinder und Jugendliche ohne schriftliche Erlaubnis ihrer Eltern keine »Harry Potter«-Bücher aus Schulbibliotheken entleihen, weil darin unchristliche magische Rituale beschrieben sind.*
- *Jedes Jahr sterben in Chicago 300 Jugendliche an Schussverletzungen.*

Teenager, weibliche

... tragen bauchfreie Tops mit Spaghettiträger, knallenge Hosen und haben ein Piercing im Bauchnabel. Dazu passend: Zahnspangen, McDonald's-Uhren und elefantenhafte Turnschuhe.

... schminken sich eher undezent.

... sind wahnsinnig verknallt in einen gegelten Schönling einer Boygroup, der gerade einen Hit gelandet hat. Die Liebe weilt nur so lange, bis er aus der Hitparade verschwunden ist.

... die erste wirklich große Liebe gilt einem Pony.

... haben eine beste Freundin, mit der sie alles besprechen müssen und mit der sie gluckenhaft die Nachmittage verbringen.

... freuen sich über schleimige Verse in ihrem Poesiealbum.

... verlieben sich am Lagerfeuer in den Jungen mit der Gitarre.

... finden ältere Jungs toll. Verlieben sich in den Schönling der Klasse drüber. Hungern wochenlang, um die Aufmerksamkeit des Angebeteten zu erlangen. Er merkt natürlich nichts.

... schicken ihre Freundin los, die den Freund ihres Schwarms fragen muss, ob der nicht den Schwarm fragen könne, ob er mit ihrer Freundin gehen wolle.

…haben folgende Lieblingsbücher: *Hanni und Nanni… das kleine Pony hat Schluckauf* und *Das Internat am See und die Freistunde*.
…finden es schrecklich, dass Robbenbabys von brutalen Schlächtern nur wegen ihres Fells erschlagen werden. Treten deshalb in den Tierschutzverein, wo sie auch selber aktiv werden. Sie schaufeln gemeinsam mit anderen Teenagern eine große Pfütze, die mit allerhand Unkräutern zuwächst und fortan als Feuchtbiotop bezeichnet wird.
…lassen einen die Hausaufgaben abschreiben.
…verlieben sich in Boygroups. Aus Liebe werfen sie ihre BHs auf die Bühne, falls sie schon Brüste haben. Haben sie keine Brüste, werfen sie Plüschtiere.
…fragen das Dr.-Sommer-Team, ob man vom Küssen schwanger werden kann.

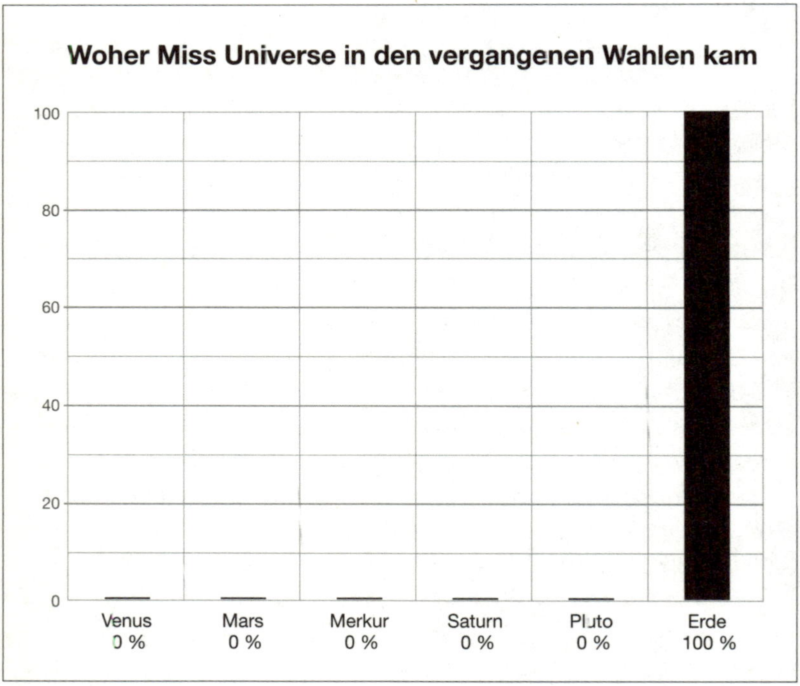

Der erste Sex aus ihrer Sicht

»Es war grauenhaft. Ich wollte nicht, aber er hat mich bedrängt. Schon auf dem Sofa hat er angefangen mich zu betatschen und hat mich dann schließlich übertölpelt. Ich hatte fürchterliche Schmerzen. Nach drei Minuten hat er angefangen zu grunzen und es war Gott sei Dank vorbei.«

Denkfehler weiblicher Teenager

Robert Pattinson ist ein Vampir.
Das Haarstyling, die Glitzersteine auf den Fingernägeln oder die Farbe ihrer Wimperntusche hätte irgendetwas damit zu tun, ob der süße Junge aus der Parallelklasse auf sie aufmerksam wird oder nicht.
Wenn sie sich nur ganz viel Mühe geben mit dem Brief, dann wird Justin Bieber vielleicht doch antworten.
Justin Bieber ist süß.
Justin Bieber macht Musik.
Sie werden nie mehr einen Jungen so lieben wie den Jungen aus der Parallelklasse.
Rosa ist eine hübsche Farbe.

Teenager, männliche

... ziehen einer Barbiepuppe, die sie zufällig in die Hände kriegen, erst mal die Kleider aus.
... haben folgende Lieblingsbücher: *Die 3 Fragezeichen und das Geheimnis der fehlenden Socke* und *TKKG – die Jagd nach dem gelben Regenschirm.*
... rauchen mit einem Freund Tee und Muskatnüsse aus Muttis Gewürzschrank und fühlen sich unheimlich stoned.
... schreiben die Hausaufgaben voneinander ab.
... spielen in der Pause mit einer Kakaotüte Fußball.
... geben vor ihren Freunden an, sie hätten bereits Sex gehabt.
... messen mit elf Jahren ihre Penisse.

…kratzen einzelne Buchstaben von Verbotsschildern weg, bis etwa auf dem Straßenbahnfenster steht: »Bitte herauslehnen.«
…onanieren die ersten Male auf Nacktbilder in der Bravo. Dabei träumen sie von scharfem Sex mit dem hübschesten Mädchen ihrer Jahrgangsstufe.
…schreiben mit Filzstift unleserliche Kürzel auf den U-Bahn-Sitz.
…denken jahrelang, sie wären die Einzigen auf der Welt, die sich selbst befriedigen.
…klauen als Mutprobe eine Packung Zigaretten im Supermarkt, werden erwischt und heulen.
…hängen Poster von Fußballmannschaften auf.
…fragen das Dr.-Sommer-Team, ob es sein kann, dass ihr Penis schief ist.

Der erste Sex aus seiner Sicht

»Es war absolut cool. Kaum waren ihre Eltern in die Oper gefahren, verführte ich sie zärtlich in ihrem Zimmer. Wir hatten großartigen Sex. Es dauerte ungefähr eine Stunde und sie war begeistert.«

Denkfehler männlicher Teenager

Wenn sie das Mädchen nur genügend ärgern, wird es sich in sie verlieben.
Knietiefe Hosen sehen gut aus.
Einmal pro Woche duschen genügt vollkommen.
Wer heult, ist schwul.
Niemand merkt, dass sie in das hübsche Mädchen aus ihrer Klasse verliebt sind.

Touristen

Egal, wohin man in Deutschland geht, überall gibt es Touristen. Sie besetzen die Plätze in unseren Restaurants und verstopfen unsere Züge. Ständig wollen sie gemeinsam fotografiert werden oder den

Weg irgendwohin erklärt bekommen. Am grausamsten für uns Deutsche ist es aber, wenn wir selbst zu Touristen werden. Weil unsere Arbeitgeber uns zum Urlaub zwingen. Die freie Zeit soll dazu dienen, dass wir wieder zu Kräften kommen und gut erholt noch mehr schuften als zuvor. Dabei ist das Dasein als Tourist eine einzige Qual. Es geht los, sobald man sich auf den Weg in Richtung Stau aufmacht. Die Gattin hat nämlich so ein komisches Gefühl in der Magengegend, dass sie das Bügeleisen angelassen hat. Während man zurückfährt, um festzustellen, dass das Bügeleisen friedlich und kalt in der Wohnung schlummert, verdoppelt sich der Stau auf der Autobahn. Ist man mit einem Tag Verspätung endlich am Urlaubsort angekommen, hat man sich erkältet. Die eigene Reiseapotheke enthält zwar Antibiotika und steril verpackten Spritzen, aber nichts gegen Halsweh und Schnupfen. Das Hotelzimmer ist eine einzige Zumutung. Es ist muffig und an der Wand hängen Bilder, denen jede Beleidigung schmeichelt. Im Bettkasten liegt eine fettige Bibel in einer Sprache, die man nicht versteht. Der Wasserhahn tropft. Aus der Dusche kommt nur ein kleines Rinnsal, das versiegt, sobald man das Shampoo in den Haaren hat. Gekoppelt mit dem Toilettenlicht ist ein Ventilator, dessen Geräusch und Lautstärke an eine Düsenjetturbine erinnert. Die Beschwerden werden an der Hotelrezeption freundlich entgegengenommen und am Abreisetag repariert. Der Rucksack ist so gepackt, dass die Pullis und die Socken, die man während des gesamten Urlaubs nicht braucht, oben liegen, während alle wichtige Sachen wie die Badehose unerreichbar am Rucksackboden versteckt bleiben. Dabei ist der Koffer, egal, wohin und wie lange man in den Urlaub fährt, immer voll. Sobald man den Koffer öffnet und auch nur eine Kleinigkeit verändert, geht er nicht mehr zu. Nach einigen Tagen »Urlaub« hat der Magen gegen das »Essen« am Buffet eine erstaunliche Resistenz entwickelt. Und beim Lesen des Wetterberichtes in der *Bild*-Zeitung steigt die Stimmung fast ins Euphorische. Daheim herrscht Dauerregen, während man selbst keine fünf Minuten vor die Tür kann, ohne dass einen die Sonne die Haut verbrennt. Hurra. Leider ist die gute Laune am Abend schon wieder im Keller, als man von der netten Familie am Nachbartisch erfahren hat, dass sie für die gleiche Reise nur die Hälfte bezahlt hat. Außerdem erfährt man von den Preisdrückern auch noch, dass man für den geschnitzten Holzelefanten am Souvenirstand ein hiesiges Monatsgehalt berappt hat. Den Rest des Urlaubs verbringt man damit, sein schwer verdientes Geld in seinen Socken vor ausländischen Diebesbanden und betrügerischen Wirten zu schützen. Kein Wunder, dass man nach all dieser Anstrengung und dem ganzen Ärger völlig abgeschlafft aus den Ferien wieder nach Hause kommt.

Die Fakten für den Stammtisch

Touristen …

… filmen mit der Videokamera, während die anderen Familienmitglieder völlig debile Grimassen schneiden.

… veranstalten Dia-Abende, wo sie ihre mageren Urlaubserlebnisse aufwendig aufbereitet Verwandten und Nachbarn aufzwingen.

… haben Durchfall.

… sitzen im Flugzeug hinter einem kreischenden Baby, vor einem Kettenraucher und neben einem übergewichtigen Dauerschwätzer. Noch bevor sich das Flugzeug bewegt hat, klappt der Vordermann seine Sitzlehne zurück. In der Gepäckablage ist kein Platz mehr. Während des Fluges bestellen sie Tomatensaft, obwohl sie sonst keinen Tomatensaft mögen. Als »Menü« gibt es ein kaltes Stück Fleisch in der Größe eines 2-Euro-Stücks, Dosengemüse und einen Strudel, der nach Chemie schmeckt. Zum Kaffee wird eine Packung Erdnüsse gereicht, die sich nur mit einer Ladung TNT öffnen lässt. Die wurde einem aber leider bei der Sicherheitskontrolle abgenommen. Während in der Business Class eine blonde Traumfrau als Stewardess arbeitet, bedient sie die älteste Flugbegleiterin der Airline. Das In-Flight-Magazin ist langweilig und das Kreuzworträtsel bereits gelöst. Der Kapitän macht eine Durchsage, bei der er den Eindruck vermittelt, er sei betrunken und weitgehend orientierungslos (»Linkserhand sehen Sie den Alantik, ähh, ich meine den Paschifik.«) Die interessanten Sehenswürdigkeiten sind natürlich immer nur von den Plätzen auf der anderen Seite zu sehen.

… verschicken Postkarten, auf denen romantische Sonnenuntergänge, sonnengegerbte Fischer oder farbenfrohe Pfingstprozessionen auf Eseln zu sehen sind. Dazu schreiben sie: »Mir geht es gut! Die Sonne

scheint. Das Wasser ist warm. Das Essen schmeckt gut. Wie geht es euch?«
... fotografieren Häuser, Landschaften und Hunde. Eben alles, was hinterher niemanden mehr interessiert.
... packen warme Pullis und Socken ein, die sie während des gesamten Strandurlaubs nicht brauchen. Die Badehosen haben sie vergessen.
... bekommen Zahnschmerzen und müssen sich von einem Arzt behandeln lassen, der sich nebenbei auch noch um Teufelsaustreibung und Kühe kümmert.
... verirren sich auf den New Yorker Highways in die Bronx, wo sie den Fehler begehen anzuhalten, das Fenster des nagelneuen Mietwagens herunterzukurbeln und höflich nach dem Weg zu fragen.
... werden immer und überall beschissen.
... werden vom Anti-Malaria-Mittel depressiv.
... entdecken in der Ferne, wie schön es daheim ist.
... bereisen mit unbequemen Verkehrsmitteln extrem öde Landstriche und touren anschließend mit ihrem Dia-Vortrag darüber durch Deutschlands Turnhallen. Etwa: »Barfuß über die Alpen«, »Auf dem Tretroller durch die Karpaten« oder »Mit einer Nacktschnecke durch die Serengeti«.
... fahren in Hotels, in denen die Dusche tropft. Wenn man die Dusche ganz aufdreht, tropft sie schneller.
... klatschen nach der Landung des Flugzeuges.

Die unangenehmsten Touristen

Japaner: Der japanische Tourist kommt in einer großen Reisegruppe und läuft einem gelben Regenschirm hinterher. In den acht Tagen Jahresurlaub bereist er elf europäische Hauptstädte, wobei er in jeder Stadt den Luis-Vuitton-Shop besucht. Er trägt Poloshirts und weiße Baseballmützen, die er als Souvenir gekauft hat. Er filmt alles mit seiner Kamera und lächelt dabei. Abends geht er in ein bayerisches Stimmungslokal und am Höhepunkt seiner Ausgelassenheit klatscht er leise mit.

Italiener: Sie reisen im Freundeskreis von acht bis zehn Männern und sind schon aus hundert Metern Entfernung am überlauten Sprechen und heftigen Gestikulieren zu erkennen. Sie sind sehr schick gekleidet und tragen Sonnenbrillen. Die einzige Sehenswürdigkeit, die sie interessiert, sind Frauen. Ihnen wird erst gnadenlos hinterhergepfiffen, dann werden sie auf Italienisch bequatscht.

Engländer: Sie sitzen zu sechst mit freiem Oberkörper am Tisch und besaufen sich. Sie sind unterwegs, um sich Fußballspiele anzusehen und nebenbei Fußgängerzonen zu demolieren und Massenschlägereien anzuzetteln.

Amerikaner: Der amerikanische Urlauber trägt schlecht sitzende Hawaiihosen und -hemden in einer Farbkombination, die selbst Blinde erschaudern lässt. Er fährt mit der Familie durch Europa und lässt sich überall fotografieren, damit er damit zu Hause angeben kann. Er findet alles wahlweise »amazing« oder »great«. Er ist überrascht, dass die Europäer auch schon Waschmaschinen haben und alles so nah beieinander ist. Er ernährt sich von Fast Food oder riesigen Rib-Eye-Fleischbrocken in Asado-Steakhäusern. Abends trinkt er ein Bier und ist daraufhin so betrunken, dass er in die Fußgängerzone pinkelt.

Australier: Mit 50 Euro im Rucksack reisen sie vier Monate lang durch Europa. Der australische Tourist ist Sportstudent im 13. Semester, hat lange verfilzte Haare und trägt ein dreckiges Batik-T-Shirt. Er ernährt sich von Brot, Bier und Haschisch, schläft auf Campingplätzen und Parkbänken. Wenn er nicht säuft, dann surft er.

Deutsche: Mit Socken in Sandalen, Schlapphut und kurzen Hosen steht der deutsche Tourist in einer romanischen Kirche und erklärt seiner Frau, warum die Kirchen in Deutschland viel stabiler und gepflegter sind. (»Renate, das konnten die Kanaken noch nie.«) Wo immer möglich, gibt er sich unheimlich unverkrampft und tanzt selbst bei Straßenmusikanten oder Folkloreabenden enthemmt mit. Jeden Abend muss Renate die weiße Bermudahose mit Rei in der Tube waschen. Ansonsten legt er Wert darauf, dass im Urlaub alles genauso ist wie daheim: Würstl, Pils, deutsche Schlager und – am wichtigsten – die Sportschau per Satellit.

Hintergrundwissen

- *Am Touristenstrand von Puerto de la Cruz (Teneriffa) ist es Männern und Frauen verboten, sich in der gleichen Strandzone zu sonnen. An diese noch gültige, uralte Stadtverordnung hält sich seit Menschengedenken niemand mehr.*
- *In Sambia ist Oralsex strafbar. Im Oktober 2001 wurde ein deutscher Urlauber zu sechs Jahren Haft und Zwangsarbeit verurteilt, weil er mit einer Sambierin auf diese Weise verkehrt hat.*
- *Jedes Jahr besuchen circa 46 Millionen Touristen New York. Sie bleiben durchschnittlich sieben Tage.*
- *Die Touristen geben jedes Jahr circa 24 Milliarden US-Dollar in New York aus.*
- *Etwa ein Dutzend japanischer Touristen erkranken jedes Jahr am »Paris-Syndrom«. Sie erleiden einen Schock, weil sie in der Stadt der Liebe so grob behandelt werden.*
- *Jährlich sterben zehnmal so viele Touristen durch herabfallende Kokosnüsse wie durch Hai-Angriffe.*
- *Die Krankheit, die Touristen manchmal beim Anblick großer Kunst überfällt, heißt Stendhal-Syndrom. Sie macht sich bemerkbar durch Verwirrung, Schwindel, Herzrasen und Halluzinationen bis hin zu Paranoia.*
- *Der meistbesuchte Ort der Welt ist Las Vegas. Es kommen über 30 Millionen Touristen im Jahr.*
- *Die Malediven sind aufgeteilt in Inseln für Einheimische und Inseln für Touristen.*
- *Zwei russische Touristen mussten in Florida stationär behandelt werden, nachdem sie ein Stachelschwein sexuell belästigt hatten. Die 30-jährigen Männer gaben an, von einem in Florida geltenden Gesetz zu der Tat animiert worden zu sein, das Sex mit Stachelschweinen ausdrücklich erlaubt.*

Väter

Eigentlich sollten Väter ihre Kinder darauf vorbereiten, das Leben und die Herausforderungen der Zukunft zu meistern. Indem sie ihren Kindern ein Vorbild sind. Pech nur, dass Väter extrem uncool sind. Sie besitzen Kleidungsstücke, die mehr als zehn Jahre alt sind, und sehen darin natürlich unmöglich aus. Holen sie einen von der Schule ab, würde man am liebsten an ihnen vorbeilaufen, damit keiner merkt, dass der Kerl in den zerbeulten Jeans und mit dem karierten Sakko zu einem gehört. Doch den anderen Kindern geht es ja auch nicht besser. Wird im Radio ein Song von Joe Cocker gespielt, drehen Väter die Lautstärke bis zum Anschlag und röhren beim Refrain mit. Hat man ganz großes Pech, schwärmt der eigene Vater heimlich für Milva. Die Musik ihrer Kinder nennen Väter Krach. Mit der Erziehung ihrer Kinder sind Väter stets überfordert. Ihre ungerechten und sinnlosen Entscheidungen fällen sie »aus Prinzip«. Welches Prinzip das ist, verraten sie nicht. Zielführende Diskussionen beenden sie mit dem Satz: »Solange du deine Füße unter meinen Tisch stellst, machst du die Dinge so, wie ich es sage.« Wenn sie mal wieder überhaupt nicht weiterwissen,

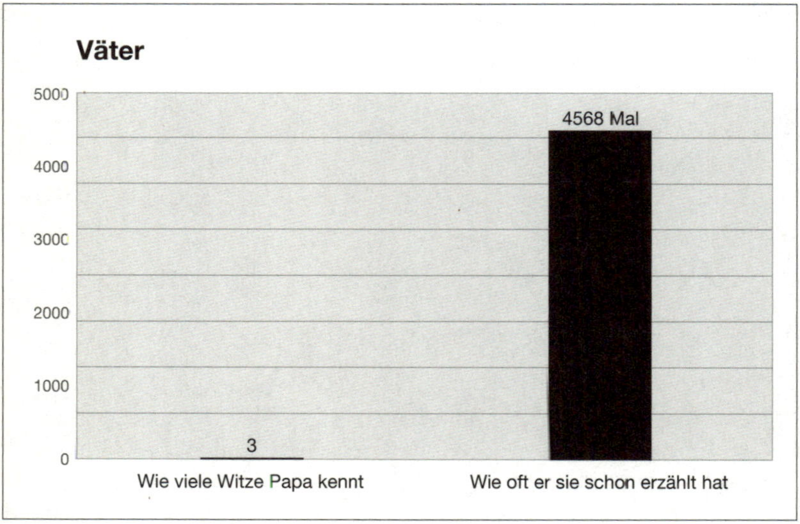

versohlen sie Sohnemann den Hintern mit Muttis Hauspantoffeln und behaupten: »Das tut mir mehr weh als dir.« Für den nach der Züchtigung vorgetragenen Einwand des Kindes »Gewalt ist die Sprache der Dummen«, setzt es gleich noch eine schallende Backpfeife mit der Feststellung: »Ich hoffe, wir haben uns verstanden, mein Freundchen.« Ab der siebten Klasse blicken Väter bei den Mathehausaufgaben ihrer Kinder nicht mehr durch. Als Ausrede sagen sie, dass sie zu müde seien, weil sie immer so viel arbeiten müssten: »Damit die Kinder es einmal besser haben.« Mit einer Fünf in Mathe löst sich dieser fromme Wunsch für die Kinder allerdings ganz schnell in Luft auf. Sind die Kinder eines Tages aus dem Haus, wundern sich Väter, wie wenig die Blagen von ihnen gelernt haben. Egal, Hauptsache, der Kreislauf des Versagens wird am Laufen gehalten.

Die Fakten für den Stammtisch

Väter …
… sind froh, dass sie wegen des Kindes endlich wieder mit der Modelleisenbahn spielen dürfen.
… finden den ersten Freund ihrer Tochter doof.
… sind die schlimmsten Geburtstagskinder. Es gibt niemanden auf der Welt, bei dem es einem schwerer fällt, ein passendes Geburtstagsgeschenk zu finden
… haben ein gutes Dutzend Weisheiten und Sprüche parat, die sie bei jeder Gelegenheit fallen lassen. Auf Partys und Familienfesten gelten sie damit als unheimlich cool. Für Frau und Kinder ist es allerdings nur noch langweilig und peinlich, weil sie jeden Spruch schon zehnmal gehört haben.
… weinen im Kino herzerweichend, wenn Bambis Mutter stirbt, während ihr Kind keine Miene verzieht.
… können so viel verdienen, wie sie wollen, die Familie gibt immer alles aus.
… verlassen Mutti für eine Frau, die tausendmal doofer ist.
… haben ein engeres Verhältnis zu ihren Töchtern als zu ihren Söhnen.

… gehen am Wochenende mit den Kindern in den Zoo und anschließend zu McDonald's, wollen aber unbedingt rechtzeitig zur *Sportschau* wieder zu Hause zu sein.
… platzen mitten in die Party ihres heranwachsenden Sohnes im Keller und beginnen, mit dem Tischstaubsauger Chipsreste aufzusaugen.
… sind froh, wenn sich nach einigem Herumstottern und zweideutigen Anspielungen herausstellt, dass ihr Kind bereits alles über Sex weiß.
… sind beunruhigt darüber, woher ihr Kind alles über Sex weiß.
… sind böse, dass sich ihr Kind weigert, denselben Beruf zu erlernen wie sie.
… würden gern mehr Zeit mit ihrer Familie verbringen. Entscheiden sich aber dennoch stets für das Minimum an Elternzeit von zwei Monaten.

Wie Väter ihre Söhne nennen würden, wenn es keine Mutter gäbe

Zorro
Schwarzer Blitz
Ivanhoe
Kollege
Baldrian

Wie Väter ihre Töchter nennen würden, wenn es keine Mutter gäbe

nach Oma
Ferrari
Angeldust
Lola-Jaqueline
Diego Armando

Hintergrundwissen

- *Der Ugander John Ssebunya lebte als Kind angeblich unter Affen. Als Vierjähriger war er Ende der 1980er-Jahre vor seinem gewalttätigen Vater in den Wald geflohen und schloss sich einer Gruppe Grüner Meerkatzen an. Er überlebte einige Monate, bis er gefunden wurde, weil ihm die Affen Nahrungsreste überließen.*
- *In Entenhausen gibt es keine Hauptfiguren, die Söhne oder Töchter haben.*
- *Kim Il Sung veröffentlichte 1988 den ersten Band einer auf 20 Bände angelegten »Sammlung koreanischer Musik«. Sein Sohn Kim Jong Il hatte schon 1969 die Oper »Der Blutsee« verfilmt, die sein Vater komponiert hatte.*
- *Donald Ducks Vater heißt Degenhard Duck.*
- *Das georgische Wort für »Vater« ist »Mama«.*
- *Charlie Browns Vater war Friseur.*
- *Der Vater von Uma Thurman ist einer der bekanntesten Buddhismusforscher der Welt.*
- *Der Vater von Pamela Anderson ist Mitglied in »Mensa«, einem Verein für überdurchschnittlich intelligente Menschen.*

Yuppies

Yuppies gehören zu der unangenehmen Sorte Menschen, die sich nie fragen, was sie für ihr Land tun können, sondern stets wissen, was ihr Land für sie tun kann. Ruft Vater Staat beispielsweise zum Einrücken, um gegen die Taliban mobil zu machen, lässt Yuppie vom Familienhausarzt Atteste schreiben. Geht der Papierkrieg doch einmal verloren, landet Yuppie am Ende als Verbindungsoffizier bei der UNO in New York. Von Beruf ist Yuppie Broker oder Erbe, was irgendwie auf dasselbe rauskommt, Hauptsache, er kann das Geld anderer Leute auf den Kopf hauen. Ganz besonders liebt Yuppie Sportautos, Designermöbel und magersüchtige Frauen (in dieser Reihenfolge!). Und auch sonst schmückt er sich gerne mit Statussymbolen. Auf dem Steinway-

Flügel in Yuppies 200 Quadratmeter großem Loft-Wohnzimmer ist lässig eine Trompete aus dem Nachlass vom Louis Armstrong drapiert. Spielen kann Yuppie auf beidem nicht. Gleich neben dem Billardtisch hängt ein Picasso an der Wand. Am Handgelenk schimmert eine Rolex. Zum Abendessen trinkt Yuppie gern uralten Wein, obwohl er einen guten Bordeaux nicht von einer Johannisbeersaftschorle unterscheiden kann. Das Wichtigste im Leben eines Yuppies ist beruflicher Erfolg ohne große Anstrengung. Klar, dass da der sechsmonatige USA-Urlaub als Weiterbildung im Lebenslauf landet. Wenn Yuppie denn einen schreiben müsste. Seine Jobs bekommt er schließlich auf Empfehlung seines Vaters. Der ist irgend so ein hohes Tier in einem multinationalen Konzern.

Die Fakten für den Stammtisch 

Yuppies …

… tragen einen trendigen Kurzhaarschnitt, einen hochwertigen Anzug und geputzte Schuhe. Yuppies sind untereinander nur von ihren Eltern zu unterscheiden.

… geben auf einer Partie mit Geschäftspartnern die Verlobung mit ihrer Freundin bekannt, ohne diese vorher gefragt zu haben.

Zwei-Klassen-Gesellschaft

Unsere Gesellschaft klafft immer weiter auseinander

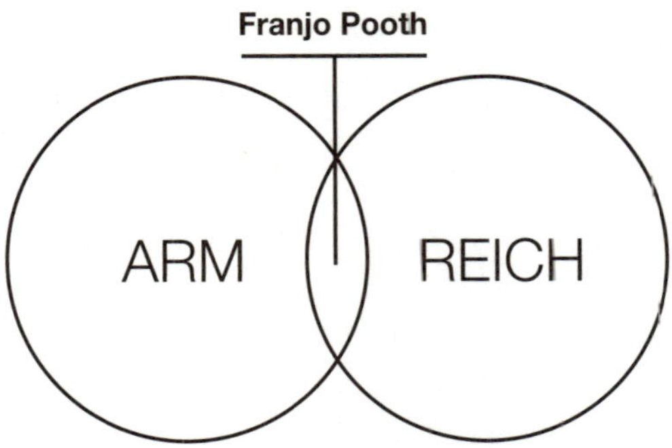

…fliegen zum Winterschlussverkauf nach New York. Wenn sie wieder daheim sind, erzählen sie jedem, dass sie allein mit dem Kauf eines reduzierten Armani-Anzuges den Flug schon wieder dringehabt haben. Die Lebensqualität eines Yuppies bemisst sich in Kilometern auf der Frequent-Flyer-Card.

…gucken den Einparker vor ihrem Stammcasino erst mal von oben bis unten skeptisch an, ob er ihren Porsche auch wirklich einparken kann, ohne ihn schmutzig zu machen.

…lieben Geld noch mehr als sich selbst.

Was wir Deutschen tun müssen, um unsere Probleme zu lösen!

Die Lage in Deutschland ist ernst. Und wenn Sie mich fragen, dann ist es auf der Uhr des Handels bereits fünf nach zwölf. Unsere Zeit ist abgelaufen. Wir Deutschen können also ehrlich miteinander sein, wir können aufhören, uns in die Tasche zu lügen. Die Wahrheit ist doch, dass keiner von uns wirklich mehr Bock hat auf die ganze Chose. Korrupte Politiker: gehören entsorgt. Gierige Ärzte: will kein Mensch mehr sehen. Unfähige Manager: weg mit denen. Intellektuelle: Was wollen die uns eigentlich sagen? Peinliche Adlige: muhaha. Hilflose Eltern: ein Trauerspiel. Missratene Kinder: eine einzige Qual. Die anstrengenden Nachbarn: bitte auf den Mond schießen. Das Versagen in Deutschland ist nicht das Versagen eines Einzelnen. Es ist eine kollektive Leistung, eine kollektive Verantwortung und eine kollektive Schuld. Wo man auch hinschaut, wir alle sind schlaff.

Kein Wunder, dass die Frage nach der Zukunft unseres Landes den Menschen unter den Nägeln brennt. Lohnt es sich überhaupt noch weiterzumachen? Wer braucht uns Deutsche noch? Und wozu? Ich möchte an dieser Stelle diese wichtigen und interessanten Fragen auch beantworten. Meckern und Jammern kann ja schließlich jeder. Doch dieses Land braucht nicht nur jemanden, der den Finger in die zahlreichen Wunden legt, dieses Land braucht auch Lösungen. Um eine solche zu finden, lohnt ein Blick zurück in die Historie. Drehen wir das Rad der Geschichte doch einmal um 2000 Jahre zurück. Wie war es damals um die Welt bestellt? Nehmen wir den Römer. Der baute bereits fleißig Autobahnen, auf denen er die halbe Welt eroberte. Und der Südamerikaner? Labte sich an leckerer Kartoffelsuppe. Der Chinese spielte bereits Fußball. Auch die Frauen! Mit anderen Worten: Die Welt kam vor 2000 Jahren ohne uns Deutsche prima klar. Warum sollte ihr das heute nicht wieder gelingen? Es ist ein bisschen wie mit den Dinosauriern. Die sind doch auch alle weg. Und keiner weint ihnen eine Träne nach. Wenn wir uns trauen, diesen Gedanken zu Ende zu denken, dann liegt die Lösung all unserer Probleme auf der Hand: Deutschland schafft sich ab.

Und ich finde, das ist nichts, wovor man Angst haben oder wofür man sich schämen muss. Nein, das ist vielmehr eine starke und klare Vision. Eine Vision, wie sie unserem Land seit Jahren gefehlt hat. Eine Vision, für die es sich endlich wieder lohnt, frühmorgens im Bett zu bleiben.

In diesem Sinne, gute Nacht!

Über die Autorin

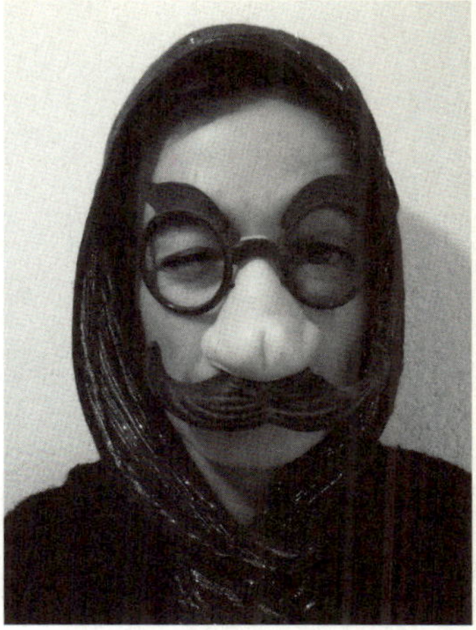

Sara Zinn, Ahnin einer ostgotischen Germanin und eines römischen Bajuwaren-Franken, ist eine Deutsche mit deutschem Migrationshintergrund.1973 in Nürnberg geboren, machte sie ebendort nicht das Abitur. Nach der Gründung eines Kollektivs im gastronomischen Sektor begann sie eine Karriere bei der Deutschen Bundesbahn. Sie wurde überregional bekannt, als sie ein 8-jähriges Mädchen nachts im Winter aus dem Zug warf, weil ihr Fahrschein nicht ordnungsgemäß entwertet war. Im Jahr 2009 wurde Zinn überraschend durch gute Kontakte und Lobbyarbeit Mitglied des Vorstands der Deutschen Bundesbank. Sie geriet nahezu umgehend in die Kritik, weil sie Mario Gomez die gesamte Schuld an der globalen Wirtschaftskrise gab. Die Bundesbank sah dadurch das Gebot der politischen Mäßigung verletzt und erhöhte ihre Pensionsleistungen.

SASSENBACH.DE

Ein Klick – und das Buch ist da!
www.e-bono.de
www.e-bono.de ist das E-Book-Portal im Internet. Hier finden Sie alles zu den Themen Sport und Fitness, Leben und Lifestyle, Gesundheit und Ernährung, Biografien von Stars, Liebe, Sex & Partnerschaft, persönliche Entwicklung und Spiritualität.
ciando eBooks
In Kooperation mit ciando.com